地方金融发展探索

应宜逊 著

浙江工商大学出版社
ZHEJIANG GONGSHANG UNIVERSITY PRESS

图书在版编目(CIP)数据

地方金融发展探索 / 应宜逊著. — 杭州：浙江工商大学出版社，2017.12

ISBN 978-7-5178-2513-5

Ⅰ.①地… Ⅱ.①应… Ⅲ.①地方金融事业－经济发展－研究－中国 Ⅳ.① F832.7

中国版本图书馆 CIP 数据核字 (2017) 第 305445 号

地方金融发展探索

应宜逊 著

责任编辑 张 玲
封面设计 许寅华
责任印制 包建辉
出版发行 浙江工商大学出版社
（杭州市教工路 198 号 邮政编码 310012）
（E-mail：zjgsupress@163.com）
（网址：http://www.zjgsupress.com）
电话：0571-88904980，88831806（传真）
排　　版 庆春籍研室
印　　刷 虎彩印艺股份有限公司
开　　本 710mm×1000mm 1/16
印　　张 13.75
字　　数 262 千
版 印 次 2017 年 12 月第 1 版 2017 年 12 月第 1 次印刷
书　　号 ISBN 978-7-5178-2513-5
定　　价 48.00 元

浙江工商大学出版社营销部邮购电话 0571-88904970

自　序

本书收集了笔者近4年半（2011年9月—2016年3月）以来的主要研究成果——44篇论文、调查报告。这些成果的内容涉及地方金融、小微金融、民营银行、宏观经济金融政策、政治经济学等方面。成果形式主要是对策性应用研究，也有个别纯理论研究。

笔者这辈子似乎与“研究”有点缘分。笔者出生于20世纪40年代，高中毕业后“上山下乡”，在农场干了18年，其中11年是种水稻。由于喜欢探索未知的新世界，因而利用一切机会“创造”条件开展水稻育种研究，并且颇有成果。1977年回到杭州，在杭州市药品检验所当工人，先是生了一场大病，病好后，1981年在某全国性刊物发表了经济理论研究处女作，从此便成为业余的研究者。1983年进入浙江银行学校任政治经济学教师，1987年调入中国人民银行浙江省分行金融研究所，成为专业研究者。此后，便一直耕耘在金融研究岗位上。退休后，本人有幸受聘于浙江金融职业学院，担任浙江地方金融发展研究中心副主任，还有党派内的职务（本人系中国民主建国会会员）民建中央财金委员会委员和民建浙江省委财金委员会常务副主任，因而，便继续干着力所能及的金融、经济研究工作。

笔者在研究工作中致力于“三个力求”：①针对现实存在，力求有的放矢；②努力把握改革和社会发展方向，力求经得起历史考验；③注重基本理论与调查研究，力求理论与实践良好结合。因此，笔者的研究成果通常特色鲜明，不人云亦云。

在本书收录的研究成果中，有3篇受到国务院领导人的重视并做批示：《温州金融改革要警惕“脚踏两条船”》和《小额贷款公司向何处去？》得到王岐山副总理批示，《当前“民营银行试点”中的几个问题》得到马凯副总理批示。还有数篇受到省委、省政府领导的重视并做批示。

本书中提出的重要观点如下：

1. 应当区别两类民间资本，即民间工商业资本与民间金融资本；掌控民营银行的应当是民间金融企业家，如果民营银行被民间工商业企业家掌控，形成“脚踏两条船”格局，那是很危险的。

2.现行的小额贷款公司是“背离初衷”的、“不可持续”的。

3.农信社不宜“一刀切”地改为股份制。

4.由于中国目前还远不是“信用经济”，因而，仅仅是“信息中介”的P2P，缺乏生存的必要基础条件，现有的（非“自融”的）P2P难以摆脱“信贷中介”功能，实质上是在“变相办银行”。

当然，限于笔者的学识，本书中的不足与谬误在所难免，欢迎同行、读者批评指正！

最后，需要指出的是，笔者之所以能够不断取得研究成果，是与浙江金融职业学院的领导与同事的支持、帮助分不开的，是与省内许多金融界同行的支持、帮助分不开的，特别是浙江金融职业学院周建松书记，对我的研究工作给予了大力支持。在此，谨向他们致以衷心的感谢！

应宜逊

2016年4月10日

目　录

2011 年

2012 年

2013 年

2014 年

2015 年

2016 年

2011年

温州“借贷危机”的主因是宏观政策有误①

温州市由于民间借贷市场出现高利贷狂潮，进而使得大批民营中小企业陷入困境，甚至濒临倒闭。2011年1—9月，已经出现228起企业老板“跑路”事件。温州为何会发生“借贷危机”？一些人士将原因归咎于温州经济的粗放型、投机性。对此，笔者不敢苟同。笔者认为，温州“借贷危机”的主要原因乃是调控部门的宏观政策有误。

一、由政府策动的投资膨胀引发了通胀

众所周知，当前我国发生了通货膨胀，以致央行9次上调存款准备金率，3次上调利率。这次通胀的根源乃是政府的投资扩张冲动。

2008年上半年，我国出现一定程度的通胀，因而宏观政策“适度从紧”。到了三季度，由于国际金融危机袭来，势头凶猛，出口贸易急剧下降，为了扩大内需，宏观政策被迫转为“宽松”。本来，这时应该抓住机遇，把“扩大内需”的重点放在调整收入分配结构、缩小社会贫富差距上；而把适度增加投资放在从属、次要的位置上。然而，当时没有这样做，而是把“扩大内需”的重点放在扩张政府投资上。由于我国目前的经济体制尚未摆脱计划经济框架，各级政府都有着强烈的扩张冲动。扩张政府投资，正中下怀、轻车熟路，因而在中央政府宣布了总额为4万亿元的投资计划后，各地政府纷纷拿出自己的投资计划，合计总额远远超过中央政府投资。地方政府实际投资计划之大，从地方融资平台贷款余额的迅猛增长中可见一斑。2008年初，全国地方融资平台贷款余额为1.7万亿元；2010年末，财政部审计数为10.7万亿元，按中国人民银行口径则更大，达到14万亿元。在巨额的政府投资推动下，3年来，投资快速增长，全社会固定资产投资总额占GDP的比重和投资率都急剧上升。2006—2010年，我国固定资产投资的增速分别为23.9%、24.8%、25.9%、30.0%和23.8%；全社会固定资产投资总

---

① 刊于《上海金融报》2011年11月22日，题目原为《温州“借贷危机”要治标，更要治本》。

额占 GDP 的比重分别为 50.8%、51.5%、55.0%、65.5% 和 69.9%；投资率分别为 41.8%、41.7%、43.9%、47.5% 和 48.6%（见表 1）。今年前三季度，全社会固定资产投资总额同比增长 24.9%，远高于 GDP 现价增长率（18% 左右）；而消费仅增长 17.3%，低于 GDP 现价增长率。由此看来，投资占 GDP 的比重与投资率还将继续上升，投资膨胀还将持续。

表 1　2006—2010 年固定资产投资状况

	2006	2007	2008	2009	2010
全社会固定资产投资总额（亿元）	109998	137324	172828	224599	278122
GDP（亿元）	216324	265810	314045	340903	401202
全社会固定资产投资增长率（%）	23.9	24.8	25.9	30.0	23.8
全社会固定资产投资总额 /GDP（%）	50.8	51.5	55.0	65.5	69.3
投资率（%）	41.8	41.7	43.9	47.5	48.6
消费率（%）	50.7	49.5	48.4	48.2	47.4

资料来源：《中国统计年鉴 2010》

从 2008 年下半年开始的投资大扩张，在当时，填补了因出口剧减及消费者信心不足而造成的总需求不足，促进了经济的平稳运行。但是，到了 2010 年，出口回升、消费者信心恢复，加上劳动者工资大幅度上升，则势必造成总需求过旺、通货膨胀。目前的价格指数结构，GDP 平减指数（即通胀率，下同）大于 CPI，PPI 大于 CPI（今年上半年，GDP 平减指数为 8.0%，CPI 为 5.4%；今年 6 月，PPI 为 7.1%，CPI 为 6.4%），也指明当前引致物价上涨的主要原因不在消费方面，而在于投资方面。

尤其需要注意，在这一波政府投资中有相当一部分项目属于超前的基础设施和非生产设施，经济效益甚差，是只占有资源而不会"下蛋"的"公鸡"，如中央投资的高铁，地方投资的豪华楼堂馆所及其他超前基础设施，等等。而且，不少政府项目的贷款质量很成问题。比如，据银监会调查，2010 年 6 月末，地方融资平台贷款中，40% 属于"可疑"类，23% 存在明显的还贷困难。大量"公鸡"项目的存在，当然会推动物价上涨。

二、"不对称"的紧缩性货币政策，拉开了民间借贷市场利率与正规金融市场利率的差距

民间借贷市场与正规金融市场的利率差距过大，是发生"借贷危机"的直接原因；而差距过大则是由"不对称"货币政策引起的。

为应对通货膨胀，调控部门实施“适度从紧”的货币政策。这没有错，问题出在当前的货币政策是严重“不对称”的。一方面，从存款准备金率看，货币政策已经很紧了，经过9次上调，已经达到21.5%的空前高度。须知，1994年通胀率为20.2%、CPI为24.1%时，存款准备金率也才13.5%。另一方面，从利率看，货币政策仍然是极为宽松的。利率虽然3次上调，但贷款基准利率还只有6.56%，尚低于通胀率；1年期存款利率只有可怜的3.5%，远远低于通胀率，也远低于CPI。这种“不对称”货币政策的效应也是严重“不对称”的，对于“强势”群体是“宽松”的，对于“弱势”群体则是“很紧”的。

在存款市场上，普通存款人尤其是中低收入者，由于巨大的负利率，1年要亏蚀1.5万亿元以上。而富人及有权势者，则由于拥有多种投资渠道（即使购买银行理财产品，100万元以上者的年利率也在9%—10%，甚至更高），因而能够有效地规避存款负利率，不受损害。

在贷款市场上，“强”“弱”分化就更为突出。尽管存款准备金率高企，贷款规模又受到控制，但是国有垄断企业、大公司、地方政府融资平台等拥有权力或与权力部门有密切关联的主体，仍然能够较容易地获得贷款。比如，今年上半年，“四大银行”的地方政府融资平台贷款余额新增6170亿元，比年初增长31.7%。这些“强势”群体，不但获得贷款不困难，而且利率甚低，通常为基准利率 ±10% 左右。这也就是说，对于这些“强势”群体而言，目前的货币政策仍然是宽松的。民营企业，尤其是中小微企业，则是贷款市场的“弱势”群体，它们不容易获得贷款。比如，据浙江省统计局调查，全省230多万家大中小企业中，仅有20余万家企业获得了银行贷款，覆盖率不到10%。浙江省的大中型企业很少，大中型工业企业只有4903家，限额以上的批发、零售、住宿、餐饮企业11056家，建筑企业5627家，合计不过2万余家。可见，绝大多数小微企业都未能获得银行贷款。并且，一旦信贷紧缩，它们又往往最先被收贷，从而被迫转向民间借贷。比如，据温州市金融办对350家企业的抽样调查，今年一季度末，企业营运资金中，自有资金：银行贷款：民间借贷=56：28：16，与年初相比，银行贷款下降4个百分点，民间借贷则上升4个百分点。

民间借贷市场对供求变化甚为敏感，需求上升，利率便迅速冲高。而利率一旦上冲到一定程度，在巨大的利益诱惑下，便会引发下列反应：一些大公司利用银行贷款做起了“二手”资金生意；一些居民存款逃离银行，投入民间借贷市场；甚至某些银行资金也通过“诡异”的渠道流入民间借贷市场。目前，这些行为都已经大量发生，并为媒体所广泛报道。虽然这些行为能增加民间借贷市场上的供给，但同时也减少了银行贷款市场上的可用资金，使得更多的民营企业被迫转向民间借贷。因而当民间借贷市场形成炒作之风时，更会推高民间借贷利率，形成“恶性循环”。

三、民营经济越发达的地区越容易受到伤害

为什么“借贷危机”首先在温州爆发？由前文所述的机制可以知道，“不对称”紧缩性货币政策严重伤害了民营中小微企业。因此民营中小微企业众多、民间借贷市场发达的地区最容易受到伤害，温州正是这样的地区。温州民营经济发达，堪称“中国民营企业之都”；民间借贷的规模又相当大，据中国人民银行调查，已达1100亿元以上，约占银行贷款余额的20%和GDP的38%，而全国的同一比例分别为6.7%和8.4%。

由表2可知，温州虽然有大量资金游离于正规金融之外，但是银行存款市场并不弱，2010年末银行各项存款余额占GDP的比重高于宁波及全省，2011年9月末，各项存款的同比增长率更是远高于杭州、宁波和全省。然而，温州由于不受银行喜欢的民营中小微企业数量众多，因而银行贷款市场就相对较弱。2010年末的存贷比低于杭州、宁波和全省；2011年9月末的存贷比又比年初下降了1.6个百分点，而杭州、宁波和全省却在高位上分别上升了1.9、2.4和0.4个百分点。这种格局，显然会增大民间借贷市场上的资金需求，促进利率上升。

表2　杭州、宁波、温州的银行信贷状况比较

	2010年				2011年（截至9月末）		
	GDP（亿元）	各项存款/GDP	各项贷款/GDP	存贷比（%）	各项存款增长率（%）	各项贷款增长率（%）	存贷比（%）
杭州	5949	2.87	2.53	88.3	8.14	11.03	90.2
宁波	5163	1.89	1.83	96.5	10.22	16.39	98.9
温州	2925	2.22	1.89	84.9	17.40	15.06	83.3
全省	27722	1.97	1.69	86.2	12.05	14.14	86.6

资料来源：中国人民银行杭州中心支行

由于民营经济发达，温州人的市场意识普遍较强，民间资金的趋利性、投机性也较强。因而，当民间借贷市场利率急剧上冲时，容易形成投机炒作浪潮。据中国人民银行温州中心支行调查，目前温州民间有89%的家庭和59.7%的企业参与民间借贷，监测点9月的平均年利率已达25.44%。另据《21世纪经济报道》（2011-09-27）披露，温州民间借贷的月息为2—6分（折年率24%—72%），有的高达1角5分，短期救急贷款甚至有3—5角的。显然，如此之高的利率是大多数企业所难以持久承受的，发生“借贷危机”应在意料之中。

在此，应当为温州说几句公道话。不能简单地把温州经济看作低档的、粗放的。温州的人工工资并不低，但能够以低成本大规模生产商品并占领国际市场，这本身就是很了不起的。温州是生产资金的地方，全国到处有温州企业家在投资、在经营实业，形成了强大的“温州人经济”。这表明，总体上看，温州企业的经济效益是好的，社会贡献是大的，并不是很粗放、很低端的；并且，负债率也不高，如前文温州市金融办调查，自有资金比例达56%，而不少国有企业、政府项目的自有资金比例不足30%。要论“粗放”，恐怕那些国有垄断企业更有资格。比如，据媒体报道，铁道部连上浮10%的银行贷款利率都嫌太高，可见其效益之低下。又如，“两桶油”身处垄断地位，还经常叫亏损，要拿财政补贴。有的人士拿苏州说事，苏州近年来的经济增速高达15%，而温州则只有10%，远远不及苏州。其实，苏州的经济增长有其独特的客观条件，但也有其“短腿”，与温州相比，只是各有所长。比如，苏州虽然人均GDP很高，甚至超过了上海，但是居民收入却不高，甚至不如嘉兴，当然更加不如温州。并且，苏州的外资企业众多，相当部分国民收入属于外商，如果计算GNP，恐怕就会落在温州后面。还有，要客观看待温州人的投机炒作。温州人由于到处炒房、炒煤、炒棉花等等，口碑欠佳。其实，应当看到，有市场便有投机，温州人之所以能大肆炒房、炒大宗商品，首先是由于市场中有“空隙”、有商机，温州人只不过市场意识较强，善于发现商机罢了。要制止过度的投机炒作，首先应当完善市场，尽可能减少“空隙”。

四、要治标，更要治本

由于温州借贷危机存在波及、蔓延到更广阔地区的危险，因此中央领导十分重视。温家宝总理亲自前往温州调研，并且很快出台了促进小微企业融资和减征小微企业税收的扶持措施。浙江省和温州市当局也纷纷出台相关措施。如浙江省政府决定在全省范围内逐步铺开小额贷款保证保险试点；省里成立首家科技金融服务公司，帮助推进中小企业科技的资本化。温州市政府不但不准任意“撤贷”“停保”；而且制定了“金融改革创新行动方案”，共提出8条具体措施，其中包括争创“温州国家金融综合改革试验区”、深化小额贷款公司试点、开展民间资本管理服务公司试点，等等。此外，还有一些措施正在酝酿。

笔者认为，上述措施都很好，但仍有必要进一步深入，不但要有治标措施，更要有治本措施。进一步“深入”可以从3个方面入手。

1. 切实调整宏观政策，从源头上遏制“借贷危机”。一是坚决抑制投资膨胀，让投资增速与投资率降下来。关键是压缩政府投资，通过动用行政手段坚决“宰杀”一批“公鸡”项目。二是改“不对称”货币政策为“对称”货币政策，造就对各类经济主体都比较公平的货币政策环境。为此，要把存款准备金率降下来，降到18%、15%，甚至更低一些；要把利率调上去，1年期存款利率不得低于GDP平减指数及CPI。中央银行还应当密切关注民间借贷市场利率，努力用好“三大法宝”，促使民间借贷市场的平均利率不超过银行贷款基准利率的两倍和银行贷款实际利率的1.5倍。

2. 努力完善小微企业融资体系。这是长期性的工作，不可能一蹴而就。当前可以也应当做的主要是：① 承认小额贷款公司为金融机构，鼓励其向其他银行机构融资，尤其是向邮政储蓄银行融资，杠杆率扩大为5—10倍；② 成立由省级政府管辖的金融监管机构，负责监管村镇银行、小额贷款公司、农村资金互助社以及担保公司、典当等微型金融机构及准金融机构，并由中国人民银行负责对其进行“再监管”；③ 落实“新36条”，向民间资本真正开放微型金融机构市场；④ 进一步完善对小额贷款的税收与金融支持方面的优惠政策，以促进小额贷款快速增长；⑤ 加速造就“金字塔式”证券市场，这不仅是促进中小企业融资的需要，同时也是促进企业转型的需要，因为这是造就完备的风险投资退出渠道的必要条件。

3. 促进企业转型。这是系统工程，不但需要时间，而且，由于企业是在市场中生存发展的，因此转型主要靠“市场导向”，而不是“政府主导”。比如绍兴县，为了改变“纺织业一枝独秀”局面，曾经几次设法调整产业结构，但是效果都不理想，真是“有心栽花花不开”。政府应当创造必要的条件来引导企业转型。就浙江省和温州市而言，主要应当努力造就下列条件：高标准的环境保护“门槛”；全国领先的知识产权保护措施；严格的产品质量管理，要使“浙江造”成为质量可靠的标志；深入推进ISO8000认证，首先要求上规模的企业做到，以切实维护员工权利、促进社会公平；政府带头讲诚信，进一步塑造良好的信用环境；等等。此外，还应当努力改善土地、资金等要素的供给；进一步改善交通、通信等基础设施；还应当努力“抑制”房价，以降低生活成本和吸引人才（但“人才房”不是好办法，不符合社会公平原则，长远看，弊端甚大）。

2012年

冲破阻力，推进利率市场化[①]

利率市场化，就是由市场机制来决定存款利率与贷款利率，让各银行机构均有权决定本行的存款利率与贷款利率。这是金融体制改革的重要内容和有机组成部分。我国在 1993 年下半年出台的金融体制改革计划中，就明确提出要逐步实现利率市场化。然而，经过了 18 年，才只是初步开放了贷款利率，即允许各银行机构的贷款利率上浮，并且不封顶。而存款利率则仍然必须执行央行规定的利率。总之，距离利率市场化的目标还相当远。这就严重地拖了金融体制改革乃至经济增长方式转型的后腿。目前，应当痛下决心，冲破阻力，加速推进利率市场化。

一、当前迫切需要尽快实现利率市场化

当前，我国亟待实现经济增长方式的转型。为此，十分需要利率市场化与之配合。利率市场化改革的严重滞后，至少带来下列重大弊端。

1. 难以有效实现资源的优化配置。利率是资金的价格，资金是重要的生产要素，其价格尚未市场化，势必使得其配置不能真正“以市场为基础”，进而自然是难以真正地做到配置优化的。

2. 有悖社会公平，助长贫富两极分化，尤其是在通货膨胀中。比如，在今年的通货膨胀中，一方面，广大普通老百姓由于存款负利率，而被迫缴纳了 1.5 万亿元左右的“通胀税”，广大民营中小微企业被利率急剧升高的民间借贷折腾得苦不堪言。另一方面，银行尤其是大银行，则利润大幅度上升，赚得盆满钵满。

3. 民营中小微企业很容易陷入融资困境。因为，由于利率是“非市场化”的，因而正规金融市场与民间借贷市场的利率差距甚大。平时，民营中小微企业就很难从正规金融市场中获得足额贷款，需要大量向高利率的民间借贷市场举债。一旦通胀袭来，货币紧缩，正规金融市场就会把更多的民营中小微企业推向民间借贷市场，致使民间借贷市场供求趋于紧张，利率急速上冲，中小微企业陷

① 刊于《改革内参》2012 年第 2 期，题目原为《谁在阻碍利率市场化》。

入高利贷困境。例如，不久前发生在温州等地的“借贷危机”就是如此。

4. 人民币将难以“国际化”。众所周知，目前人民币已经到了需要加速实现“国际化”、成为可自由兑换货币的时候了。然而，要使得人民币实现资本项目可兑换，是不能没有利率市场化相配套的。

5. 这使得我国难以取得市场经济地位。一个利率“非市场化”的国家，其资金是不可能以市场为基础来进行配置的。资金这一重要的生产要素若不能以市场为基础来进行配置，那么，怎么可能是真正的“市场经济国家”呢？怎么可能取得市场经济地位呢？

6. 这是引发投资膨胀的重要辅因。当前我国发生了严重的投资膨胀，其主因是“政府扩张冲动”，重要辅因之一便是利率的“非市场化”。因为，利率的“非市场化”使得政府项目能够获得低成本、甚至负利率的资金。比如，今年上半年，GDP 平减指数为 7.97%，而贷款的基准利率为 6.56%，即使上浮 10%，贷款利率也还是负的。

7. 其他。比如，不利于资本市场的完善；不利于银行机构间的公平竞争；不利于向民间资本真正开放金融市场；不利于金融体系的完善；等等。

二、利率市场化的主要阻力是“利益”障碍

利率市场化之所以进展缓慢、严重滞后，是由于阻力甚大。阻力主要来自信贷市场上的“强势”集团，“非市场化”利率的得益者。它们主要有：

1. 大型企业，尤其是国有垄断企业。它们是贷款市场上的强者，是大银行的“优质客户”。利率“非市场化”的信贷市场向它们提供了巨额的低利率乃至负利率贷款。它们当然不愿意放弃这一巨大的利益，必然会运用自己的影响力与话语权，阻碍利率市场化的推进。

2. 现有的银行。目前，银行机构的市场准入是不开放的、非市场化的，因而每家银行实际上都拥有一定的垄断权。同时，除了极个别城市商业银行外，都是由中央与地方政府控股或控制的。银行体系的国有性质及其与政府间的密切直接联系，使其享受到利率“非市场化”的巨大好处：存款的低利率甚至负利率；可观的实际存贷款利差（要注意，银行的存款利息成本，大体上为活期存款利息 +1% 左右）。也因此，即使在今年存款准备金率升至 21.5% 这样的货币紧缩条件下，银行利润依然同比大幅度上升，日子过得十分舒坦。显然，绝大多数银行，尤其是国有商业银行和股份制商业银行等大中型银行，是不愿意看到利率市场化的，势必会多加阻挠，而它们在决策部门面前又有很大的话语权，影响力甚大。

3. 各级地方政府。近几年来，地方融资平台贷款大幅度增加，贷款余额已达到全国金融机构人民币贷款余额的 1/4 左右。如果一旦利率市场化，那么，地方

政府需要支付的利息就会大幅度增加。这不仅会使地方政府感到困难，同时也会使国家财政备受压力。这些也都是决策部门在推进利率市场化时所不得不考虑的。

此外，银行监管部门也会担心利率市场化后，银行的存贷款利差会缩小、机构之间的竞争会加剧，进而使得风险因素增加、监管难度加大；因此，对于推进利率市场化多少有些不够积极。

三、推进利率市场化的基本思路

利率市场化既然如此重要，而阻力又如此之大，那么，该如何推进？

首先，要依靠决策部门统一认识，痛下决心。决策部门应当看到，当前，利率市场化进展滞后，已经成为阻碍经济转型进一步深化改革的重要“瓶颈”之一。加速实现利率市场化是绕不过去的一道坎。因而，必须从大局出发、从全局的长远利益出发，作为“利为民谋”的具体行动，痛下决心，跨出这一步。

其次，要为利率市场化改革的推进创造较为宽松的经济环境。具体来说，就是要加速通货膨胀的回落。为此，应当针对当前通胀的主要原因即投资膨胀，继续压缩、控制政府投资项目，尤其是效益欠佳的项目，进而使投资率降下来，投资膨胀切实缓解、通货膨胀切实消除。

再次，逐步放开存款利率。这是技术性措施，只要前面两条做到了，这一条就好办了。大体上可以如下：第一步，允许银行机构上浮存款利率 30%—50%，当通胀率较高时，可以允许上浮到通胀率（GDP 平减指数）+1%，或者 CPI+1%；第二步，允许存款利率由各家银行自行决定，上浮不设上限。到此，利率市场化也就基本实现了。

试析当前完善小额信贷体系的基本途径[①]

不久前，中央决定，要引导资金流向实体经济、流向小微企业。这十分正确，贯彻后，对于扩大内需、经济转型、社会公平都有重大意义。为此，需要大力发展、完善小额信贷体系。目前，我国的小额信贷体系已经显露“雏形”，大体上由4个部分组成：（1）全国性的小额信贷银行，即中国邮政储蓄银行（下文简称邮储银行），这是“旗舰”、中坚力量；（2）农信机构及主要为小微企业服务的城市商业银行，这是主力军；（3）近几年中组建的村镇银行、小额贷款公司等微型金融机构，这是重要方面军；（4）民间借贷，这是“必要补充”。当前，发展与完善这一体系的基本思路如下。

一、让邮储银行早日真正成为小额信贷中的中坚力量与“旗舰”，当务之急是充实资本金

邮储银行从筹建开始，就被确定为专门从事小额信贷业务的商业银行，户均贷款甚小。如邮储浙江省分行，户均贷款不足30万元，比以发放小额贷款闻名全国的台州银行（50万元左右）、泰隆银行（60万元左右）都少得多。如果以“户均贷款小于100万元，500万元以下贷款占比超过70%”，作为定义小额信贷银行的标准，那么，邮储银行完全合格。邮储银行的业务规模扩展迅速，存贷款增长速度均超过全国银行的平均值，市场份额逐年上升。2011年11月末，人民币存款余额已逾38031亿元，市场份额达到4.78%（见表1）。可见，邮储银行确实是小额信贷银行中的“巨无霸”。然而，目前邮储银行的存贷比实在太低，至2011年11月末仅为17.20%，约为全国银行机构平均值（66.71%）的1/4。存贷比如此之低，原因在于资本金数量太少，贷款规模受到资本充足率的严重约束。因此，国家有关部门应当尽快启动邮储银行的股份制改造，并且根据邮储银行的性质，股权结构以采用“一头大象（国资）+若干条狐狸（国内外的优秀小额信贷银行）+一群蚂蚁（广大公众）”为妥。

---

① 刊于《重庆金融》2012年第3期。

同时，为加速经营机制优化、增强竞争活力，不妨解放思想，“破格”聘用国内熟谙小额信贷业务的金融专家担任高管。

表1 2009—2011年中国邮政储蓄银行的基本数据

	2009	2010	2011（截至11月）
资产总额（亿元）	27000	32800	39900
各项存款（亿元）	26150.84	32597.09	38031.17
各项贷款（亿元）	4092.73	5439.67	6539.99
存款市场份额（%）	4.37	4.54	4.78
贷款市场份额（%）	1.02	1.14	1.21
存贷比（%）	15.65	16.68	17.20
所有者权益（亿元）	400.05	507.21	813.11
资本充足率（%）	8.04	8.09	9.8
不良贷款率（%）	0.19	0.25	0.35

二、让“主力军”更强大

1. 努力挖掘农信机构潜力。

农信机构主要设置在县域，直面广大农户与小微企业，户均贷款明显少于其他银行包括城市商业银行。同时，由于数量众多，全国合计的业务规模甚大。2011年11月末，存贷款余额分别为98796亿元和66260亿元，市场份额均为1/8左右，是小额信贷市场上当之无愧的主力军。当前农信机构的潜力主要在于“不平衡”。一是市场定位“不平衡”。比如，以前文所述的小额信贷银行标准（户均贷款小于100万元，500万元以下贷款占比超过70%）考核，浙江省的法人农信机构中，绝大多数达标；福建省也是如此。而沿海某经济大省则不然，仅有少数法人农信机构能够达标。二是经营机制与活力“不平衡”。农信机构中，既有经营机制转换很成功、活力甚佳的机构（如浙江省的南浔农村合作银行，经营机制的市场化程度甚高、活力与绩效甚佳，2009年的资产利润率（2.57%）名列全国银行第1），又有活力甚差、迟迟难以脱困的机构。因此，应当通过选任优秀经营者及采取针对性的有效措施，逐步削弱、消除这种“不平衡”。应当注意，农信机构的产权制度选择必须讲求实效，既要有助于“贷农、贷小”，又要有助于提升经营活力。

2. 鼓励优秀的小额信贷银行跨区域发展。

众所周知，我国目前缺乏的是小额信贷银行，而不是大银行。为了提高银行体系中的小额信贷银行比重，显然应当鼓励小额信贷银行加速发展，包括去异地设立分支机构及主发起村镇银行。因此，凡是同时达到监管二类行标准和小额信贷银行标准的城市商业银行、农村商业银行、农村合作银行，不论其规模大小，都应当允许并鼓励其“跨出去”，去异地设立分支机构及主发起村镇银行。当然，“异地”不宜太远，尤其是设立分支机构，基本上应当是从周边地区开始“渗透式”推进；同时，要求“跨出去”后必须坚持“贷农、贷小”的市场定位，如果不坚持了，则就不再批准其开设新机构。

三、促使“重要方面军”快速健康成长

1. 应当承认小额贷款公司是金融机构。

自从2008年5月“启动”以来，小额贷款公司发展极为快速，2011年9月末，全国已经开业3791家，实收资本2823亿元，贷款余额3359亿元，已成为一支不容忽视的金融力量。目前，小额贷款公司发展中的症结在于缺乏金融机构身份。银监会仅仅承认其系金融组织，而不是金融机构。其实，这种说法是很悖理的。试问，金融组织与金融机构的区别何在？为什么由法人银行主发起的贷款公司是金融机构，而由民间资本主发起的贷款公司却不是？小额贷款公司正因为缺乏金融机构身份，因而在运行中存在着融资渠道不畅和缺乏有效监管等两大严重问题。长此以往，必将酿成大祸，后果堪忧。如果承认小额贷款公司是金融机构，那么，上述两大问题便将迎刃而解。同时，随着“杠杆率”的大幅度提高，小额贷款公司的贷款利率也将大幅度下降，不但小微企业因此受益，而且金融风险也将大大减弱。

2. 为加速村镇银行发展，应当尽快落实“新36条”。

从2006年底开始组建的村镇银行，市场定位基本上达到预定要求，“贷款中有81%投向农户和小企业”（2011年9月末），大多数机构都达到前文所述的“小额信贷银行标准”，但是发展速度却很不理想。2011年9月末，已开业的仅有537家，合计所有者权益为400亿元左右，贷款余额为1100亿元左右。大体上，银监会的3年规划（2009—2011）只能完成一半。与小额贷款公司相比，发展速度差异悬殊（合作制金融的农村资金互助社发展则更慢，2011年11月末，全国才46家）。村镇银行之所以发展偏慢，根源在于“制度安排”：小额贷款公司由民间资本主发起，村镇银行必须由法人银行主发起；小额贷款公司由省级政府审批，村镇银行由银监会审批。其实，村镇银行也是应当允许民间资本主发起的。一则，在完善的市场经济国家里，绝大多数商业银行都是民营的，就当前，在村镇银行这样的微型商业银行中，发展一批民营银行并无不可。二则，在以往的城市信用社中，也曾经有过民营机构。仅仅在浙江省就有40家左右的民营城市信用社，其中还涌现出台州银行、泰隆银行、民泰银行、稠州银行、东海银行（筹）等致力于服务小微企业的优秀机构。三则，商业性金融从微型金融机构开

始向民间资本开放，不但是稳健的做法，而且在“新36条”中已经允许民间资本主发起村镇银行。因此，当前应当从速解放思想、打开第二条组建村镇银行的通道，也就是落实“新36条”，允许民间资本主发起村镇银行。当然，鉴于金融行业的特殊性，民间资本主发起村镇银行也是有条件的。第一，不得“脚踏两条船”，也就是同一个老板不得同时掌控工商企业和金融企业。第二，民营的村镇银行不能为“有限公司”，只能为“无限公司”或“两合公司”，其董事长及股东董事必须对“未能清偿的债务”承担无限责任。第三，董事长及其他高级管理人员必须符合相应的任职资格。这也就是鼓励金融业务骨干“下海”创业，以及给予原来从事担保、典当、民间借贷等行业者以机会。

3. 适当调整金融监管体系，把监管微型金融机构的职能移交给由人民银行实行“再监管”的省属监管机构。

当前，要使微型金融机构健康快速地成长，不调整监管体系看来是不行了。银监部门之所以不肯承认小额贷款公司是金融机构、不同意“开放”民营村镇银行、不愿多批准农村资金互助社，确实有其苦衷。银监部门承担着全国数千家大大小小的银行及政府融资平台的监管，任务繁重、责任重大，而其机构与人力配备则相对有限，原先是没有将成千上万的微型金融机构监管任务考虑在内。微型金融机构数量多、“个性”强、运作规范性差，容易发生这样那样的问题，监管工作相当繁杂；然而，由于单个机构规模小，因此虽然容易出现风险，但是风险总量倒不见得大。总之，对微型金融机构的监管与对现有法人银行的监管有明显差异。在这种情况下，上佳的选择是另设监管机构。因此，应当组建归属于省级政府的金融监管机构，承担各类微型金融机构的监管职能。这与省级政府要承担微型金融机构的风险处置责任也是相匹配的。为使省级金融监管机构能有效规范地运作，应当由中国人民银行对其实行“再监管”，即人民银行有权制定监管工作条例、检查监督其工作、撤销其不合理的决定、暂时中止其审批新机构、审核批准其负责人的任职资格，等等。考虑到全国各地的监管能力差异，可以让沿海监管能力较强的省区先行试点，取得经验后再铺开。

四、努力使民间借贷市场保持平稳

小微企业的发展离不开民间借贷。民间借贷的自发性、投机性强，市场容易波动并引发“危机”。比如，高利借贷危机、“抬会式”乱集资，等等。一旦发生，便会危害小微企业的生存发展。如何使民间借贷市场减少波动、保持平稳？措施主要有三。一要维护宏观经济稳定，防止发生通货膨胀，尤其是由政府投资扩张冲动引发的通胀；当通胀发生、货币政策从紧时，要避免采用“不对称货币政策”（存款准备金率很高，谓“紧”；利率是负的，谓“松”），而应当首先消除存款负利率，然后再考虑提高存款准备金率。二要给“出路”，使得民间借贷可能也愿意走向“阳光化”。为此，当前应如前文所述，尽快落实“新36条”，使得民间资本能够主发起微型金融机构。三要加强监测、宣传，及时发现“抬会式”乱集资活动，并及时依法处置。

五、进一步完善对小额信贷的政策“适度倾斜”

小额信贷的健康发展对于社会的公平、和谐至关重要，同时，它又是金融行业中的“弱者”，理应得到国家政策的“适度倾斜”。近几年来，中央政府与各地政府在“倾斜”支持方面采取了许多有效措施，下一步，应当进一步完善，并使一些政策“常态化”。

1. 既要支持“专营”小额信贷的法人机构，也要支持单笔的小额贷款，但应当侧重于前者。

2. 制定简洁、可行的小额信贷银行标准，一个法人机构是否达标，由人民银行会同银监部门每年审定一次。

3. 对于小额信贷银行，财政可给予全面的减免税优惠，减免比率由国家统一规定。

4. 国家给予小额信贷银行多方面的信贷政策支持。首先是存款准备金率。目前已经有差别存款准备金率，但需进一步完善。可以考虑规定，小额信贷银行的存款准备金率最高不得超过10%，并且至少应比一般商业银行低3个百分点。其次是存贷比。可以考虑，小额信贷银行的存贷比允许超过一般商业银行（不大于75%）10个百分点，即不大于85%即可；其中村镇银行由于规模小、吸收存款难，只要资本充足率达标，便可免除存贷比考核。再次是央行再贷款。应当简化手续、提高额度、降低利率。可以考虑，凡是达到监管二类行标准的小额信贷银行，免担保，三类行及以下者由省级政府统一组织担保；利率则不高于存款准备金利率。此外，在利率市场化尚未实现之前，可以考虑允许小额信贷银行的居民储蓄存款利率上浮30%。

5. 支持、鼓励小额信贷银行发展壮大。对有条件“跨区域”发展者，优先审批。还可以考虑，允许优秀的小额信贷银行“升格”，比如，由村镇银行“升格”为城市商业银行，由城市商业银行“升格”为全国性股份制商业银行。

6. 一切非小额信贷银行中的专门经营小额贷款的分支机构或事业部，如果达到小额信贷银行的标准，也可以享受部分小额信贷银行的优惠政策。

7. 允许各级地方政府根据自身的财力及当地经济发展需要，出台一些小额贷款优惠政策。

8. 继续实施对新建微型金融机构的3年优惠政策，如有必要，还可补充。

温州金融改革要警惕“脚踏两条船”[①]

“脚踏两条船”是指民营工商企业主同时又掌控着银行。这是很容易引发金融风险的，尤其是在我国目前的体制条件下。

3月28日，国务院常务会议通过《温州市金融综合改革试验区总体方案》（以下简称《方案》），提出了12项主要任务。其中最耀眼的亮点之一便是沿用了“新36条”的提法：民间资本可以“依法发起设立或参股村镇银行”。3月29日，温州市金融办主任在接受媒体采访时称，要在3—5年内，使温州市的村镇银行达到50家（注：2011年末才5家），且每个中心镇都要有。这就意味着“弹簧门”“玻璃门”将在温州被“冲破”，民间资本将成为村镇银行的主发起人。

如果在温州确实实现了“冲破”，则意义重大，可以说是“革命性”的。因为，这意味着民营银行（人事权、经营权真正属于“三会”的“产权清晰、政企分开、党企分开”的银行）正式、公开地走上了我国金融舞台。目前，虽然在城市商业银行中，有个别是民营的，但这只是“个案”，是由当年的“红帽子”城信社遗留发展起来的，或者是由于在改组为银行的过程中的特殊原因形成的。作为正式的市场准入政策，从来没有允许过民间资本主发起银行。在市场经济条件下，商业银行的主体应当是民营银行；唯有“民营”，才能使商业银行的预算约束来真正“硬化”；唯有民营银行大量发展了，才能造就大批金融企业家；而没有大批金融企业家的涌现，我国的金融改革是不可能最终完成的。允许“民营”，对于村镇银行的发展就更为重要，仅仅依靠现有法人银行主发起，那么，村镇银行的发展步伐是很难加快并且到位的。2011年末，全国仅有村镇银行726家，贷款余额1316亿元；而比村镇银行晚“出台”1年多的小额贷款公司，却已有4282家，贷款余额3915亿元，分别为村镇银行的6倍和3倍。

另一方面，也必须看到，向民间资本开放村镇银行市场准入也存在风险。最容易发生的就是由于出现“脚踏两条船”而带来的严重金融风险。

---

① 刊于《上海金融报》2012年4月10日，以及中央统战部的《零讯》并得到王岐山副总理的重视与批示。

为什么“脚踏两条船”会带来严重的金融风险呢？因为，鉴于工商企业主的理念、利益，“脚踏两条船”势必会造成大量的“关联”贷款，进而成为银行的“杀手”。银行是社会性很强的高负债经营企业，因此，在经营上必须强调平稳运作，“稳健”“合规”经营。而工商企业则不然，其面对的市场波动性甚大，在市场“热”的时候可以“暴利”，并往往迅速扩张规模；当市场降温、跌入低谷时，则往往经营惨淡、资金周转不灵，甚至负债累累。“合规”意识也颇为淡薄，违规、违法行为相当常见，从而当工商企业主一旦成为银行的掌控者后，其经营理念是很难适应银行发展的。尤其当该工商企业“规模急剧扩张”或“经营困难”时，资金缺口甚大，势必会向自己所掌控的银行伸手，乃至于不顾银行的安危。这种“关联”贷款很容易成为民营银行的“杀手”，这是有过多次教训的。当年浙江省的159家城信社中，有将近1/4是戴“红帽子”的民营机构，它们的业绩呈现“两极化”。其中既有像银座、泰隆、绿叶那样的优秀社，又有一些严重资不抵债的“烂”社。在全省5家“老大难”社中，至少有2家是民营的。之所以成为“烂”社，主因均为“关联”贷款，其掌控者均是工商企业主，“脚踏两条船”。1996年上半年，温州市区的29家城信社中有5家出现严重问题，不良贷款高企、经营亏损；原因也就是“关联”贷款。2002年，在城商行的“民营化”声浪中，一些民营企业作为战略股东进入了城商行；此后，便通过多种手法违规大量套取银行信贷资金，进而造成金融风险。这些企业当时被称为“恶东”。为此，监管部门迅速要求地方政府增资，确保城商行第一大股东地位及在董事会中的控制权。实际上，不少民营企业入股银行的首要目的是“为了贷款方便”。这种企业如果取得了银行的控制权，哪怕是局部的控制权，难免会使银行成为“提款机”。曾有业内人士把这种现象比作“老虎吃人”，并且说“老虎的本性就是要吃人的，即使今天不吃人，也总有一天要吃人”。可能有人问，如果工商企业主掌控银行后，聘请专业人士担任高管，难道也不行吗？答案很明确，这也于事无补。因为这里的问题是“经营大计”，而非“具体操作”。人们总是“屁股决定脑袋”的，当老板根据自己的核心利益做出判断后，是很难听得进不同意见的（加上老板们又做惯了“老大”，往往很执着）。这时，高管人员要么服从老板为虎作伥，要么走人，没有第三条路。

为什么在向民间资本开放村镇银行的市场准入时，很容易发生“脚踏两条船”呢？一则，民营大企业主不但十分向往着掌控银行，而且资本实力强，社会影响大，有能力“公关”。因此，他们往往能够对“决策”施加影响，有“话语权”。二则，地方政府基于“政绩”及其他相关利益的考虑，也往往向民营大企业“倾斜”。例如，在“小额贷款公司”问题上，在由银监会与中国人民银行下达的“指导意见”中，主发起人为“自然人、企业法人及其他社会组织法人”，而在实际操作中，很容易被改为“民营骨干企业”，“自然人”被删除了。三则，还由于某些部门领导染有国人的一些通病。比如“健忘”，“好了伤疤忘了痛”，10 年前的事恐怕已经忘得差不多了。又如“急功近利”“急于求成”与“短视”，片面追求眼前的“政绩”，只要近期内不出事就是好的，甭管几年后会怎样。再如“过度自信”，往往过于相信自己的能力，管得住“关联贷款”。其实，在现有的条件下，如果某银行铁定了要做，是有种种办法绕过监管的。试看当前的“高息揽存”，这是明显的严重违规行为，然而，在某市，仅在某个金融掮客散发的广告资料中，就有 12 家股份制商业银行与异地城商行“上榜”。

为了避免、防止金融风险，主要建议如下：

首先，有关部门领导应当厘清思路，把不允许“脚踏两条船”作为“开放”中的“底线”。对于向民间资本开放村镇银行市场准入，应当“积极”“稳妥”，既要大胆推进，又要高度警惕可能出现的风险，特别要注意防止“脚踏两条船”。还要看到，“温州文化”中具有喜好赚“快钱，热钱”的特点，这更会加大金融风险。同时还要看到，“产融结合”已经不适应当今时代了。比如，笔者查阅了美国的花旗银行、摩根大通银行、富国银行和美国银行等 4 家银行的前 10 大股东，发现有 3 个特点：一是 40 名股东基本上都是干金融的；二是分散，持股超过 4% 的只有两家（6.82% 和 4.08%）；三是“重复”，以致这 40 名股东实际上是 18 家。

其次，要从立规、严格审查等方面入手，切实防止出现“脚踏两条船”。向民间资本开放村镇银行市场准入必须讲“条件”，只有符合条件者才能充当“主发起人”。从不允许“脚踏两条船”出发，符合条件者主要是 3 类自然人：①“下海”创业的金融业务骨干；②从事与金融相关行业者，如典当、担保业从业人员及民间借贷人等等；③将全部资本从工商企业中转移出来转投银行业的原工商企业主。（台州银行的创始人是第①种人，泰隆银行的创始人是第②种人，美国银行的创始人是第③种人）除了高管人员要审查任职资格外，还要严格审查“主发起人”的资金来源，防止出现隐性的“脚踏两条船”；还要严格审查主发起人及大股东的遵纪守法、信用及资质等等状况。同时，还要严格审查股权结构，防止工商企业主成为“战略投资人”，以免今后出现“内斗”，进而阻碍银行的正常经营与发展，只能允许工商企业主做“财务投资人”。

再次，从制度上规定，由民间资本主发起的村镇银行的产权组织形式不能是股份有限公司或有限责任公司，而只能是无限公司或两合公司。其董事长及担任董事的股东必须承担无限责任，而一般股东则可以仅承担有限责任。这既是进一步防范风险的需要；也能因此而增强民营村镇银行的自我约束能力，进而促进其健康发展。同时，可以规定，经过一段时间（比如不少于 5 年）的经营实践考验，业绩优秀、符合规定条件者，经过审核批准，可以升格为城市商业银行，在升格时，可以在增资扩股、股权趋于分散的条件下，改组为股份有限公司。

第四，允许、鼓励"小型"村镇银行发展。"小型"，大体上是指资本金额在3000万元以下的村镇银行（2007年1月出台的《村镇银行管理暂行规定》中规定，县城中村镇银行的资本金下限为300万元、集镇中的为100万元。但在实际操作中，除了刚开始时，后来就没有资本金1000万元以下的村镇银行了）。严格防止"脚踏两条船"后，新建的民营村镇银行的起始规模会小一些，但这并不妨碍其"健康发展"。当年的银座城信社、泰隆城信社，起始规模都是很小的，资本金分别为10万元（1988年6月）和100万元（1993年6月）。从目前的温州实际看，如果主发起人持股20%—30%，那么，民营村镇银行的起始资本金超过1000万元绝对没有问题，达到3000万—5000万元甚至更多也是有可能的。并且，从鼓励"民间借贷阳光化"出发、从鼓励在中心镇设立村镇银行出发、从更有利于发展小额贷款出发，等等，都应当允许、鼓励"小型"村镇银行发展。有关部门不应当"贪大"，不能认为规模大就一定好。

实施上述办法后，小额贷款公司要改组为村镇银行就有两条路可以走。一是将"主发起人"转交给现有法人银行；二是在切实消除"脚踏两条船"的前提下，改组为民营的村镇银行。总之，无论如何，都不能允许出现"脚踏两条船"。

浅析当前的民营银行发展问题[①]

当前，“民营银行”再次受到关注，本文拟对民营银行发展问题做一简要剖析。

一、民营银行概念

民营银行是民有“民营”的银行。资本金全部或主要来自民间资本，第一大股东也是民间资本；并且，完全由民间资本掌控，人事任免、经营方针、市场定位等重大事宜，完全由“三会”决定，除了“依法监管”外，政府不加任何干预。民营银行是预算硬约束的银行，真正做到“政企分开、党企分开”和“自主经营、自负盈亏、自担风险、自求发展”。民营银行只能是商业银行，不能是政策性银行，因为一旦有了政策性任务，银行的经营就不能不受政府干预，预算约束也因此而无法硬化。

上述民营银行定义，无论对中国或外国都是适用的。

比如在美国，美联储的资本金均来自民营的商业银行，并非国有，但是它依法受美国政府管辖，是美国的中央银行。又如，美国最大的两家房地产金融担保公司——房利美和房地美，虽然它们的资本金都是私人的，但是由于要执行美国政府赋予的政策性担保任务，因而共预算约束是软的，亏损由财政补贴，其性质便不是民营金融机构，而是政策性的金融机构。

我国目前存在着大量资本金主要来自民间资本的民有银行机构，但是它们都是由政府或有关政府部门掌控的。比如，绝大多数农村合作金融机构及部分农村商业银行，资本金全部或主要来自民间，第一大股东也是民间资本，但是，由于支持“三农”是个政策性很强的任务，从而其高管的任免与薪酬决定、经营方针、市场定位等重大权限均属于省级政府（通常由省联社实施）。显然，不是民营银行。又如民生银行，虽然资本金主要来自民间，第一大股东也是民间资本，但是按“民有、党管、国营”模式构建，因而也算不上民营银行。

---

① 刊于《重庆金融》2012 年第 4 期。

目前我国存在少量民营银行。这些民营银行大体上可分为两类。一类是董事长就是第一大股东（或者第一大股东派出的代表），这一类有台州银行、泰隆银行、民泰银行、东海银行（筹），等等。另一类是董事长不是最大股东或其代表，但是董事长（及以其为核心的经营团队）掌控着银行，这一类有长江银行、稠州银行、石嘴山银行，等等。

民营银行并不完全“排斥”政府持股，如台州银行有5%的政府股份，民泰银行有4.73%，东海银行（筹）高达25%，石嘴山银行也有1.72%。只是有关政府并不因此干预银行的“自主经营”，不起主导作用。

二、我国民营银行现状

1. 总量小，业绩好。

目前，我国共有银行机构（包括国有商业银行、政策性银行、股份制商业银行、城市商业银行、各类农信机构、村镇银行等）3000家左右，人民币存款余额已突破80万亿元。然而，其中的民营银行数目不超过10家，合计的人民币存款余额为2000亿元左右，均分别只占0.3%左右。总量之小，可谓微不足道。然而，这些民营银行的业绩都相当好。一是市场定位好。均以中小企业甚至小微企业为主要对象，尤其是台州银行与泰隆银行，做得十分出色，全国闻名。二是经济效益好。2010年，台州银行的资产利润率名列全国银行之首，泰隆银行名列第四，其他各行也均相当不错。三是发展的欲望强、速度快。比如浙江省的稠州银行、泰隆银行和民泰银行，原先均是单个城市信用社，规模有限，2006年8月成为银行后发展速度显著快于省内的一些老牌城商行。2011年末，存款余额分别达到474亿元、391亿元、314亿元，大大超过金华银行（246亿元）、嘉兴银行（242亿元）和湖州银行（180亿元），超过或迫近了绍兴银行（337亿元）。四是企业文化建设卓有成效。绝大多数民营银行的企业文化建设都很有特色和成效，尤其是泰隆、长江、石嘴山、台州等，更是名列国内银行前茅。

2. 均属于城市商业银行、来自城市信用社。

当年，城市信用社数量最多时全国共有5279家（1995年末）；后来，个别城信社经过两类途径演化为民营银行。一类是由优秀的民营城信社发展而来。当年的城信社中有少量的民营机构，如浙江省1995年末的159家城信社中，大约有40家是戴“红帽子”（如集体所有制、合作制等）的民营机构。其中个别优秀者便发展成为民营的城市商业银行。比如台州银行，前身是1988年10月成立于浙江台州路桥区的银座金融服务社，它是民营机构，后来发展成为管理科学、内控严密、资产质量优秀且规模全国最大的城信社。2002年3月，以其为核心的联合台州市区的7家（资不抵债的）城信社，组建了民营的台州市商业银行。又如泰隆银行，前身是1993年6月成立于浙江台州路桥区的泰隆城信社，也是民营机构，曾被誉为全国发展速度最快的城市信用社，2006年8月改组为浙江泰隆商业银行。再如东海银行（筹），前身是成立于1988年5月的宁波市象山县绿叶城信社，也是戴“红帽子”的，股东为小微企业及自然人。在2003年的增资扩股中，引入民营的北京某集团公司为控股股东，并由其派员出任董事长。另一类是个别城信社在发展过程中由于某种原因而演化为民营银行。比如民泰银行，前身为由浙江台州温岭市政府主持组建的温岭市城信社，成立于1988年，股东为集体企业和城镇居民。2006年8月挂牌为浙江民泰商业银行。在改组为城商行的过程中，城信社主任得到市政府与银监部门允许，通过亲属股东“关联”成为第一大股东并出任董事长，进而成为民营银行。又如长江银行，前身为江苏泰州靖江市长江城信社，1988年由中国建设银行主持组建，1993年按中国人民银行的规定与建设银行“脱钩”。2008年11月挂牌为江苏长江商业银行。其资本金来自当地的民营中小企业及自然人（包括员工）。董事长虽然仅持有很少的股份（与老员工一样），但是，由于他呕心沥血、兢兢业业，为长江银行的生存、发展做出了杰出贡献。他带领“长江”克服了一个个“难关”，成为优秀金融企业及江苏省唯一硕果仅存的城信社并最终成为银行，从而赢得了当地政府、同行、单位员工、客户及社会各界的高度尊重与信赖，保障了以他为核心的经营团队的自主经营权。再如稠州银行，前身为由中国人民银行主持组建的义乌市稠州城信社，成立于1987年3月，股东主要是集体企业及政府部门基金。在改组为银行的过程中，既由于主要经营者（社主任）的能力与业绩，更由于义乌市政府的开明，不仅不再持股，而且放手让由原社主任担任董事长的“三会”自主经营。还有石嘴山银行，前身为石嘴山城信社，曾经是严重资不抵债的机构。1999年初，石嘴山人民银行将金管科长等两名干部调往该社分别担任一、二把手。在他们的带领下，经过了强力整顿，石嘴山城信社变身为优秀金融企业，市场份额跃居石嘴山市首位，综合业绩名列国内城市商业银行的前列，堪称“沙漠上的金融奇葩”，从而获得了政府与社会的充分信任，也获得了完全的自主经营权。

3.“新36条”允许村镇银行由民间资本主发起，但尚未落实。

改革开放以来，正式的官方政策中一直没有对民间资本真正开放过银行机构的市场准入。允许民间资本进入银行，只是停留在参股上，并不允许其取得主导地位。当年的“红帽子”城信社及现有的民营银行，都是局部的个案。2010年5月出台的“新36条”（即国发〔2010〕13号《国务院关于鼓励和引导民间投资健康发展的若干意见》）中，首次允许民间资本主发起村镇银行。其中第十八条写道：“允许民间资本兴办金融机构。……鼓励民间资本发起或参与设立村镇银行……”这里使用了“兴办”，并且区分了“发起”设立与“参与”设立，其意思是很清晰的，即允许民间资本成为村镇银行的“主发起人”。但是，尽管“新36条”出台快2年了，仍然尚未落实。

三、当前发展民营银行的必要性及注意事项

依据民营银行的特点与作用，当前发展民营银行的必要性主要如下：

1.“民营”是硬化商业银行预算约束的必要条件。

商业性金融也是竞争性领域，并且风险与投机性还甚于竞争性工商业领域，因而要求商业银行有硬的预算约束。欲使商业银行的预算约束硬化，必须同时满足两个条件。一是“产权明晰、政企分开、党企分开”，也就是要“民营”。这是实现“自负盈亏、自担风险、自我约束”的内在基础。二是市场化、法制化的“准入、退出”与监管。这是外部必要条件，若无此条件，那么，“民营”机构的预算约束也会实际上发生软化。

在发达市场经济国家中，商业性金融领域中的国有资本比重甚低。比如，在美国、英国和日本，银行业中的国有资本基本上为零；又如，在奥地利，由于长期由社会党执政，因而国有资本相当发达，铁路、钢铁、发电、通信、邮政等部门均为100%，民航为75%，但银行业仅为10%。

我国目前的商业银行基本是国有控股和地方国有控股，预算约束是软的，弊端明显。一是“软约束竞争”，同业之间不易形成良性互动。比如，偏好垄断，排斥竞争；“同质化竞争”，特色少、创新少；“恶性竞争”，不计成本、互相挖角；等等。二是不良贷款统计容易失真。由于不良率关乎“政绩”、薪酬，因而银行在统计时往往“就低”（“五级分类法”含有主观判断成分）。比如，2011年三季末，商业银行的不良贷款率为0.9%；而据银监会调查，2010年6月末，地方融资平台贷款中，40%为“可疑”类贷款，23%存在明显的还款困难；目前地方融资平台贷款约占各项贷款的1/4，如果不良率大致等同于2010年6月末水平，那么，仅此一项就使全部银行贷款的不良率接近10%。三是“父爱”盛行。不仅政府会对亏损“买单”，而且在日常经营中也能获得巨额“隐性补贴”。比如，目前利率尚未市场化，国家便通过维持较大存贷利差及存款负利率给银行业大量“输血”。2011年，仅“存款负利率”就给银行带来了大约1.5万亿元的收益。难怪在货币严厉紧缩之年，各大银行的利润反而大幅度增加了。

2. 发展民营的村镇（社区）银行是缓解小微企业融资困难的迫切需要。

缺少大量的微型银行，是造成小微企业融资困难的重要原因之一。为此，银监会于2006年末“出台”了村镇银行，受到各界人士的热烈欢迎；而且，村镇银行也确实将资金主要投向小微企业与农户。2011年9月末，村镇银行的各项贷款中，农户贷款与小企业贷款共占81%。但是，由于规定，村镇银行必须由

现有的法人银行机构主发起，因而，虽经多方努力，但仍进展不快。2011 年 9 月末，全国已开业 537 家，另有 87 家在筹建，大体上，仅仅完成银监会 3 年规划（2009—2011 年）的一半，距离每个县至少 1 家、全国 2000 多家的构想更是相去甚远。有不少专业人士指出，像村镇银行这样的微型商业银行，应当也允许民间资本主发起，否则，村镇银行的发展便难以到位。“新 36 条”也采纳了这种意见，只是迄今尚未落实。反观 2008 年 5 月由银监会与中国人民银行共同“出台”的小额贷款公司，由于民间资本可以主发起（加上由省级政府审批），从而进展甚快。2011 年 9 月末，已开业 3791 家，贷款余额 3359 亿元，分别为同期村镇银行的 7 倍和 3.5 倍。总之，欲使村镇银行快速成长起来，在缓解小微企业贷款难中发挥应有作用，必须打开组建村镇银行的第二条通道，即落实“新 36 条”，允许民间资本主发起。

顺便需要指出，“民营银行”并不必然会主要“支持小微企业”，只有微型的“民营银行”才会主要“支持小微企业”。目前已有个别民营银行，在规模急剧扩张的同时，市场定位也发生了明显变化，“大起来”了，向全国性股份制商业银行逐渐靠拢了。

3. 这是提升金融活力、改善金融服务的需要。

民营银行是在市场竞争中生存、发展的，因而其经营机制适应市场，通常显现更强的活力。特别是在“退出”与监管相对严格的情况下，更是如此。它们通常能较正确地定位自己，努力发挥自身的优势；它们很少有“衙门作风”，在市场营销中，往往主动出击，努力发现并开拓市场“空白”；它们会努力实践“客户至上”，主动地去满足客户的多种需求；在同业竞争中也往往是良性互动，比如，台州银行和泰隆银行都认为，竞争对手的存在对自己的发展更有利。

泰隆银行说：“我们是小银行，与大银行争客户是死路一条，只能在大银行不要的‘垃圾’中捡一点干净的‘垃圾’。”长江银行说，“客户可以没有长江，而长江则不能没有客户”，“要求客户讲诚信，首先是我们要对客户讲诚信，做出的承诺一定要兑现”。

显然，为了提升金融活力、改善金融服务，十分需要有大量的民营银行。

4. 发展民营银行是造就大批金融企业家的必要条件。

金融企业家应当具备下列条件：① 要有一定数量的资本，投入金融企业周转；② 要具备经营金融企业的能力及相应的专业知识；③ 要有企业家精神，有理想、有抱负，对事业有孜孜不倦的追求，有良好的市场洞察力，敢冒风险，能果断决策，有良好的自我约束能力；④ 有良好的业绩，得到同行与社会的认可。以上四条缺一不可。若无一定数量的资本，至多是好经理人，而不是企业家；若缺乏经营能力，便只能做股东，不是企业家；若无企业家精神，便成不了企业核心；若无良好经营业绩，则只能算企业主，尚不是企业家。

经济学家张维迎先生严密论证过：“国有企业中不可能产生企业家。”这也就是说，企业家只能产生于民营企业中。同样，金融企业家只能产生于民营金融企业中。

与工商企业一样，没有金融企业家就不会有一流的金融企业，台州银行、泰隆银行之所以优秀，就是因为有金融企业家。没有大批金融企业家的涌现，如同大批工商企业家涌现那样，金融改革便不可能最终完成。因此，为了造就金融企业家成长的土壤，就应当开放民营银行的市场准入。同时，还应看到，在我国现有的银行中，已经涌现出一大批具有金融企业家气质的优秀经营者，如果给予合适的“土壤”，他们完全有可能发育成为金融企业家。

事物都是“一分为二”的。民营银行既有良好的正面作用，但也容易发生某些负面作用，值得注意警惕。

1. “关联”贷款。这是民营银行的重要“杀手”。当年浙江的民营城信社呈现“两极化”。既有银座、泰隆、绿叶等极为优秀的社，又有一些很“烂”的社，在全省 5 家“老大难”城信社中，至少有 2 家是民营的。一些民营城信社之所以会“烂”，主要原因均为“关联”贷款。其负责人兼跨着工商企业与金融企业，进而违规向自己的工商企业大量放贷，形成不良贷款和坏账。2002 年，在城商行“民营化”的声浪中，一些民营企业作为战略股东进入城商行后，便使用多种手法违规大量套取银行信贷资金。这些民企当时被称为“恶东”。实际上，不少民营企业入股银行的首要目的是“为了贷款方便”。这种企业若取得银行的控制权，哪怕是局部的控制权，难免使银行成为公共“提款机”。

为此，在发展民营银行时，要严格禁止“脚踏两条船”，绝对不允许一个老板既掌控工商企业又掌控银行。同时，也要尽量避免民营工商企业主成为银行的“战略投资人”。

2. “内斗”。民营银行容易发生大股东为争夺银行控制权而争斗。比如，Z 银行开业不到 1 年，便发生战略大股东某某与董事长的争斗。这一争斗使得董事会的工作几乎瘫痪，拖累了银行发展达 5 年之久。最后在政府与银监部门的干预、协调下，调整股权结构，双方都减持了股份，同时引入新的战略投资者（招商银行与平安集团）才算平息。L 银行从中吸取了教训，在增资扩股中，仅吸收“财务投资人”，拒绝“战略投资人”。

为了防止出现“内斗”，监管部门应当高度关注民营银行的股权结构，要确保控制权落在金融企业家手中；民营工商企业股东不但不能作为战略投资人，而且还应认真审查其人品、操守，并控制其持股比例。

3. “挤兑”。民营银行的品牌不如“公有”银行（比如有的国有大银行打出

"国有银行、国家信用"的宣传词），往往不愿意他人说破自己是民营银行，甚至被竞争对手用"民营银行"作为贬义词来进行"反宣传"。因而，比较容易发生"挤兑"，尤其是规模很小的民营微型商业银行更容易发生"挤兑"。"挤兑"往往是突发性的，引发原因多种多样，包括谣传。

为防止发生"挤兑"，一是要求民营银行审慎经营，保持良好的资产质量和流动性；二是加强监管，及时消除隐患，尤其要及时清理经营不善、已经"不合格"的机构；三是要尽快设立存款保险制度。

四、当前发展民营银行的基本途径

在商业银行领域中发展民营银行，是金融改革必要的重要内容。目前，需要避免2种倾向：一是拒绝民营银行；二是神化民营银行。应当做的是，总体认识坚定，具体实施则积极、稳妥；要从实际出发，有序地开放市场准入；不能急功近利，更要防止"一哄起"。

1. 落实"新36条"，允许符合条件的民间资本主发起村镇银行、社区银行。落实"新36条"，首先向民间资本开放微型商业银行的市场准入，是稳健而又符合当前实际需要的做法，应当尽快实施。"符合条件的民间资本"是指，一是绝对不会造成"脚踏两条船"的；二是主发起者能够通过金融高管人员任职资格审查的。因而，这主要是指3种自然人：①"下海"创业的金融业务骨干；②遵纪守法、信誉和资质良好的原来从事与金融相关行业者，如民间借贷人，典当、担保业从业人员，等等；③将全部资本从工商企业中转移出来改投银行业的、资质又符合银行业高管要求的原工商企业主。这3种人都应当受到鼓励。

为了更好地防范风险，由自然人主发起的村镇银行的产权组织形式，不能是有限公司，必须是无限公司或"两合公司"（董事长及执行董事承担无限责任，一般股东承担有限责任）。资本充足率监管也要更严格，至少要10%，降低到一定水平（如5%）以下就应当强制清盘、退出。

小额贷款公司也只有在符合上述条件后，才允许改组为村镇银行。

民营的村镇（社区）银行是民营银行大量发展的良好起点。开业3—5年后，其中的优秀者，只要达到一定标准，便允许"升格"为城市商业银行；同时，产权组织形式也改组为股份有限公司。

2. 允许并鼓励现有的优秀民营城市商业银行加速发展。①允许并鼓励还不是大股东的优秀民营城商行经营者成为大股东，甚至最大股东。②允许并鼓励优秀的民营城商行去控股、并购其他城商行，有关方面要为此创造条件。③鼓励民营城商行加大跨区域设立分支机构与主发起村镇银行的力度。④当优秀的民营城商行达到一定条件时，允许其“升格”为全国性股份制商业银行。

3. 允许达到二类行标准商业银行及农村合作（商业）银行，推行主要经营者的期权激励制度，以促进优秀的经理人向金融企业家逐渐演化。

4. 国有商业银行和全国性股份制商业银行等大中型银行，目前不宜推动其“民营化”。因为，一则尚不具备条件——缺乏大量的金融企业家及大额的民间金融资本；二则也无迫切的实际需要。

发展民营银行，还需要有配套措施，就当前而言，最重要的有两条：

一是设置由中国人民银行实行“再监管”的隶属于省级政府的省金融监管局，专门负责监管各类微型监管机构。目前，银监会对于发展微型金融机构似欠热情，比如，不愿向民间资本开放村镇银行，不肯承认小额贷款公司为金融机构，不积极审批农村资金互助社，等等。其实，银监会的确有其苦衷。银监会的机构与人才配备相对有限，故没有把对成千上万微型金融机构的监管任务考虑在内；而且现有的监管任务已经相当繁重、责任相当重大。不但有3000家左右的银行，还有地方融资平台，许多都是“大家伙”，一出风险就是“大事”。而微型金融机构方面的情况是，数量多，“个性”强，运作的规范性差，容易发生这样那样的问题，监管任务繁杂，工作量不小；但是由于单个机构规模小，风险总量也小，出点风险也不容易影响“全局”。因此，针对现状：银监部门对微型金融机构的监管力量严重不足，微型金融机构的监管与现有法人银行的监管又存在明显差异；上佳的选择是另设监管机构，专门负责监管微型金融机构。这样的监管机构，以归属于省级政府为好，既方便与省内的经济发展需要结合，又与省级政府要承担微型金融机构风险的最终处置责任相匹配。为使省级监管机构能有效规范地运作，应当规定，由中国人民银行对其“再监管”，即人民银行有权制定省级监管机构的工作条例、检查监督其工作、撤销其不合理的决定，暂时中止其审批新机构，等等。

二是建立存款保险制度。发展大量的民营银行机构，不可没有存款保险制度。建立存款保险制度的基本目的在于：① 防范流动性风险，促进金融稳定；② 提高民营银行的社会信誉，促进公平竞争。建立存款保险制度，既要借鉴国际上的一般经验，又要契合我国实际。要点大致如下：① 是强制性保险，所有银行机构都必须参加；② 被保险的只是小额（可以考虑定为50万元以下）居民储蓄存款，企业存款及大额居民储蓄存款不予保险；③ 当投保机构的资本充足率降到一定程度时，就要撤保，这就意味着要被强制清盘；④ 分全国与省区两级组建，省级存款保险公司负责微型银行（或者加上地方性银行）机构，其他银行机构则由全国性存款保险公司负责，两级之间可以用再保险方式联结。

“有条件延长”村镇银行的存贷比考核政策[①]

村镇银行是在县域范围内开展经营的、主要为“三农”及小微企业服务的微型商业银行。它作为新型农村金融机构之一，“出台”于2006年末。为了促进其快速、健康发展，有关方面推出了多项优惠支持政策措施。其中重要的一项便是存贷比考核政策：村镇银行成立后的3年内不考核存贷比，第4年要求不超过100%，第5年则要求与一般商业银行一样，不超过75%。该项政策对村镇银行的成长发展起到十分有效的促进作用。许多村镇银行充分享受到该项政策福利。如浙江省，2011年末，全省41家村镇银行合计，存款余额为208.78亿元，而贷款余额则有231.18亿元，存贷比高达111%；今年2月末，由于存款比年初下降4.64亿元，贷款则上升13.45亿元，因此存贷比更升为120%。全国村镇银行的情况也大体如此。

目前，根据实际情况，甚有必要有条件延长上述优惠政策措施。“有条件延长”不是“普惠政策”，而是一种符合差异化监管、精细化监管要求的“差异化优惠政策”。基本内容是：在确保风险可控的前提下，对市场定位良好、符合初衷的村镇银行开业满3年后继续暂不考核存贷比。“确保风险可控”是指：①资本充足率不低于10%（甚至还可要求再高一点）、不良贷款率不高于3%；②主发起银行承诺对流动性风险进行“担保”（并且也必须有能力“担保”）。“市场定位良好”是指：户均贷款小于100万元，涉农贷款占比大于80%，500万元以下贷款占比大于60%。村镇银行只要能够同时满足上述两个方面的条件，即使开业满3年，仍然可以继续享受暂不考核存贷比的优惠。需要指出，上述的几个数量指标都是监管当局已经在监测乃至考核的。因此，“有条件延长”具有良好的可操作性。

当前，实行“有条件延长”是促进资金流向实体经济、流向“三农”与小微企业的需要，是促进村镇银行，尤其市场定位良好的优秀村镇银行健康快速发展的需要，还是引导更多的金融机构成为“小企业金融服务专营银行”的需要。

---

① 刊于《上海金融报》2012年5月15日。

去年冬天以来，中央一再强调要大力促进资金流向实体经济、流向“三农”、流向小微企业。目前，我国“三农”与小微企业的资金之所以不足，重要原因便是小银行太少，尤其是专门为“三农”及小微企业服务的小银行太少。国家之所以在2006年末推出村镇银行等三类“新型农村金融机构”，就是为了改变小银行太少的格局。村镇银行问世后，大多数村镇银行都将“三农”与小微企业作为主要服务对象。比如浙江省银监局辖内，到2011年10月末止，村镇银行共开业32家，2011年末户均贷款小于100万元的有18家，占总数的56.3%，并且，随着开业时间的延长，户均贷款明显趋于下降。上述32家村镇银行2011年末，2008—2009年开业的8家村镇银行有7家的户均贷款少于100万元，占比为87.5%；2010年开业的9家村镇银行有5家少于100万元，占比为55.6%；2011年开业的15家村镇银行只有6家少于100万元，占比仅40%。从单个村镇银行看，这种趋势就更清楚。比如浙江省开业最早（2008-05-20）的长兴联合村镇银行，2008—2011年末的户均贷款分别为128万元、64万元、47万元和46万元。再如2010年10月17日开业的临海湖星村镇银行，2010年末的户均贷款为457万元，2011年末已降为109万元，预计今年末可降至80万元。村镇银行普遍存在“存款组织难”，为了更好地服务农户与小微企业，在相当时期内，需要主发起银行提供资金支持。“存款组织难”，不仅是由于村镇银行开业时间短、社会影响小、营业网点少，而且还由于其主要为小微企业及农户服务，个人经营贷款所带来的存款要远远少于公司贷款。我们从信贷统计中还可以清楚地发现，“户均贷款”与“存贷比”呈现“反相关”关系，即“户均贷款”较大者“存贷比”往往较小，反过来也一样。比如，在上述32家村镇银行中，存贷比小于100%的10家村镇银行，其中7家的户均贷款超过100万元；而户均贷款小于50万元的4家村镇银行，存贷比均显著超过100%，分别为118%、134%、139%和157%；在2009年底前开业8家村镇银行中，唯一一家存贷比是小于100%的，正是那家户均贷款超过100万元的村镇银行。村镇银行存贷比超过100%部分的资金来源，除了资本金和少量中国人民银行支农再贷款外，主要由主发起银行提供。这种资金流向显然是合理的，符合“引导资金流向小微企业及农户”的要求的，应当受到鼓励。

同时，那些市场定位好、规模发展快的优秀村镇银行，则更是需要“有条件延长”政策的支持。比如，长兴联合村镇银行不但在我省开业最早，而且致力于“市场定位小微化、运作机制市场化、人员股权本土化、操作技术现代化”，可以说是一家“标杆”村镇银行。该行的服务宗旨十分明确，市场定位甚佳，为了开拓农户市场，创造性地招收村干部做客户经理，很快取得良好效果；并且，利率还略低于当地农信机构水平，又能上门热情服务，深受农民的欢迎。2011年末，该行存贷款余额分别达到22.10亿元和26.08亿元，分别占当地市场的5.9%和8.0%，名列全国村镇银行前茅。显然，对于这样的优秀机构，应当促进其健康快速发展。目前该行最伤脑筋的事便是存贷比监管的优惠政策即将到期。今年末需将存贷比压缩到100%，明年末需压缩到75%，再加上存款组织的困难，现有的存款也并不稳定，这意味着今明2年，贷款规模不但不能增长，还可能要下降。显然，这对该行的健康发展十分不利，对当地的农村经济与小微企业发展也颇为不利。如果实行“有条件延长”，那么，情况就会完全不同。

实行“有条件延长”是一项重要的政策导向。为了引导信贷资金“向下走”，2008年银监会提出要银行建立“小企业金融服务专营机构”。我们“出台”村镇银行的初衷就是为了“贷农、贷小”，因此，首先应当使村镇银行这样的微型金融机构都成为“小企业金融服务专营机构”。为此，需要有一系列的政策来引导，“有条件延长”就是其中重要的一项。一旦实行了“有条件延长”，一家村镇银行开业3年后，“贷农、贷小”做得好的与做得不够好的所面临的信贷监管环境就会大不一样。进而，就能够有效地促进“贷农、贷小”做得好的村镇银行快速发展；同时推动“贷农、贷小”做得不够好的村镇银行向做得好的转化。最终，使得有更多的村镇银行成为合格的“小企业金融服务专营机构”。

实行“有条件延长”的副作用甚小。首先，不必担心会引发金融风险。因为，“有条件延长”的前提条件之一就是“风险可控”，为此，设定了严格的资产风险与流动性风险防范要求。其次，也不必担心会引发信用扩张。因为，从总量上说，村镇银行是微不足道的。2011年末，全国虽然已有村镇银行726家，但是贷款余额仅有1316亿元，只占全国人民币贷款余额的0.2%左右。即使今后村镇银行有了较大的发展，市场份额扩大了10倍，也不过2%，总量还是极有限的。再次，从一定角度看，允许村镇银行“超贷”，相当于使村镇银行具有了“贷款公司”功能，这也没有什么不妥。在“新型农村金融机构”中就有“贷款公司”，只是很少有人愿意干，迄今只有10家。通过允许村镇银行“超贷”的形式使其实际上“出现”了，应当可以接受。

最后，应当指出，目前村镇银行的发展速度缓慢，经过5年的发展才有726家，仅相当于全国县域数的三分之一，距离原来的构想甚远；总规模更是微不足道。因此，不但要努力采取措施，加速村镇银行的发展；而且应当关怀那些优秀的村镇银行，为它们的健康快速发展创造较好的条件。

利率市场化改革：当务之急是消除存款负利率[①]

当前，利率市场化改革如何推进，是人们关注的热点问题之一。近日，中国人民银行行长周小川先生在接受媒体采访时说，目前，利率市场化改革可以进一步推进，也正在设计论证之中，贷款利率改革可以先行一步，存款方面可通过促进替代性负债产品发展及扩大利率浮动区间等方式推进。他还指出，目前存款利率不要急着动，一是基于对境外“热钱”流入的忧虑；二是对通胀的忧虑，资金成本的上升会推高通胀。

对于上述见解，笔者认为不妥，因为根据目前的实际情况，迫切需要将利率市场化改革的工作重点转到存款利率方面来，尤其是首先消除存款负利率。

1. 目前，贷款利率方面的市场化并不滞后，而存款利率方面的市场化则严重滞后。目前，银行贷款利率的市场化改革已经取得很大进展，距离完全市场化已经不远了。商业银行的贷款利率已经取消浮动上限，只要不超过基准利率的4倍（超过4倍是高利贷，是法律“高压线”），便可以自主定价。这个浮动幅度完全能够涵盖信贷市场上的均衡利率。农村合作金融机构的贷款利率浮动幅度也已经放宽到基准利率的2.3倍，基本上也能够涵盖信贷市场上的均衡利率，实践中并未发现顶住“天花板”的现象。而存款利率则不然，18年来，没有丝毫进展，仍然是统一规定，银行机构没有浮动权。特别是当通胀率较高时，便形成负利率，为公众所诟病。

2. 消除存款负利率正是引导资金进入实体经济的需要。目前，中央要求，努力引导资金进入实体经济。这里的“实体经济”，当然是指有效益的实体经济、效益良好的实体经济。这也就是，要引导资金流向边际产出率较高的领域与企业。为此，首先应当让市场机制发挥作用，使资金价格比较符合真正的市场均衡价格。而当存款利率为负值时，由于资金成本低，商业银行（由于预期利润满意）便会以偏低的贷款利率将资金大量贷给信贷市场上的“强者”，即那些具有政府背景的企业、项目及大企业、上市公司等，而这些“强者”们的项目中，有

① 刊于《改革内参》2012年第18期。

相当部分是效益不佳甚至是完全不产生效益的“公鸡”项目。一旦消除了存款负利率，银行的资金成本提高了，其贷款利率也会相应上升，进而，由于“公鸡”项目的还款能力欠佳，其获得的贷款也势必减少。这样，便会有更多的贷款进入效益良好的实体经济。

3. 消除存款负利率是调整收入分配结构的重要内容与迫切需要。调整收入分配结构、缩小社会贫富差距，是我国当前经济工作中的一项重大任务，是建设和谐社会、扩大内需的必要措施。而存款负利率主要是“剥夺”中低收入者利益，会“劣化”收入分配结构，并且，当前的存款负利率还相当严重，因而必须尽快消除。去年，我国的通胀率（GDP 平减指数）为 7.6%，以此匡算，公众向银行“缴纳”了大约 1.5 万亿元的“通胀税”。这就是去年在企业效益下滑的同时，银行利润却大幅度上升的主要原因。中低收入者由于缺乏其他投资渠道，只能忍受“通胀税”的“剥夺”。今年，通胀率虽然有所回落，但是总体格局未变。

4. 对于“热钱”的流入，不宜过分忧虑。一则，我国目前尚未实现“资本项目可兑换”，外币兑换人民币是受到限制的，只要认真加强监管，再加上改革措施得当，不要过于“激进”，应当能够控制局面，不至于发生大量“热钱”流入的失控状况。二则，消除存款负利率，主要是指消除 1 年期以上的定期存款的负利率。“热钱”是短期资金，如果进入我国后，变成 1 年期以上的定期存款，那么，就不再是“热钱”了。况且，“热钱”的预期收益要求不低，通常都在两位数以上。这也是我们定期存款利率达不到的。

5. 消除存款负利率有助于抑制通胀，而不是助推通胀。这一点，周小川先生完全讲反了。一则，前文中已经说过，消除存款负利率，有助于理顺资金价格、抑制“公鸡”项目。而这些大量的“公鸡”项目，正是这一轮通胀发生的基本原因。二则，消除存款负利率后，公众的储蓄倾向会有所上升，尤其是定期存款会上升。显然，这是有助于抑制通胀的。

至于如何推进？总体上，还是要稳健、渐进。当前而言，第一步，不妨立个“规矩”，确保 1 年期储蓄存款利率不低于通胀率及 CPI，大体上可以是：当通胀率及 CPI 小于 3% 时，1 年期储蓄存款利率取两者中的高者加 2%；当通胀率及 CPI 为 3%—6% 时，取两者中的高者加 1%；当通胀率及 CPI 为超出 6%—10% 这个范围时，取两者中的高者加 0.5%。通胀率及 CPI 以上季度的统计值为准，一个季度调整一次。第二步，经过适当时间后，再设置浮动幅度。至于第三步、第四步……这里就免了。

当前深化金融改革的十项举措①

当前，为了促进资金流向实体经济、促进经济转型，除了应当适度调整货币政策（主要是消除“不对称”格局）外，还应当大力深化金融改革。深化的方向是市场化，消除垄断，使金融体制更符合现代市场经济的要求，既能使资金顺畅地流向边际产出率较高的领域，又能明显改善小微企业、农户等各类客户的金融服务。为此，需要出台多项举措，主要有下列十项。

一、开放证券一级市场，从速造就多层次的“金字塔式”市场

基本内容是：股票发行实行“登记制”，并将“发行”与“上市”分开。任何自然人和法人都可以依法申请组建股份有限公司并向社会募股，证监部门仅审核其手续是否齐全、是否符合法律规定，符合者便允许登记、发行。发行后，必须先在代理的券商中挂牌交易，期满 1 年后，业绩优良者可由代理券商推荐进入城市的柜台交易市场；再满一定时期的业绩优良者，可经柜台交易市场推荐、由证交所择优“录取”而进入主板、二板市场。任何公司都必须遵守这个程序，不能有“特权”。主、二板市场中的“低劣者”，也按此程序逐级退市。证监部门不再从事发行、上市的审批后，专职从事证券发行、交易全过程的监管，依法惩处违法违规行为。

企业债券的一级市场也要进一步开放，让业绩良好的中型以上企业都可以发行债券。

“开放证券一级市场”非常重要，不仅是促进证券市场健康发展的必要措施，促进间接融资完善、资金“向下走”的必要措施；而且是促进企业技术创新、经济转型的必要措施。因为，如果无此举措，风险投资便难以有完善的退出渠道，也就难以真正地蓬勃发展起来。

① 刊于《浙江经济》2012 年第 11 期。

二、向民间资本开放银行市场准入

向民间资本开放银行市场准入，使得民间资本也可以成为银行的“主发起人”，进而造就大批的“产权清晰、政企分开、党企分开”的控制权、人事权真正属于“三会”的民营银行。

在现代市场经济条件下，商业银行的主体应当是民营银行。只有在民营金融机构中才能产生金融企业家，而没有大量金融企业家的涌现，金融体制改革是不可能最终完成的。

发展民营银行不能“急于求成”，而应当根据实际条件“循序渐进”。由于迟迟没有正式“开放”，以致现有的民营银行极少，仅仅在城市商业银行中有“个案”，金融企业家和民间金融资本相当缺乏，因而只能把“开放”重点先放在村镇（社区）银行等微型商业银行上。

为防止金融风险，应设立不得“脚踩两条船”（指工商企业主同时掌控银行）的“底线”。因为这会造成大量“关联”贷款，成为银行“杀手”。同时，民营的村镇（社区）银行不能是“有限公司”，而必须是“无限公司”或“两合公司”，董事长与董事股东必须对“未能清偿债务”承担无限责任。

三、坚决推进利率市场化

众所周知，利率市场化改革严重滞后。经历了18年，仅仅做到初步放开了贷款利率（基准+上浮，不设上限），而存款利率则仍然控得死死的，尤其糟糕的是，物价一上涨，就出现负利率使得广大普通百姓被迫缴纳巨额“通胀税”。这种利率体制格局，已经严重影响了资金的优化配置并且“劣化”收入分配结构。它仅使信贷市场上的强势阶层（如银行，大型企业，尤其国有垄断企业，地方政府等等）得益；而民营中小微企业以及广大中低收入人群则深受其害。它还是促成民间借贷市场利率奇高的重要推手。目前，已是下定决心，冲破“利益集团”阻挠的时候了。当然，也不能贸然全部“放开”。作为第一步，可以将1年期存款的基准利率定为GDP平减指数或CPI（取两者中的高者）加1%，或者至少不低于两者；同时，允许上浮20%—30%。

四、尽快让邮储银行发挥应有作用，真正成为小额信贷的中坚

一些人士要求设立全国性的中小企业银行，其实，这样的银行已经有了。邮储银行就是全国性的中小微企业银行、小额信贷银行。它从筹建开始，就如此定位，并且也是这样做的。比如其浙江分行，户均贷款仅30万元左右，比以发放小额贷款出名的台州银行（45万元左右）还少。它不但网点多，而且规模也

大，目前，存款余额已经超过4万亿元，列全国银行中的第6位。只是贷款余额才7000亿元左右，按存贷比75%计算，有2.3万亿元资金放空，不能进入中小微企业，十分可惜。个中原因是资本金数量不足，贷款规模受到资本充足率的制约。虽然，今年1月邮储银行已经改组为股份有限公司，并增加了注册资本，但是，资本金还是偏少，还需要不断增加。同时，为了加速发展、转换经营机制，还应当广揽英才。可以考虑引入国内最优秀的小额信贷经营专家担任CEO，进而使邮储银行早日发挥应有的作用。

五、大力推进“小企业金融服务专营金融机构”建设

为了引导信贷资金流向小客户，银监会于2008年发文要求各银行建立“小企业金融服务专营机构”。这是正确、必要的。目前，各有关管理部门应当通力合作，切实加强推进力度。首先，要通过“政策”引导城商行、农信机构、村镇银行等小法人银行成为“小企业金融服务专营银行”。制定达标的标准，主要是“户均贷款”与“500万元以下贷款占比”；大体上可以分别为“100万元以下”及“60%以上”。给予达标的银行授牌并享受各种“差异化”优惠政策。比如，财税、货币信贷、跨区域发展与机构“升格”等方面的“差异化”政策；并且“差异化”力度要足够大。其次，鼓励大中型银行设立“小企业金融服务专营机构”，尤其事业部制的专营机构。凡是达标者也可享受相应的“差异化”优惠政策。再次，对于此项“推进工作”做得好的管理机构，包括银监、人行、财税等地方分支机构与地方政府，应给予表彰、奖励。

六、要承认小额贷款公司的金融机构身份

小额贷款公司“出台”后，由于允许民间资本主发起，并且由省级地方政府批准，因而发展迅猛。2011年末全国已有4282家，贷款余额3915亿元，分别为村镇银行的3倍和6倍，已经成为小额信贷方面的一支重要力量。目前，小额贷款公司存在的问题主要有三：一是信贷资金来源不足，只允许向银行融入占资本金50%（有的省为100%）的资金，而且还不容易融到；二是利率偏高，往往接近基准利率的4倍，以至有人称之为“合法的准高利贷机构”；三是缺乏有力的监管，违规行为难以有效约束，风险难以有效监控。要解决好这三个问题，根本途径是承认它是金融机构。目前，银监部门仅承认它是金融组织，而非金融机构。其实，这是很没道理的。试问金融组织与金融机构的差别在哪里？为什么由法人银行设立的贷款公司是金融机构，而由民间资本设立的贷款公司却不是？一旦承认小额贷款公司也是金融机构，那么，首先就要解决监管问题，设定专业的监管机构；其次，作为金融机构，将实行资本充足率管理，进而就允许融入数倍

于资本金的资金，由于有良好的监管，银行也会比较乐意融资；再次，由于融入资金大大增加了，利率也会随之下降。

七、适当调整金融监管体系，把监管微型金融机构的职能交给省级政府所属的监管机构

微型金融机构是指村镇（社区）银行、小额贷款公司、农村资金互助社（还可以包括典当、担保公司、投资咨询公司等从事“准金融”活动的机构）。微型机构数量多、“个性”强、运作规范性差，监管工作相当复杂，工作量甚大。但是，由于单个机构规模小，风险分散，风险总量不大，处置也较为简单。要现有的银监部门来承担微型金融机构的监管任务，看来并不是最恰当的选择。因为，银监会及其分支机构在机构设置与人员配备上，是没有将这些微型金融机构的监管任务考虑在内的；同时，银监会现有的监管任务已经相当繁重，不但有数千家银行及众多的政府融资平台，而且其中有许多是“大家伙”，一出风险就是大事；况且，“两者”的监管“套路”又差别明显。因而，再要增加对微型机构的监管任务，实在是力所不能及。对此，上佳的选择是组建归属于省级政府的“省金融监管局”来承担对微型金融机构的监管任务。这与省级政府要为微型金融机构的风险承担处置责任也是相当匹配的。为了能使省级金融监管机构有效规范地运作，应当确定由中国人民银行对其“再监管”，即由中国人民银行制定其工作条例，审查其负责人的任职资格，检查监督其工作，等等。

八、建立存款保险制度

建立存款保险制度已经喊了多年，然而迟迟未能“出台”。随着民营银行的大量涌现，建立存款保险制度不宜再拖，且应当从速。

建立存款保险制度既要遵循“一般准则”，又要结合实际国情。应当确认下列要点：

1. 存款保险制度不是万能的，主要功能是防范“流动性风险”，而不能强求其防范“资产风险”。

2. 要讲“公平”，所有存款类金融机构均需“强制”投保。

3. 要讲“条件”，资产质量达不到规定标准者不予投保；现有法人银行中的不达标者，要限期达标，否则就清盘、退出。已投保的银行机构若资产质量下降，不达标了，要撤保并清盘、退出。

4. 要按全国与地方（省级）两级组建存款保险公司。全国性银行机构向全国存款保险公司投保，地方性银行机构向地方存款保险公司投保，两级存款保险公司之间以再保险联结。

九、需要设立若干省级金融综合改革试验区

目前，温州金融综合改革试验区再次起航，主要任务定为12项，其中最大亮点恐怕是“研究开展个人境外直接投资试点”和允许民间资金“依法发起设立或参股村镇银行”。其实，在一个地市范围内搞金融综合改革试验，区域范围偏小，局限性颇大。比如，政府的视野往往较局限，官员素养也可能有所不逮；财政规模欠大，支撑保障能力有限；许多重要的试验难以进行或难以与“今后”衔接，比如在温州，“存款保险”就很难试，“监管中心”今后怎么办，与什么机构衔接，等等，都是问题；还有，如果区域经济文化特点很鲜明，那么也可能对“试验”产生干扰，并且影响“成果”的推广价值；等等。再加上中国是大国，基本行政框架是“两级制”，因此，最好是选择若干典型省区，设立若干“省级金融综合改革试验区”。内容除了涵盖或基本涵盖温州试点的内容外，还应着重试点建立省级金融监管机构、“地方存款保险公司”及可以操作的“有限度的”资本市场改革。

十、稳步推进人民币国际化

目前，让人民币实现资本项目可兑换，走向世界，已是“现在进行时”。对此，已经做了许多事，并且还在做许多事，包括在温州试点中的要“研究开展个人境外直接投资试点”。由于要真正实现人民币国际化，必须使金融体制的市场化、自由化程度吻合现代市场经济的要求。因此，还有一段相当长的路要走，只能稳步推进，着急是没有用的。为了加速人民币国际化的进程，目前就应当切实加速“深化金融改革”，尤其是加速本文中的前三项改革，即开放证券一级市场，开放民营银行的市场准入，实现利率市场化。

应当用“抓转型、促内需”替换“稳增长”①

去年三季度以来，我国经济增速的回落趋势明显（见表1），于是“促进增长”又摆上了重要位置。去年12月初的中央经济工作会议的基调是：2012年要把“稳增长、调结构、保民生、促稳定”结合起来。今年以来，随着GDP增速的持续回落，“稳增长”的位置又进一步上升。在3月初的“两会”上，基调还是“稳增长、控物价、调结构、惠民生、抓改革、促和谐”，统筹兼顾，协调推进。但到5月23日的国务院常务会议上，便成了“稳增长、调结构、楼市不松绑”，并且要把“稳增长”放在更加重要的位置。后来，国务院领导还多次重申了这个观点。笔者认为，在当前，突出“稳增长”的政策取向是欠妥的，势必带来不良后果，为了促成经济的“持续稳定健康发展”，应当突出转型，用“抓转型、促内需”来替换“稳增长”，将基调定为“抓转型、调结构、促内需”。

一、当前我国经济增速回落的根源是“调整”不到位

当前，全球都处在发展模式调整期。2008年的全球金融危机是1929年大萧条之后发生的最为严重的经济危机。它意味着世界上一些重要国家的发展模式走到了尽头，必须调整了。比如，美国与欧元区的一些国家，必须调整其依靠大量举债来维持国内高消费的模式；中国必须调整依靠压低国内劳动力、土地、货币、生态环境等要素价格来获取国际竞争力的出口导向模式（或称“新重商主义模式”）；等等。总之，只有完成了上述调整，才能最终摆脱危机，回到健康发展轨道。目前，“调整”还远远没有结束。迄今为止，在调整任务较重的国家中，进展情况较好的是美国，次贷危机基本平息，美元已经趋向走强，就业率等重要经济指标也有所好转；但是，未解决的问题也不少，比如，失业率依然偏高，经济活力仍然难以令人满意，等等。进展最为迟缓的是欧元区中的南欧国家，实质性的调整还“刚刚开始”，距离取得实际成果还尚远，以致“欧债危机”还在发

① 刊于《改革内参》2012年第26期，题目原为《一手“稳增长”一手“调结构”可行吗》；新华社浙江分社《浙江领导参考》转载。

酵，欧元还在贬值，迄今已下跌20%左右。

表1 2002—2012年的重要宏观经济数据 (%)

	2002	2003	2004	2005	2006	2007	2008	2009	2010	2011					2012
										合计	1	2	3	4	1
GDP增长率	9.1	10.0	10.1	11.3	12.7	14.2	9.6	9.2	10.4	9.2	9.7	9.5	9.1	8.9	8.1
投资增长率	16.9	27.7	26.8	26.0	23.9	24.8	25.9	30.0	30.8	23.6	25.0				20.9
投资实际增长	16.7	25.0	20.1	26.1	22.1	20.1	15.6	33.2	19.5	15.9					18.2
投资系数	4.15	4.09	4.26	3.68	3.29	2.94	4.57	5.16	4.67	5.3					
投资率	37.8	40.9	43.0	41.6	41.8	41.7	43.9	47.5	48.6						
消费率	59.6	56.9	54.4	52.9	50.7	49.5	48.4	48.2	47.4						
居民消费率	44.0	42.2	40.5	38.8	37.0	36.0	35.1	35.0	33.8						
投资贡献率	48.56	63.2	54.5	39.0	43.9	42.7	47.5	91.3	54.0						
消费贡献率	43.9	35.8	39.5	37.9	40.0	39.2	43.5	47.6	36.8						
净出口贡献率	7.6	1.0	6.0	23.1	16.1	18.1	9.0	–38.9	9.2						
PPI	–2.2	2.3	6.1	4.9	3.0	3.1	6.9	–5.4	5.5	6.0	7.1				0.1
CPI	–0.8	1.2	3.9	1.8	1.5	4.8	5.9	–0.7	3.3	5.4	5.0				3.8
GDP平减	0.6	2.6	6.9	3.9	3.8	7.6	7.8	–0.6	6.6	7.6					3.7

资料来源：《中国统计年鉴》、国家统计公报

我国则有喜有忧。最大的成果是人民币汇率已经基本到位，不再有重大的升值压力，进而就为“人民币国际化”造就良好的基础条件。最大的问题是，许多重大的调控措施仅仅着重于抬拉即期的经济增速，而没有针对经济痼疾的病根，以致经济社会结构不仅没有改善，反而有所劣化，以致被拖入“二次探底”的尴尬境地。2008年下半年起，我国为了应对全球金融危机带来的外需急剧下滑，实施了政府投资主导的投资扩张，数量十分庞大，中央政府方面是4万亿元，地方政府合计则有10多万亿元。如此巨大规模的投资扩张，再加上其中又有不少项目乃是效益甚差或者完全没有效益的“公鸡”项目，因此，虽然很快就稳住了速度，这几年的GDP增长率都在9%以上，2010年还重上两位数（见表1）；但是，代价也是巨大的，不仅引发了通胀，迫使中央政府采取紧缩性货币政策，同时还劣化了本来就已经不良的结构。

1. 投资消费结构进一步失调，投资效益大幅度下降，投资率由2007年41.7%的高水平进一步升为2010年的48.6%，2011年由于投资实际增长15.9%，超过GDP增速6.7个百分点，因而投资率还将有所上升。相应地，已经偏低的消费率进一步下降，由2007年的49.5%降为2010年的47.4%，其中居民消费

率由36.0%降为33.8%。投资系数则由2002—2007年的平均3.74升为2008—2011年的平均4.93，上升32%，即投资效益下降32%（见表1）。

2. 产能过剩加剧，特别是那些与基建投资相关度较大的行业，受巨额投资的拉动，畸形发展。比如“武钢养猪”，便是钢铁业产能过剩的体现。

3. “国进民退”，产业的所有制结构进一步偏离市场经济轨道。在这几年的“大扩张”中，一是国企的比重上升，行业垄断增强；二是民营企业“傍政府”的情况增多，使得政府对民企的实际控制力加强；三是为抑制通胀而实施了“不对称”的紧缩性货币政策后，民营企业尤其是小微企业的生存环境严重恶化。

4. 社会贫富差距进一步扩大。巨额的灰色乃至黑色收入，造就了不少巨富、新富。同时，快速上涨的房价、物价（尤其食品价格），使得许多白领沦为“房奴”，使得广大蓝领“涨工资”的好处“归零”。

5. 此外，还促成银行不良贷款上升、生态环境劣化、官员贪腐恶性发展、政府公信力下降、治安状况恶化、社会矛盾加剧，等等。

综上，很明显，由于国际经济环境的改变，我国目前要想回到2002—2007年那样的时期是不可能的了。如果再依靠政府投资扩张去拉动经济，那么，后果只能是通胀再次抬头，结构继续劣化，直至最终“崩盘”。出路唯有切实转变现行发展模式。

二、在当前“调整”必须优先于速度

“调整”，就是要实现转型，转变“难以为继”的发展模式，消除那些阻碍经济社会健康发展的根本性问题。

转变发展模式，从直接层面看，就是结构问题。①投资消费结构。应当切实纠正投资消费的比例失调，使严重偏高的投资率降下来，严重偏低的消费率升上去，投资效益也升上去。一般而言，要努力使消费率上升到70%左右，居民消费率上升到55%以上，投资率则降到30%左右或者更少一些；同时使得投资系数保持在3.0左右。②社会贫富差距。要努力调整收入分配结构，让收入分配向一般劳动者倾斜，进而使得已经严重偏大的社会贫富差距逐步缩小，基尼系数由目前的0.5左右降低并控制在0.3—0.4的“中等程度不平等”范围内。③升级产业结构。要使产业发展更多地依靠技术进步，依靠要素生产率的上升，而不是依靠增加要素投入。要切实降低能耗、物耗、“环境”耗，使之接近并最终赶上发达国家水平。④此外，其他的一些重要结构，如所有制结构、金融结构等等，也都是迫切需要调整的。

深入一个层次，就是体制问题。那些重大的结构问题都是根植于体制的，体制不改变，“调结构”就困难重重。我国是从集中计划经济即统制经济出发，以渐进方式走向市场经济的。目前，我国的改革之路不仅尚未走完，而且还由于受到在改革过程中形成的“利益集团”的强力阻挠，而被固化、停留在“半统制、半市场经济”状态。在这种体制下，一是政府权力过大，基本不受公众约束，政府职能也依然未变，既是裁判员又是运动员，政府的“投资扩张冲动”也依然不时爆发，成为经济周期性波动的策源。各级政府还通过对土地、资金等要素市场及大宗商品市场的垄断，以及庞大的国有企业（尤其央企）对许多行业的垄断，控制着国民经济的运行，迫使民营企业“傍政府”。二是底层劳动者缺乏话语权，利益得不到保障。农民没有集体组织出面来维护农民个体的合法权益，工人虽有工会组织，但工会组织在真正维护工人个体合法权益方面的作用，也是极其有限的。

正是由于政府垄断控制着国民经济尤其要素市场，市场机制难以有效地发挥结构调整作用，以致产业结构的升级进展迟缓，世界经济实践表明，技术创新、产业升级主要得依靠市场机制，而不是政府的产业政策。再加上政府又不时爆发“扩张冲动”，以致投资率越来越高，投资消费比例失调日益加剧。收入分配的结构比例是由参与分配各方的力量对比决定的，底层劳动者缺乏必要的话语权，在收入分配上岂能不处于弱势地位，以至“一次分配”份额节节下降，“二次分配”中又出现“逆调节”，进而社会贫富差距迅速扩大，经济运行呈现明显的“古典市场经济”特征——随着社会生产力的发展，社会贫富两极分化。总之，不深化体制改革，“调结构”就会困难重重，难有重大进展。正因为如此，许多有识之士都指出，必须深化改革，否则就无以有效地“调结构”。温家宝总理也多次指出，应当深化改革，包括政治体制改革。

目前处于“调整期”，也就是经济周期中的“低谷期”，速度难免会偏低一些，这是正常的。最理想的格局当然是既能深入地进行“调整”，又能维持相当水平的经济增长速度，一手“稳住增长”、一手“调整结构”。正是基于这一美好愿望，才提出了“稳增长、调结构”的思路。但是，这种美好的愿望是不现实的，在现行体制条件下是做不到的。把“稳增长”放在首位，并且是更加重要的位置上，结果只能是冲击“调整”，劣化结构，通胀也可能再次抬头。一则，把“稳增长”放在首位甚至“更加重要的位置”，实际上就是要保速度。这对于地方政府官员来说，既符合他们的利益和思维，操作也轻车熟路。二则，“调结构”需要以深化改革为前提，至少是为配套，这既不符合官员们的利益和思维，操作起来又相当麻烦。现在既然要求突出“稳增长”，那么，“调结构”嘛，便乐得能放就放，能拖就拖。三则，从近几个月的实践看，不良苗头已经显现。比如，去年停造的高铁项目80%已经复工，地方政府蜂拥北京跑项目，国家有关部门门庭若市，官员称场面比“四万亿”时还火，看来新一轮投资扩张在所难免。又如，总投资1300多亿元、规模各有1000万吨的广东湛江钢铁项目和广西防城港钢铁项目获批，看来产能过剩还将继续发展。再如，可以想象，新获批的及地方上自批的项目中，“公鸡”项目不少，进而不良贷款与通胀还将继续发展。

对待速度，当前应当遵循3项准则。一是即期利益服从长远利益，即期速度服从长远速度，也就是要服从于实现今后较长时期的“持续稳定健康增长”的需要。从这一准则出发，显然当前应当突出转型，而不是突出即期速度，突出“稳增长”。当前不能去追求较高的速度，只能追求与“调整期”及“低谷期”相适应的速度。比如，我国1981年“调整”时的速度计划指标就为“保四争五”（当时的“调整”也是要把积累率降下来，把消费率提上去）。二是注重速度的可分配性和分配结构。比如，即使GDP增长率下滑到6%左右（这个速度不能算低，高于许多新兴国家的“正常期”速度），如果它是真实的，都可分配的，那么，扣除0.5%的人口增长率，实际人均收入可以年增长5.5%左右。如果分配结构合理一些，向底层劳动者倾斜2个百分点（俄罗斯的普京政府就做到了），那么，底层劳动者的实际收入就可增长7.5%左右。这样，就足以促进社会和谐了。三是在调整期中要采用符合转型要求的方法途径来扩大内需并进而促进速度，而不是相反。据此，当前扩大内需的主要途径应当是：调整收入分配结构→基尼系数下降→消费率上升→内需扩大，而不是主要依靠扩张政府投资。同时，也要通过促进产业结构的升级、企业效益的提高以及对生态环境的治理等等途径来扩大内需及创造“更有效”的供给，进而促进速度。

三、应当抓住有利时机加速转型

当前，正是实现“转型”“调整”的有利时机，有许多人士在大声疾呼，要加快“改革”与转型步伐，不能再错失良机。

当前的有利条件主要有三：① 有市场压力，这能迫使我们走上转型之路，进而变成动力。一是国际市场压力，目前国际市场对我国商品不再有像2002—2007年那样的旺盛需求，这就迫使我们走“扩张内需”之路。二是国内的“人口红利”趋向消失，劳动力开始供不应求，“价格”上涨，这就会迫使产业升级，更多地依靠技术进步和要素生产力提升。这一点十分重要，如果市场环境还停留在2002—2007年时期，要想转型是十分困难的。② 有民意基础。目前，越来越多的人，不仅民间人士和学者，而且还有官员、国家领导人，认识到转型的迫切性与重要性，认识到转型并非简单的“结构调整”，而必须以“深化改革”为重要前提。特别是不久前发生的“事件”，更使人们看到了现存体制的重大弊端与深化改革的紧迫性。③ 有“本钱”。转型是要“成本”的。无论“结构调整”还是“深化改革”都需要一定的投入，目前我们不缺乏“本钱”。一是财政的年收入已达到10多万亿元之巨。二是有高达3.2万亿美元的外汇储备。三是有大量的国有资产，必要时，可以通过证券市场变现（这也是所有制结构的调整，符合转型要求）。

当前，为突出转型，切实加快转型步伐，还应当做好3件事。①强化对地方的掌控。在强化对地方掌控的同时，还应当取消各种形式的GDP考核，努力消除GDP主义及其“惯性”，并大力精简机构、副职、冗员。②努力消除中央政府中的“部门分割”倾向，以形成更大的合力。目前，中央政府的一些政策、措施呈现“碎片化”，这意味着存在“部门分割”倾向，损害了中央政府的效率，应当整合纠正。借用银行业术语，就是要将“部门政府”改造为“流程政府”。③加强对转型的整体设计。一是“顶顶层设计”。这是指，确定改革的大方向。一定要将目标定位于：由现行的“半统制、半市场经济”走向完全的市场经济，走向拥有良好社会公平正义的“现代市场经济”。二是“顶层设计”。在大方向确定的前提下，中央政府统一制定全盘的转型方案，防止“部门分割”、防止改革措施“碎片化”。

吸收大学生村官做客户经理：一项值得推广的创新[①]

浙江长兴联合村镇银行为发展小额农户贷款，自2009年开始招收村官做农贷客户经理，取得了巨大的成功，值得有关方面参考和借鉴。

一、大学生村官在长兴县的发展

选聘大学生到村（社区）任职，即大学生村官，是国家为加快社会主义新农村建设而做出的重要决策。湖州市长兴县根据中央和省委、省政府的部署，于2006年全面启动“一村一社区一名大学生”计划。按照“统一招录在县、日常管理在乡镇（街道）、培养使用到村（社区）”的总体思路，通过县、乡镇（街道）、村（社区）三级联动，对大学生村官进行规范管理。大学生村官的聘期一般为3年，在实际管理工作中，如何解决大学生村官创业、再就业问题，使其“流得动”是推进大学生村官计划的难点，也是县委、县政府工作的重点。为此，县委、县政府实行“有条件的随时流动”制度，取得良好效果。截至2012年2月末，长兴县共招录村官344人，各年度累计离岗156人，有104人考入机关及事业单位，有32人被企业聘用，顺利完成了再就业。在这32名被企业聘用的村官中，有将近一半（15名）被浙江长兴联合村镇银行聘用，其中12名成了农贷客户经理。

二、长兴联合村镇银行吸收村官做农贷客户经理的动因与做法

浙江长兴联合村镇银行（下文简称长兴村行）成立于2008年5月20日，注册资本金2亿元，由杭州联合银行主发起，是浙江省开业最早的村镇银行。目前，该行除总行营业部外，还开设了5家直属支行。该行自设立之初，就致力于农村金融业务，明确了“贷农、贷小”的市场定位。为了更好地贯彻这一市场定位，该行于2009年3月成立农户、小企业专营部，专门面向当地茶叶果蔬种植、家禽水产养殖等种养殖业开展业务。专营部成立后，农贷客户经理的匮乏便成为

① 刊于《浙江民建信息》2012年第18期。合作者：陈玟羽。

业务开展及部门发展的“瓶颈”。因为，作为农贷客户经理，不但要掌握小额信贷工作，而且还要熟悉农村，对农村有感情，与农民“对得上话”。当时，长兴村行的信贷人员主要来自“四大银行”及其他股份制银行，符合上述要求（尤其是熟悉农村）的客户经理很少；而从新招入的大学生中培养起来的客户经理则由于不熟悉农村、不能够与农民“对上话”而难以胜任这一岗位。鉴于上述种种原因，只能抽调出 3 位骨干员工进入新成立的农户、小企业专营部。当然，这是远远不能满足需要的。因此，如何从速培养一批称职的农贷客户经理，便成为长兴村行管理者日夜思索的问题之一。而此时，正好长兴县第一批大学生村官的聘任即将到期，县委人才办正在积极推进该批人员再就业，这让长兴村行领导得到了启发：大学生村官既有必要的学历文化基础，又有 3 年的农村工作实践，如果再加以一定金融技能的培训，将有可能成为合适的农贷客户经理。抱着这一想法，长兴村行与县委人才办进行了交流沟通。由于县政府先前已与长兴村行有过“大学生创业担保贷款”“农村党员创业贷款”等项目的合作，加之村行决策快，意见反馈迅速，因而双方经过商议，便一拍即合。

长兴村行的具体做法如下：① 长兴村行优先招收户籍为长兴当地的大学生村官做客户经理，聘期将到的大学生村官通过自愿报名、面试等程序，由县委人才办推荐去长兴村行。进入长兴村行后，他们需经过“两个试用期”才能成为银行正式员工。② 第一个“试用期”为挂职试岗期，时间为 3 个月。这一期间，由农户、小企业专营部进行培训与挂职试岗，到期后，根据应聘者的实际工作表现和意愿，双方协商签订就业协议。③ 第二个“试用期”为第三方派遣期，不设定时间期限。在该阶段，已签订就业协议的客户经理先以劳务派遣的方式进入银行工作，当其完成行里规定的相应业绩指标后，即可转为正式员工，纳入银行编制，享受银行正式员工的工资及福利待遇。

实践表明，上述做法细致周到，既使得大学生村官们在再就业时有充分的选择机会，又保障了银行能够招收到“合适”的客户经理人员。2009 年，长兴村行与首批 7 位大学生村官签订了就业协议。此后，长兴村行继续与县人才办合作，于 2010 年与 2011 年又聘用了 8 名。在这 15 位大学生村官中，有 12 位成为专门的贷农贷小客户经理，他们工作业绩出色，已有 5 位通过第二个“试用期”，转为正式员工。

三、“大学生村官”客户经理的业绩优秀

目前，长兴村行共有客户经理 44 人，其中“大学生村官”客户经理 11 人（原先 12 人中有 1 人离职），这 11 人中有 3 人在总行农户、小企业专营部，8 人分别被派遣到下面的 4 家支行。这些做过大学生村官的农贷客户经理，由于有过

3年当地农村工作的经历，因而在农村金融服务过程中呈现出明显的优势。其一，他们受过当地农村文化的熏陶，容易与农民“对上话”；其二，他们对“三农”不但比较熟悉，而且有感情，工作热情高，不畏辛苦；其三，他们拥有一定的当地农村人脉等资源，十分有利于各种软信息的收集，进而工作表现突出，经营业绩斐然（见表1）。

表1 长兴联合村镇银行“大学生村官”客户经理绩效

序号	项目	2008年	2009年	2010年	2011年
A	“大学生村官”客经人数		5	11	11
B	“大学生村官”客经贷款户数		32	1369	2312
C	“大学生村官”客经人均贷款户数		6	124	210
D	“大学生村官”客经贷款余额（万元）		176	15165	27611
E	“大学生村官”客经户均贷款（万元）		29.33	11.08	11.94
F	全行客经人数	13	24	43	44
G	全行贷款余额（万元）	66259	128899	202871	260811
H	全行纯贷款余额（万元）	36683	107294	179472	214232
I	全行贷款户数	519	2000	4313	5699
J	全行纯贷款户数	502	1960	4227	5493
K	全行个人经营贷款户数	410	1750	3896	5072
L	全行个人经营贷款余额（万元）	12258	44937	90702	103252
M	全行户均贷款（万元）	127.67	64.45	47.04	45.76
N	全行户均纯贷款（万元）	73.07	54.74	42.46	39.00
O	全行户均个人经营贷款（万元）	29.90	25.68	23.28	20.36
P	A/F（%）		21	26	25
Q	B/J（%）		2	32	42
R	B/K（%）		2	35	46
S	D/G（%）		0.14	7	11
T	D/H（%）		0.16	8	13
U	D/L（%）		0.39	17	27

资料来源：长兴联合村镇银行总行

1. 业务拓展能力强，人均贷款户数多。截至2011年末，11名“大学生村官”客户经理的总贷款户数为2312户，且全部为个人经营贷款户，户均贷款只有11.94万元；人均管理的贷款客户数达到210户，其中最多的一位达到385户（见表2）。对于一群平均行龄只有1年半左右的客户经理来说，这已经是一个相当了不起的成绩了，他们的人均贷款户数不但远远超过了省内以发放个人经营贷款而著称的台州银行与泰隆银行的由普通大学生培训出来的同行龄小额贷款客户经理（人均贷款户数均少于100户），也超过了省内其他“贷农、贷小”优秀的村镇银行（如由台州银行“主发起“的台州市三门县三门银座村镇银行，2011年末客户经理人均贷款户数为94户，户均贷款为20.3万元）。这充分展示了“大学生村官”客户经理们的良好素质与业务拓展能力。

表2　2011年末长兴联合村镇银行“大学生村官”客户经理经营数据

	贷款余额（万元）	贷款户数	户均贷款（万元）	存款余额（万元）	储蓄存款（万元）
“大学生村官”客经1	1363	153	9	633	287
“大学生村官”客经2	3043	295	10	1035	1035
“大学生村官”客经3	1699	238	7	610	610
“大学生村官”客经4	3763	341	11	1912	1875
“大学生村官”客经5	4103	385	11	1899	1706
“大学生村官”客经6	1045	152	7	691	679
“大学生村官”客经7	3942	168	23	1814	1366
“大学生村官”客经8	3225	194	17	1807	1618
“大学生村官”客经9	1987	138	14	1694	1039
“大学生村官”客经10	1265	109	12	993	992
“大学生村官”客经11	2176	139	16	1250	1081
“大学生村官”客经合计	27611	2312	12	14338	12288
“大学生村官”客经平均	2510	210	12	1303	1117
全行客经合计	214232	5493	39	164029	49450
全行客经平均	4869	125	39	3728	1124

资料来源：长兴联合村镇银行总行

2.“大学生村官”客户经理已经成为长兴村行发放农户贷款的“主力”，有力地促进了全行信贷进一步走向“贷农、贷小”。由表1可知，截至2011年末，“大学生村官”客户经理的贷款户数已占全行纯贷款户数的42%，占全行个人经营贷款户数的46%，并且，他们的新增贷款户数更是占全行新增个人经营贷款户数的77.42%。“大学生村官”客户经理发放的贷款，100%均是个人经营贷款，并且都是“小额、分散”、投向广大农户、个体工商户及微型企业的，户均贷款甚低。如2011年，分别为全行户均贷款、全行户均纯贷款和全行户均个人经营贷款的26%、30%和59%。因此，随着“大学生村官”客户经理的信贷业务比重的迅速上升（2009—2011年，贷款户数比重分别为2%、32%和42%，贷款余额比重分别为0.14%、7%和11%），自然促成全行信贷进一步走向“贷农、贷小”。2009—2011年，全行户均贷款分别为64.45万元、47.04万元和45.76万元；按剔除贴现贷款后的纯贷款计算，户均贷款则分别为54.74万元、42.46万元和39.00万元。目前，长兴村行的户均贷款已经低于著名的小额贷款银行——台州银行及泰隆银行（2011年末的户均贷款分别为46.46万元、56.84万元），并且，其涉农贷款占比始终保持在95%以上，已然成为一家优秀的“支农、支小”银行。

3. 发展潜力巨大。“大学生村官”客户经理们还显现出多方面的潜力与优势。一是密切了银行与农村客户的联系，使得长兴村行“扎根”到农户的心坎里。我们在深入当地农村客户调研时发现，农户们对长兴村行的“大学生村官”客户经理评价甚高，对其热情周到的服务赞许有佳，溢于言表，口碑及美誉度明显高于当地其他银行的客户经理。这对于长兴村行拓展、深耕农村金融市场是十分有利的。因为农民是重感情的，因此“大学生村官”客户经理所造就的“感情联系”不仅对近期业务拓展有利，而且对长期的业务拓展也极为有利。二是开拓出新的优良存款来源。正因为客户经理与农民有了感情，因而农民愿意将钱存到长兴村行来。如表2所示，2011年末，客户经理们人均吸收储蓄存款1117万元，与全行客户经理的平均值（1124万元）相当（农村居民的收入显著低于城镇居民，吸收储蓄存款要困难得多）。这里，特别需要指出的是，客户经理们的储蓄存款增长速度颇快，2011年比上年增长了74.2%，而行内全部客户经理仅增长35.6%。三是向“广度、深度”发展的潜力很大。从“广度”上看，“大学生村官”客户经理的业务足迹还远远没有覆盖长兴县全部农村，发展空间还很大。从“深度”上看，由于行龄及其他原因，“大学生村官”客户经理之间的“效率”差距还相当大（见表2），贷款客户最多的有385户，但是有7人的贷款户数不足200户，最少的仅为109户，平均210户，再过一段时间，平均达到250户是完全可能的；还有，随着业务拓展的深入，“信用村”“信用户”等制度也有可能逐步建立起来，那样，“大学生村官”客户经理们放贷的效率就会更高。

四、评价

总体考察，招收大学生村官做农贷客户经理，是一项具有良好推广价值的金融创新，值得称道、值得借鉴。

首先，招收大学生村官兼具社会价值、企业价值及个人价值。就社会价值而言，通过促进大学生村官再就业问题的解决，促进了大学生村官制度的发展；同时还充分发挥了大学生村官所拥有的这种宝贵的人力资源优势，从而促进了村镇银行等金融机构更好地“支农、支小”；这些，都会有力地促进我国社会主义新农村的建设。就企业价值而言，这项举措使得村镇银行等金融机构获得了称职的农贷客户经理，进而有力地促进了其对农村金融市场的开拓，促进了其业务规模的发展与经营效益的提升。就个人价值而言，则为大学生村官们提供了一条良好的再就业道路以及可以实现人生价值的发展平台。

其次，“招收村官做农贷客户经理”的适用范围广阔。除了当地的农信机构（因其土生土长，一般不缺乏这样的人才，其实，也是可以采用的）以外，一切想要进入农村金融服务领域拓展业务的金融机构，均可以通过这一途径，较为快速地培训出称职的农贷客户经理，尤其是村镇银行、城市商业银行、小额贷款公司、跨区域发展的农村商业（合作）银行以及邮政储蓄银行等，更是值得采用这一办法。

最后，笔者衷心期望，这项金融创新能够为更多的人所熟知，为更多的金融机构采用，在浙江乃至全国大地上开出更多的灿烂之花，结出更多的丰硕之果。

延迟退休年龄要从实际国情出发[①]

不久前，国家人力资源和社会保障部基于“我国目前的实际平均退休年龄只有53岁”“社保基金年缺口200亿元”“适当延迟退休年龄是国际大趋势”等等理由，提出了“要适当延迟退休年龄”的政策调整思路。虽然立即受到了大多数公众的反弹，但是人社部仍然准备就此问题在全国进行调研。笔者不否认适当延迟退休年龄的国际趋势的合理性与必要性，但是，我国应当如何仿效、如何实施，尤其是何时开始实施，必须从实际国情出发，下列几个问题值得注意。

1. 中外民族习性不同，退休者的行为不同，社会效果也不同。

西方发达国家及某些新兴国家，之所以要适当延迟退休年龄，最根本的原因是为了充分利用劳动力资源，以创造更多的社会财富，增加社会福祉。在这些国家里，劳动者普遍偏好于享受闲暇，退休后，一般既不“二次就业”，也不帮助子女们管小孩。从而，随着平均寿命的延长和老人健康状况的改善，确实有必要“适当延迟退休年龄”。

我国则不然，人民生性勤劳，大多数退休者实际上是“退而不休”。其中，不少人“二次就业”，专职、兼职、自营等等，乐此不疲；更多的人则在帮助子女照看孙辈，让子女们可以更好地工作，创造更多的社会财富；从社会角度看，后者也是在“就业”。总之，从社会整体角度考察，虽然“平均退休年龄只有53岁”，但是劳动力资源并没有因此而浪费，劳动者“真实的”工作年限要长得多。

2. 目前延迟退休年龄，将有损社会公平正义。

目前如果延迟退休年龄，利益受到严重损害的主要是广大低收入劳动者。目前，我国存在大量的低收入劳动者。他们的收入与退休工资相差无几，个别甚至还不及退休工资。他们无不期盼着早日退休，以便趁自己年龄还不很大、身体状况还行的这段时光，或者“二次就业”增加一点收入，或者帮助子女管孙辈。而他们的子女（尤其是收入不高的子女）也在昂首期盼父母亲能够早日前去

① 刊于《浙江经济》2012年第16期。

“支援”。

目前如果延迟退休年龄，得益者主要是那些公务员、技术人员和其他事业单位员工。他们可以借此轻松地多领取几年高薪（拼命嚷嚷要延迟退休年龄的主要也就是这类人）。而对于有“真才实学”的高级知识分子、高级技工来说，则“延迟退休”与否的得失差别不大。因为，只要他们愿意，退休后很快就能够“二次就业”（有的还被返聘），甚至成为“抢手货”，比在职时还强。

3. 不利于劳动者素质提高，加重企业与社会的负担。

由于在“文革”时期，教育受到严重破坏，使得当时正在中小学中就读的青少年儿童深受其害。造成其中不少人文化基础甚差，就业后，尤其是上了一定年龄后，学习新的知识技术相当困难，难以适应目前日新月异的产业技术知识变化。延迟退休年龄对他们来说是痛苦，对企业和社会是增加负担。退休对他们、对企业都是“解脱”，对社会则是“优化资源配置”。他们退休后，可以自由选择适合自己能力的岗位“二次就业”，特别是目前，随着“人口红利”的消失，低层次劳动力市场已经出现“供不应求”苗头，就业机会就更多更好。

4. “社保基金年缺口 200 亿元”不是延迟退休年龄的理由。

因为，天经地义地，社保基金的缺口应当由财政弥补。况且，目前我国的 GDP 已经达到 40 多万亿元，财政收入已经达到 10 多万亿元，200 亿元显然是一个小数目。同时，按现行规定，公务员不必缴纳养老保险金，这是很不合理的。如果公务员也同样缴纳养老保险金（这还有遏制公务员队伍膨胀的作用），这个“缺口”早就“平”了！

综上，可以说，在最近 10 年内，我国还不应当出台延迟退休年龄的政策措施。

小额信贷：邮储银行巨量潜力待激发[①]

当前，为了促进小微企业的生存与发展，需要努力缓解小微企业贷款难问题。为此，一个十分重要“抓手”便是：早日使中国邮政储蓄银行（下文简称邮储银行）发挥出应有的作用，真正成为我国小额信贷中的“航空母舰”。

一、邮储银行信贷潜力巨大，有待深入发掘

邮储银行是在改革邮政储蓄管理体制的基础上组建的商业银行，2007 年 3 月 20 日正式挂牌成立，2012 年 1 月由有限责任公司改组为股份有限公司。邮储银行拥有储蓄营业网点超过 3.8 万个，汇兑营业网点 4.5 万个，国际汇款营业网点 2 万个。网点数量之多，名列全国银行之首。并且，近 60% 的储蓄网点和近 70% 的汇兑网点分布在农村地区。挂牌 5 年多来，业绩可喜。

1. 存款业务蒸蒸日上。2012 年 2 月末，存款余额达到 4.1 万亿元，位列国内商业银行第 5。不仅规模大，而且市场竞争力也甚佳。比如，邮储银行浙江分行，2012 年 6 月末，存款余额同比增长 16.17%；而该省全部金融机构合计仅增长 7.35%，其中，“四大银行”增长 4.26%，股份制银行增长 8.55%，城市商业银行增长 13.14%，农村合作机构增长 13.44%，均慢于邮储银行。

2. 市场定位良好。邮储银行在组建时，国务院便明确要求其主要为小微企业、“三农”及城镇居民服务。邮储银行挂牌后，忠实执行了这一市场定位。比如，邮储银行浙江分行，到 2012 年 6 月末为止，累计为 56 万客户提供了 1400 亿元贷款，其中 70% 的贷款金额低于 50 万元，平均每笔仅 25 万元，大大低于以发放小额贷款驰名全国的台州银行（户均 46 万元）和泰隆银行（户均 56 万元）。

即便如此，若从经营业绩层面考察，邮储银行的贷款业务依然太弱，存贷比依然太低，以至大量信贷资金“放空”。如 2012 年 2 月末，贷款余额近 7000 亿元，存贷比只有可怜的 17.1%，虽然有一些省级分行的情况较好，但是也仍然

---

① 刊于《改革内参》2012 年第 34 期。合作者：章文九。

严重偏低。比如浙江分行，2012 年 6 月末，存款余额为 1808 亿元，贷款余额为 705 亿元，存贷比为 39.0%，远远低于其他金融机构（同期该省全部金融机构为 86.7%，“四大银行”为 86.0%，股份制银行为 90.4%，城市商业银行为 79.0%，农村合作机构为 70.7%）。正因为贷款业务太弱，以至大量的贷款资金“放空”，未能投向小微企业与农户。比如，2012 年 2 月末，如果邮储银行的存贷比达到法定上限 75%，则可贷资金接近 31000 亿元，而实际仅放贷 7000 亿元，其他 24000 亿元“放空”了。这个数字相当于 2012 年初全国村镇银行加上小额贷款公司的贷款余额（分别为 726 家，1316 亿元和 4282 家，3915 亿元）的 4 倍还多！并且，邮储银行的贷款利率往往低于当地农信机构，如浙江分行的某优秀支行（存贷比已达 70% 以上），贷款利率的上浮幅度就比当地的农村合作银行少 20% 左右；这更是小额贷款公司所无法相比的（小额贷款公司的贷款利率通常为基准利率的 3—4 倍，是农村合作机构的两倍多）。综上可见，邮储银行的信贷潜力是多么巨大，如果得到充分发掘，将会产生多么大的作用！

二、关键在于进一步深化改革

邮储银行的贷款业务之所以如此薄弱，其中确实有一定的历史原因。储蓄存款业务于 1986 年恢复开办，迄今已有 26 年，而贷款业务的大规模开办，还是挂牌以来的事，才 5 年，“成熟”程度当然难以与存款业务相匹敌。据此，有的人士认为，目前存贷比低一点也是正常的。其实，这种看法是缺乏“定量”的。应当看到，毕竟已经挂牌 5 年，如果存贷比每年提升 8%—10%，那么，也应当有 40%—50%；但是，现在还不到 20%，显然成长偏慢。更应当看到，目前邮储银行中确实存在着不少阻碍贷款业务快速成长的因素。从直接层面看，主要有以下几项。

1. 资本金不足，以至贷款规模受到资本充足率的制约。这是前几年中阻碍贷款规模拓展的直接因素。今年 1 月改组为股份有限公司时，资本金数量虽有较大的增加，注册资本达到 450 亿元，资本净额达到 1071 亿元，但也只能支撑 1.2 万亿—1.5 万亿元的贷款。相较于全部可用信贷资金，也还是太少。

2. 法人治理尚欠完善。目前，虽然已经改组为股份有限公司，但是股东仍然只有一家，即中国邮政集团公司。如此的股权结构，法人治理显然是难以完善的。

3. 信贷运作机制刻板、低效。不但贷款的流程、管理办法等均由总行统一规定，而且在审批权限上也管制过严。小额贷款在县级支行只有 5 万—10 万元的审批权，再大一点便要上报市分行、省分行审批。公司类贷款更是一律上报远在北京的总行审批。

4. 人力资源管理距离市场化要求还相当远。员工的竞争上岗、薪酬激励制度均欠完善；薪酬水平又比银行同业低得多（低 1/3 左右），因而优秀人才很难引入。进而，员工素质提升缓慢，特别是优秀的业务骨干甚为稀缺。

5. 邮储银行与邮政的关系尚欠顺气，有限资源浪费。营业网点名义上超过 3.8 万个，其中真正属于邮政银行的只有 1 万个左右，其余均为“代理”，广大乡镇网点由于是“代理”网点而不能办理信贷业务，而银行自身网点因服务乡镇金融成本高、信息不对称等因素，积极性不高，邮银双方有限资源无法共享，造成浪费。并且，界限、权利与义务都不够清晰，对待风险观点不一致等。这也影响了信贷业务的发展。

深一层看，最为关键性的问题仍然是体制方面的缺陷：现行的“股权结构”与“全国统一管理”体制。一则，很明显，在现有的股权结构下，法人治理结构是不可能完善的，进而也是不可能有强大活力的。而一家活力不足的商业银行，贷款业务是难以快速发展的。二则，邮储银行是主要为小微企业、农户服务的商业银行；这类客户群与大中企业公司客户不同，其行为与要求会受到当地经济社会发展水平及文化背景乃至风俗习惯的强烈影响，因而信贷的营销与管理办法除了“共性”外，还必须要有“个性”，也就是要求“因地制宜”“本土化”，并且缩短信贷流程；而在现行的全国统一管理体制下是难以做到这一点的（对于同样是面向“三农”与小微企业的农信社，国家有关部门一直强调要坚持县级独立法人，不要搞省级统一法人，这就说明了问题）。总之，这两个大问题必须首先解决好；否则，前述的 5 个问题是难以妥善解决的。为此，就需要深化改革：进一步调整产权结构，并实行“两级法人制”。

三、具体做法要点

1. 将邮储银行的省级分行改组成为股份制的独立法人，邮储银行总行为最大股东，同时吸收各类资本，包括民间资本、地方国有资本、外国资本等入股；管控权主要由邮储银行总行与省级政府“分享”，省级分行的党委原则上挂靠地方。在邮储总行与省级邮储银行之间，主要依靠资本纽带和服务（包括结算、科技、新技术指导、骨干培训、新产品开发等等）纽带联结。这样做，就能够较为妥善地“牵住”当前邮储银行体制缺陷的“牛鼻子”，较为有效地达到预期目标。

应当看到，邮储银行是一家由国家确定其市场定位的银行，这就意味着它带有一定的“政策性”。并且，由于职责与利益，省级政府比邮储银行总行更加关切小微企业、农户贷款难问题，从而将会更加努力地去推动、促进信贷支持小微企业、农户。省级政府的参与管理也不会带来大的副作用，9 年来“农信社交由省级政府管理”的实践业已表明这一点。

2. 有独立法人资格的省级邮储银行，要聘请优秀的银行业经理人尤其小额信贷专家担任高管。要努力完善经营机制，实现营销市场化、员工上岗与薪酬激励市场化，使得员工的收入达到与当地银行大致相当的水平。要制定与“本土”经济发展水平及文化背景相适应的小额信贷营销与管理办法，并且，切实缩短信贷流程，增大分支行的权限。

3. 还需要注意两个问题。一是在推进改革时，会牵涉到多个部门，比如财政部、银监会、中国人民银行、邮政集团公司等等。因此，国务院应当切实加强领导，促使各部门为着同一个目标通力协作，不拖后腿，顺利推进。二是中国邮政集团公司是利益被调整力度最大的单位。处置的基本原则应当是，它必须让出相当部分的银行行政管理权（它不熟悉银行，不可能成为最好的管理者）；但与此同时，要确保它的经济收益，只能增加，不能减少（当然，随着邮储银行效益提升，其收益也会增加）。确有困难时，国家财政应给予解决。

当前是深化证券市场改革的有利时机[①]

我国现有的证券市场诞生于20世纪90年代初，22年来，进展巨大，早已成为经济生活中不可或缺的部分。但是，行政控制依然强烈，远远不是真正市场化的市场，进而严重影响着直接融资规模的扩大和应有作用的发挥。目前，我国经济到了非“转型”不可的关头，为了实现这一任务，迫切需要完善市场机制，其中包括实现证券市场的真正市场化。

一、当前深化证券市场改革的目标与要点

总体目标是切实消除行政控制，使证券市场成为真正市场化的市场。具体说，一要大力开放企业债券市场，至少要做到，凡是“符合条件”的中型以上企业都可以通过债券市场融资；二要造就公平、自由的多层次、金字塔式证券市场。

1. 大力开放企业债券市场。

当前，企业债券的开放力度实在太小，除了少数特大型国有企业外，就很少有企业能够发行债券。虽然发行了“中小企业集合债券”，但是数量少、手续烦，作用有限。目前应当大力开放企业债券市场，目标是让信用行为、财务状况、资金用途等均符合规定要求的中型以上企业都能够进入债券市场融资。这里分为两个层次：一是少数社会信用度甚高的、规模又特别大的企业，它们的债券可以由券商代理发行，甚至还可以直接进入证交所；二是大多数一般的大中型企业，它们由于缺乏直接面对社会公众的信誉度及信用能力，不妨由银行代理发行，在一定程度上借用银行信用。代理发债的银行，资质需达到监管二类行的标准；代理银行审核发债企业的相关条件确认达到规定要求后，与之签订代理协议，并由代理银行向证监会、银监会的有关分支机构登记备案。代理银行不但要承销、包销债券，而且在到期兑付发生困难时还要负责“垫支”。代理银行代理的企业债券，单户金额最大不得超过银行资本金的10%，最大10户合计不得超过银行资本金

① 刊于《上海金融报》2012年9月25日。

的 50%。后一类企业发债之所以要引入银行做代理，是因为这类企业数量最多，又有“垫支”责任，这是券商难以承受的，而由银行去做正好合适，并且也符合银行业的发展方向。总之，这是一种符合当前实际情况的选择。

2. 造就与“完全市场经济”相适应的公平、自由的多层次、金字塔式股票市场。

造就多层次、金字塔式股票市场一事，已经喊了 10 多年。之所以迟迟不能付诸实践，主要是受阻于利益集团。目前，我国经济发展模式已经到了“必须调整”的关口，对于这件事也应当痛下决心了。

① 开放股票一级市场，改“审核制”为“登记制”。任何企业与自然人都可以依法组建股份有限公司，如果需要向社会发行股票，只要经过资质合格的会计师事务所、律师事务所审核确认符合法定要求，并且找到代理发行的券商，即可由券商代为办理向证监部门登记及向社会公众发行等事宜。

② 发行与上市分离。任何公司，不论规模大小、不论所有制，初次发行后，都只能在代理券商那里挂牌交易。满 1 年后，业绩优良的股票可经券商推荐进入城市的柜台交易市场。柜台交易市场是以当地券商为会员的会员制市场，地级以上并且人口、经济、金融总量等均达到一定规模的中心城市可以组建。在柜台交易市场交易的股票，届满 2 年且表现优良者，经市场推荐，方才有资格向主、二板市场申请上市；经过沪深证交所审查后择优“录取”。同样，在主、二板市场上表现不佳的股票，也要按此顺序逐级退下来。

发行与上市分离，十分重要。在现有的“先批准上市，再允许发行”的制度下，发行的公司、会计师事务所、律师事务所和代理券商都是旱涝保收的，毫无风险可言。而一旦让发行与上市分离，情况就完全不同。由于上市的前景远不明朗，投资者会十分小心、理性；进而，一旦在规定时期内不能募集到足额资金、发行失败，有关各方都将受损失。发行公司是直接的经济亏损，会计师事务所、律师事务所及代理券商则损失声誉，也即损失未来的业务收益。

③ 证监部门将不再从事对发行、上市的审批工作，可以集中精力对股票的发行、交易、上市等全过程进行检查、监管，以及及时依法处理各种违法、违规行为。进而，将会更有效地保障证券市场的健康安全运行；同时也将大大减少腐败发生的机会。

二、上述改革措施的预期效果

实施上述改革措施后，将能收到多种良好效果，包括一些十分重要的效果。

1. 能够造就风险投资必要的退出渠道，从而有效促进风险投资发展、促进技术创新、促进经济转型。

要实现经济转型，必须加速技术创新；而加速技术创新，则必须发展风险投资。我国当前，风险投资之所以不能蓬勃发展，并不是缺钱，而是缺乏“顺畅”的退出渠道。一个公平、自由的多层次、金字塔式证券市场正是能够让风险投资“顺畅”退出的必要渠道。一旦造就了这样的证券市场，社会中大量的民间资本便会“不用扬鞭自奋蹄”，自然将越来越多地进入风投领域，最终促成风险投资的蓬勃发展。反过来，如果不能造就这样的证券市场，那么，要想风险投资蓬勃发展，可能性等同于“画饼”；进而，要加速技术创新也就十分困难了。

2. 能在很大程度上改善企业的融资环境、促进实体经济发展。

由于原来不能发行债券的一般大中型企业可以发行债券了，其融资成本将会明显降低，进而必将促进企业发展。

由于大中型企业将会主要依靠直接融资，从而将会迫使银行信贷的市场定位向下移动，使得小微企业能够获得更多的银行信贷支持。

由于资本市场的“正门”打开，经营绩效良好的企业都可以合法地进入资本市场融资，进而“孙大午式”的事件将不会再发生。

容易理解，这 3 个效果，都能促进实体经济的健康发展。

3. 能够有效地改善融资结构，并减轻通胀压力。

众所周知，在我国的融资结构中，直接融资的比例严重偏低。比如，在 2011 年社会融资总规模中，银行信贷占 75%，资本市场的直接融资仅占 14%。我国的直接融资比例之所以迟迟上不去，要害就在于证券市场不是真正自由、开放、公平的市场。一旦实施上述改革，那么，直接融资比例必将会快速上升。

直接融资比例的上升，将会明显减缓银行存款的增长速度，进而减缓 M2 的增速。这将十分有助于减轻潜在的通胀压力。

4. 十分有助于证券市场的健康快速发展。

在上述多层次、金字塔式证券市场上，由于上市公司有了“上升、下沉”的通道和“优胜劣汰”机制，从而能够确保主、二板市场上的上市公司质量，进而便能促进主、二板市场上股价的平稳与市场的健康发展。广大股民的利益显然将更有保障。

由于一级市场的开放与多层次市场的建立，证券公司的业务量将会大大增加，生意自然更加兴隆，更能够稳定健康发展。

由于证监会摆脱了发行、上市的审批事务，专门从事监管和执法，从而市场运作的规范程度必将提高，违法、违规行为将得到更有效的遏制与惩处。同时，证监会自身的腐败风险也会减少。

5. 能够促进银行业务的“多样化”。

银行通过大量代理企业债券发行，一方面，可以增加中间业务收入，提高中间业务占总收入的比重。另一方面，这实际上也是介入了投资银行业务，在某种程度上也是向“混业经营”靠近了点。

三、当前正是推进改革的有利时机

当前，是推出上述改革措施的极为有利时机。“有利”，主要表现在两方面。一是来自经济形势的压力。目前，经济不转型，便难以为继；要实现转型，必须加速技术创新，必须发展风险投资，必须有一个自由、开放的多层次证券市场。总之，可以说，已到了不改不行的地步。这种压力，必将转化为改革的动力，使得冲破“阻力”有了可能。二是当前的证券市场形势有利于推出改革。当前，股市低迷，大熊市还看不到尽头。在这种市场状况下开放市场，公众、企业和地方政府的行为都会较为理性，不容易发生“一哄起”“一窝蜂”情况，很有利于改革的推进。

小额贷款公司向何处去？[①]

一、背离初衷

小额贷款公司（下称小贷公司）“出台”于2008年5月，由各省区的金融办审批，因而发展速度极为迅猛。到2011年末，全国已有4282家，贷款余额达到3916亿元；分别相当于比它早“出台”1年半的村镇银行（726家，贷款余额1315亿元）的6倍和3倍。今年以来，继续快速发展，6月末已有5267家，贷款余额4893亿元，分别比年初增加近1000家、近1000亿元。然而，不难发现，现有的小贷公司已经背离了初衷。

当初，推出小贷公司的本意是促进民间借贷“阳光化”，这是第一步；进而，让其中经营规范、业绩良好者改组为村镇（社区）银行，以造就一批真正的“草根银行”——民营的、与小微企业“共存共荣”的银行。这样就能收到两个方面的效果：一是有效促进小微企业贷款难的缓解；二是向民间资本开放了银行业市场准入，使得民营银行的成长发展有了“正门”（这是深化金融体制改革、走向“完全的市场经济”的必要步骤）。这一初衷，也反映在2008年5月由中国银监会与中国人民银行联合发布的《关于小额贷款公司试点的指导意见》（下称《指导意见》）中。该文件规定，小贷公司可由“自然人、企业法人和其他社会组织”投资设立，“自然人”赫然名列首位，这绝不是偶然的。同时规定，小贷公司只要“依法合规经营”，便可以“规范改造为村镇银行”。

然而，《指导意见》到了地方，情况就发生了变化。不少省区都规定，只有“骨干企业”甚至“民营骨干企业”才可以主发起；而名列《指导意见》中投资者序列第一位的“自然人”，则被剥夺了主发起人资格。地方政府之所以要这样做，主要原因有二。一是基于GDP主义的“急功近利”。由于GDP至上，地方政府偏好“大”规模的小贷公司，进而大幅调高小贷公司的资本金下限。比如，

---

① 刊于《改革内参》2012年第38期；同时，浙江民建省委上报统战部后，刊于《零讯》，获得王岐山副总理的批示。

《指导意见》中的资本金下限是：有限责任公司500万元，股份有限公司1000万元，而某省则分别调高到5000万元、8000万元。这样高的下限，由自然人主发起时一般很难达到，当然要规定由“骨干企业”主发起。二是基于地方政府与“骨干企业”间的密切关系。众所周知，目前，即使是民营的骨干企业，与政府之间也存在着异常密切的关系。这种密切关系，既有基于GDP主义的，也有基于“灰色”利益的。因而，地方政府的“行为”总是向着“骨干企业”倾斜。鉴于目前银行机构具有垄断地位，广大民营骨干企业普遍向往手中掌控一家银行，以便既享受垄断利润，又为自己的企业提供资金，而小贷公司就是通向这一目标的“跳板”。因而，地方政府自然要把这个“好机会”留给“骨干企业”。这样做的结果是，借助小贷公司推进“民间借贷阳光化”的道路便堵死了；造就一批“草根银行”的目标也不可能实现了。因为，一则，民营骨干企业本来就不是“民间借贷”的合法主体，它们是银行借贷市场上的强者，获得贷款并不困难；它们投入小贷公司的资本金基本上是变相银行贷款，而非“真金白银”；由它们创办的小贷公司实际上是信贷“二传手”，而非“阳光化”的民间借贷。二则，如果允许由民营骨干企业主发起的小贷公司改组为村镇银行，那么就会出现“脚踏两条船”（指同一个老板在掌控工商企业的同时又掌控银行）局面，这是非常危险的，关联贷款将不可避免。因此（这是主要原因，同时也存在其他原因），中国银监会在2009年6月发布的《小额贷款公司改制设立村镇银行暂行规定》中重申：村镇银行的主发起人、最大股东必须是符合条件的银行机构法人。这就卡住了由民营骨干企业主发起的小贷公司改组为村镇银行的道路。

二、“不可持续”

现行的小贷公司不仅背离初衷，而且是“不可持续”的。

首先，贷款利率严重偏高，以致客户空间狭窄，贷款风险加大。

现行的小贷公司由于“杠杆率”极低，仅允许向银行融入相当于其资本金50%的资金，从而为了实现一定的资本回报，只有提高贷款利率。比如浙江省，小贷公司的贷款年利率为一般均超过24%，高于专门向小微企业贷款的台州银行（户均贷款46万元，平均年利率12%左右），更大大高于农信机构（户均贷款43万元，年利率为9%左右）。小贷公司虽则贷款利率甚高，但是资本回报率并不高。比如2011年，浙江省的小贷公司合计，注册资本375.03亿元，净利润39.62亿元，资本利润率仅10.6%。而同期，全省农信机构的以资本净额计算的资本利润率达到17.8%，台州银行则更高达25.6%。由于资本净额大于注册资本，因而实际的资本利润率差距还要大一些。

而且，过高的贷款利率的副作用是很明显的。小贷公司的贷款利率显著高于企业平均利润，能够长期承受并愿意承受的小微企业极少。这种高利率贷款只能用于“过桥”等应急性需求，以及某些无法从其他渠道融入资金的需求。随着小贷公司的快速增加，随着不少银行的市场定位下行与贷款方式改进，高利率贷款的市场空间势必越来越窄。同时，过高的贷款利率势必增大金融风险。比如今年6月末，某计划单列市的小贷公司合计，贷款余额83.3亿元，逾期2.5亿元，逾期率为3.0%，而同期全国银行业的不良贷款率仅为0.9%。

其次，缺乏有效监管，难以有效遏制违规经营，最终势必冲击金融秩序。

由于中国银监会一直不承认小贷公司是金融机构（仅承认其为金融组织），因而不承担监管责任。目前，对小贷公司的监管，名义上由省金融办牵头，中国人民银行、银监局参与，工商管理局具体负责实施。但是，由于金融监管的专业性很强，而工商管理局则缺乏相应的知识、技术、经验与专业人员，并且其日常本职工作也相当繁忙。因而目前，小贷公司处于缺乏有效监管（甚至基本上无人监管）的状态。进而，在外部环境诱惑及利益驱动下，不可避免有相当部分公司去从事变相吸存及其他信贷中介活动（1993—1995年，“四大银行”的分支机构都在大搞“账外经营”，今日的小贷公司会更“规矩”吗？）。这种格局若继续存在，最终势必严重扰乱社会金融秩序。

三、对策建议

针对上述情况，笔者建议如下：

1.“回归”初衷。

让小贷公司回归，让“民间借贷阳光化”，并进而造就一批“草根银行”的道路。具体做法是，由中国银监会与中国人民银行联合采取行动，整顿各省区的小贷公司管理规定。不但要重申《指导意见》中的“自然人”作为第一位的投资人地位，以及资本金下限；而且要规定，从即日起，原则上停止审批由工商企业法人充当主发起人的小贷公司，仅审批由自然人充当主发起人的小贷公司（及由自然人为最大股东并且控股的担保公司、典当改组的小贷公司）；并且，这些由自然人主发起的小贷公司，只要“依法合规经营”，便可以在保持主发起人不变的条件下，规范改造为村镇银行。为了更有效地控制金融风险，还应规定这类由自然人主发起的村镇银行，在成立5年内只能是无限责任公司或两合公司，其董事长及股东董事都必须对“未能清偿的债务”承担无限责任；满5年后，经营稳健、良好者，可以经审核批准改造为有限责任公司或者股份有限公司。

地方政府应当认识到，这样做是符合当地经济、金融持续健康发展的要求的；进而支持这样做，主动这样做。

2. 确认小贷公司的金融机构身份。

笔者十分理解中国银监会的“苦衷”，但是不得不指出，小贷公司是金融组织不是金融机构的说法是不合逻辑的。试问，何谓金融组织、何谓金融机构？为何由现有银行设立的贷款公司是金融机构，而由民间资本设立的贷款公司却不是金融机构？

其实，一旦确认小贷公司的金融机构身份，缺乏有效监管和“杠杆率”严重偏低的问题便将迎刃而解；进而，贷款利率严重偏高的问题也将在很大程度上得到缓解。因为，一旦小贷公司有了金融机构身份，则专业的金融监管机构必须要承担起监管责任；一旦小贷公司有了金融机构身份，就要实行资本充足率管理，“杠杆率”就可以上升到10倍或更高，远非目前的0.5倍。进而，贷款利率也有条件大幅度下降。大致测算，如果杠杆率达到8—10倍，则贷款利率可降为1分2左右，落在大多数小微企业长期可承受范围。

3. 主要出路：依附于银行的金融公司。

小贷公司有了金融机构身份后，按规定，便可以在资本充足率达标（不低于10%）的范围内，向银行融入资金、向同业拆借市场拆入资金。然而，要使这些规定落到实处，是需要前提的，这就是找到一家主合作银行，签订合作协议。协议中应当规定，小贷公司的资金一律存入主合作银行，全部贷款客户也要求在主合作银行开立账户，全部资金出纳都通过主合作银行，业务运作接受主合作银行的监督。协议中还应当规定，主合作银行融给小贷公司的资金不得低于小贷公司融入资金总量的50%，并且要帮助或代理其从同业拆借市场融资，以及提供一切必要的技术支持，等等。这样的制度安排好处很多：小贷公司有了“靠山”，不仅有资金、技术，而且自己不需要设立“出纳部”，降低了成本；主合作银行则增加了大笔存款和客户资源；监管部门则由于有主合作银行的协助，监管就会更有效率，更能够控制风险：小贷公司的客户除了能够享受较低的贷款利率外，还能够享受良好的结算服务；等等。为此，监管部门应当大力鼓励现有的银行与小贷公司“联姻”，成为小贷公司的主合作银行，尤其应当鼓励邮储银行与小贷公司“联姻”；在考核银行的小企业贷款数量时，应当计入与其合作的小贷公司的小企业贷款。

今后，除了由自然人主发起的“符合条件”的小贷公司可以改组为村镇银行以外，其余的小贷公司都应当走这条路，成为依附于银行的金融公司。

4. 设置监管小贷公司的专业监管部门。

要现有银监会机构去监管小贷公司恐怕是不现实的。现有的银监会系统，无论是机构设置、人员配备，都是无法顾及数量如此庞大的小贷公司的。况且，目前银监会的监管任务相当繁重，监管对象很多都是“大家伙”，一出问题往往就是几百亿、上千亿。因此，一旦确认小贷公司的金融机构身份，就应当另行考虑监管机构。

大体上，有 2 种思路可供选择。一是在中国银监会中成立微型金融机构监管局，像中国人民银行的外汇管理局那样，专门负责监管小贷公司、农村资金互助社及村镇银行等微型金融机构，并且将该局的分支机构向下延伸，直到县域。二是设置由省级政府领导的省级金融监管局，专门监管辖内的各类微型金融机构，并且由中国人民银行对各省级金融监管局实行“再监管”。

这 2 种思路各有利弊。前者的优点是监管能够比较规范、得力；可能出现的问题是，监管行为可能较为“保守”，银监会要大量扩员，中央要多花钱。后者的优点是有助于各类微型金融机构的快速发展；可能出现的问题是，监管的规范程度可能较差，甚至可能“不到位”，尤其是那些相对后进的省区。

但是，无论如何，必须在上述 2 种思路中做出选择。

九堡镇：小企业贷款领域中的“互动”[①]

小企业贷款是指500万元以下的贷款（银监会定义）。杭州城东的九堡镇，随着由城郊向城区演进，人气集聚，银行大量进入，金融活动十分活跃，连小企业贷款领域都非常“热闹”。不久前，笔者有幸走访了九堡镇的联合银行九堡支行、杭州银行九堡支行、浙商银行九堡支行、招商银行九堡支行、泰隆银行城东支行、民泰银行城东支行等6家机构，现将所得整理如下。

一、九堡镇经济金融概况

九堡镇，位于杭州市东部，距离市中心约11公里；南临钱塘江，东连下沙经济开发区，北接余杭区乔司镇。九堡镇地势平坦，平均海拔约2—3米，面积15.3平方公里。该镇为钱塘江江堤上从杭州观音塘算起的第九座堡房所在地，并由此得名。1956年设九堡乡，隶属余杭县；1985年12月，撤乡建镇；1996年5月，与下沙一起划归杭州市，现隶属于江干区，下辖4个行政村、6个社区和11个新建社区。

改革开放以来，九堡镇经历了从农村到城郊，再到城区的演化，这一过程尚未最终完成。九堡镇的区位优势明显，它是连接杭州两大主城（中心城、江南城）、两大副城（临平副城、下沙副城）的重要枢纽；并且是杭州市的重要交通中心。2008年启用的杭州市客运中心便设在九堡，占地300余亩，是目前华东地区最大的公路客运站。通往市中心（及江南）、临平、下沙的地铁将在九堡交会。九堡距离萧山机场、杭州铁路中心站（东站）均只需15分钟车程。公共交通线更是路网密布，四通八达。

良好的区位优势促成了产业的快速发展与人气集聚。

1. 工业。2011年末，已有规模以上工业企业113家，工业总产值26.25亿元。设有江干科技经济园，面积3.7平方公里，以高新技术产业为支撑，着重引进与发展电子信息、机电设备、生物医药、软件开发、新材料等新技术产业，以

---

① 刊于《浙江金融职业学院学报》2012年第4期。合作者：章文九、陈佰儒。

及无环境污染、有一定科技含量、发展前景好的传统产业。

2. 商贸服务业。2011 年末，规模以上企业有 30 家，其中有 12 家还从事外贸。2011 年，社会商品零售总额 27.76 亿元，完成外贸出口额 2704 万美元。还拥有一些大型与特大型的市场项目。杭州鞋城已经整体迁入九堡，营业状况良好。在建中的市场项目首推中国四季青服装交易中心，先期启动的一期服装交易区规划总面积 756 亩，规划中的二期为 1135 亩，全部建成后总面积可达 5227 亩，规模名列国内前茅。还有杭州恒大建材市场，目前已经营业的一期市场为 33 万平方米，主要经营陶瓷、卫浴洁具、地板、木制品、板材等装饰材料，汇集了 300 多个国内外著名品牌，入驻业主达 500 多家；二期、三期还在筹建中，全部建成后，规模也将名列国内前茅。

3. 农业。目前有耕地 5044 亩，主要种植蔬菜。2011 年，蔬菜种植面积 9480 亩，产量 13161 吨。

4. 房地产。拥有杭州最大的经济适用房项目，占地面积 2480 亩。在商品房方面，由于良好的区位与自然环境，在经历数年发展后，更是形成杭城最具规模和品位的钱塘江江景房住宅区。

5. 财政。2011 年，财政总收入 6.10 亿元，其中经常性财政收入 2.59 亿元。农民人均收入 17550 元（按常住人口计算）。

6. 人口。2011 年末，已有常住人口 3.64 万人，加上暂住人口则超过 12 万人，比 2005 年增长 200% 左右，平均年增长 15% 以上。人气之旺盛可见一斑。

随着经济快速成长、人口集聚，银行也“不甘落后”。虽然，规划中许多项目要真正达到较为“成熟”，还需要经历 3—5 年。但是，为了抢占先机，银行机构已经纷至沓来。

2000 年以前，九堡只有两家银行——农行与农信社。前者主要承担一些较大的项目与企业贷款，后者主要发放农户贷款及其他的中小微企业贷款。2000 年，工行与建行进驻；2002 年，杭州银行也来此设立分支机构；2003 年底，中行进驻；2007 年后，则几乎每年增加 2 家银行。目前，除了上述 6 家银行（其中农信社已“升格”为杭州联合农村商业银行九堡支行）外，还有交行、中信、招商、民生、浙商、邮储、泰隆和民泰，共计 14 家银行，竞争相当激烈。明年，还将有台州银行和广发银行进驻，总数将上升到 16 家。过去，人们曾把澳门的 2 万人口有 1 家银行（澳门有人口 40 多万，银行 20 余家）作为银行机构密集度高的典型事例。现在，九堡镇则已经达到了 1 万人口有 1 家银行，远远超越当年澳门的纪录。并且，由于部分银行有多个网点，比如，联合银行有 6 个，农行有 4 个，泰隆明年还要增设 1 家支行，等等；因而，实际营业网点还要更多。2011 年末，据不完全统计，全部银行机构的存款余额为 120 多亿元，贷款余额为 80

亿元左右。

更令人欣慰的是，当地的银行机构不但规模上大中小“配套”，而且在市场定位上也大中小“配套”。一些大的项目，主要由“五大银行”及杭州银行（通常由其九堡支行的上级行）做；股份制商业银行主要做公司贷款、外地业务及按揭贷款；一些小型银行及某些中型银行的专营支行，则主要从事小微企业贷款及个人经营贷款（包括农户贷款）。并且，鉴于目前的经济形势，许多大中型银行的市场定位有“向下走”的倾向，它们在九堡的支行也都有了一定的“500万元以下贷款”任务。这对广大小微企业及个体经营户显然是好消息。

二、贷“小”的银行机构“蚕食”农信机构传统“领地”

在笔者足迹所至的6家银行机构中，招商银行贷得较多，户均贷款为1087万元，主要做公司业务与按揭业务，并且，可以在全省（除宁波、台州）范围开展业务活动；其在当地的主要竞争对手是交行、中信等。其余5家机构均主要面向小微企业、个体经营户（包括农户）。其中，泰隆、民泰是专门做小额贷款的银行；浙商银行九堡支行和杭州银行九堡支行都是小企业贷款专营支行，并且均为二级支行，上级行分别为余杭支行及秋涛支行；杭州联合银行九堡支行是农信机构，传统上就是为农户及其他小客户服务的。这5家机构的户均贷款均相当少，杭州联合银行为89万元，浙商银行85万元，杭州银行107万元，泰隆仅45.2万元；民泰因开业才3个月，故暂时有251万元，今后将会不断下降。6家机构的主要数据见表1。

表1　2012年8月末九堡镇6家受调查的银行机构的信贷简况

银行机构	杭州联合银行九堡支行	杭州银行九堡支行	浙商银行九堡支行	泰隆银行城东支行	民泰银行城东支行	招商银行九堡支行
设立时间（年、月）	20世纪50年代	2002年	2007年8月	2011年7月	2012年6月	2008年2月
各项存款（万元）	327991	86780	73001	52165	25292*	97070
各项贷款（万元）	220365	25498	85360	36268	11800*	129636
网点数（个）	6	1	1	1	1	1
员工数（人）	66	25	25	47	36	27
客户经理数（人）	18	9	12	20	16	6
户均贷款（万元）	89	107	85	45.2	251	1087
平均月利率（‰）	6.3	6.5	6.83	8.4	7.19	

续 表

银行机构	杭州联合银行九堡支行	杭州银行九堡支行	浙商银行九堡支行	泰隆银行城东支行	民泰银行城东支行	招商银行九堡支行
贷款从申请到发放所需时间	存量授信不增加的需2天	新客户近7天;老客户3天	75万元以下的“一日贷”一般1天;其他新客户一般7天	新客户:<500万元,1—2天;>300万元的公司贷款,一般7天	新客户,权限内5个工作日,权限外10—15个工作日,老客户3个工作日	
500万元以下贷款比重（%）	60.43	全部	88.4	90.44	26.9	
信贷权限（万元）	担保：800 抵押：3000	公司：500 个人：抵押500，担保100	无	老客户：150 新客户：80 创业贷：30	200	
营销方式	个人	团队	个人与团队兼顾	团队	团队	
利润考核指标	人均利润	利润总量	营业增加值	暂无利润考核指标		

注：1.“*”系9月20日数据；2. 资料来自有关各家银行

由于小微企业及包括农户在内的个体经营户是杭州联合银行的传统“领地”，因而，其他4家机构均把杭州联合银行视为最主要的竞争对手，运用多种手段“蚕食”其市场，效果还相当明显。比如集体土地征用款，这块资金原先基本上由联合银行独占，现在则变成浙商、杭州、泰隆、联合等4家银行瓜分，联合银行已经不占优势。这4家银行机构各具特色：杭州银行的主要优势是政府背景硬、产品开发能力强，同时，由于长期在中心城市“拼搏”，视野较为开阔。浙商银行是全国性股份制银行，视野开阔，也有较硬的政府资源，并且信贷额度大，还拥有颇具竞争力的产品，如“一日贷”。泰隆银行一直“主打”个人经营贷款，积累了丰富的经验和办法，其基本优势是深厚的信贷文化、灵活的机制及强大的人员培训基地——泰隆学院。民泰银行也一直主要为小微企业及个体经营户服务，机制灵活，有丰富的小额信贷经验。这4家机构在经营中，除了发挥自身优势、各显神通外，也有“共性”，这就是努力抓好“一个头，三个化”。“一个头”，就是选择有朝气、有事业激情、有能力的业务骨干担任行长，以期带出一个有冲劲的基层机构。“三个化”，就是在人脉关系本土化、营销机制市场化、操作技术现代化等3个方面下功夫。

杭州银行九堡支行行长现年36岁，担任行长已经5年，女性，九堡当地人，从九堡支行设立时起，就在该行工作，对当地情况十分熟悉。她工作热情、敬业、细心，作风务实，不事张扬。鉴于其“优势”，该行因而稳定地吸纳九堡镇政府存款及代发公教人员的工资、福利。在贷款方面，今年开始才有独立的贷款权，主要发放个人经营贷款及消费贷款，目前尚无超过500万元的贷款；实行团队营销。信贷流程简洁，有3个环节：①调查，由团队负责人+客户经理负责；②审查，由副行长负责；③审批，由行长负责。支行的审批权限为，公司贷款500万元；个人贷款，抵押500万元、担保100万元。该行大力推出理财产品以集聚人气，目前余额已有1.7亿元。该行近几年新开发的EPOS具有市场竞争力，目前在当地的市场类客户中，POS机的数量仅次于农行，列当地银行机构的第二位。今年该行业绩优良，9月中旬时，存款余额已有9.3亿元，比年初增长2.5亿元。主要增长点是：①拆迁户居民储蓄款；②市场中商户POS机的结算款；③集体土地征用款；④贷款客户的结算存款。其余为临柜及客户经理拉来的存款。贷款形势也不错，9月中旬时，余额已接近3亿元。

浙商银行九堡支行行长现年36岁，男性，去年12月末来九堡任行长。由于曾在泰隆银行工作过，因此比较熟谙小额贷款操作，十分注重效率。该行视联合银行和杭州银行为主要竞争对手，而泰隆则因贷得“少”，多少有些“错位”。该行目前的信贷营销模式为团队营销与个人营销兼顾。信贷流程主要分为“一日贷”标准产品信贷流程和小企业信贷流程。75万元以内的“一日贷”系列贷款的流程：①支行行长、风险经理与客户经理共同完成目标群体的批量预授信；②客户上门与客户经理、风险经理进行面谈交流；③收集资料通过系统提交风险经理审查，行长审批；④完成审批并放款。“一日贷”系列贷款原则要求面谈后一天内完成放款。小企业贷款的流程是：①客户经理前期走访客户；②客户经理与风险经理进行双人调查；③客户经理撰写调查报告通过系统提交风险经理审查；④风险经理撰写审查报告并上报贷审会；⑤贷审会出具批复决议交有权审批人审批；客户经理得到批复决议后放款，整个流程通常需要一至两周时间。综上所述，支行行长实际上只有75万元以内的标准产品审批权。浙商银行的利率处于同业的中游水平，月息为6.83‰左右。目前该行的经营绩效不错，如前所述，土地征用款的份额较大；“一日贷”系列产品在当地也很有影响；尤其做得好的是市场定位，真正在贷“小”上下功夫，500万元以下贷款的比重达到88.4%，接近当地的泰隆银行（90.44%）。目前存在的主要问题是，信贷流程耗时长了一点。今后，如果对小企业贷款专营支行的信贷管理办法做些改进，使之更切合“小额贷款”特点和需要，那么，竞争力肯定会更强，绩效肯定将会更好。

泰隆银行城东支行开业于2011年7月8日。行长现年29岁，女性，为人热情、豪爽，工作认真，极度敬业。她与员工关系融洽，不少员工称呼其为“姐”，而不是“行长”。前述泰隆银行的那些优势，在城东支行中发挥得淋漓尽致，该行拥有九堡银行中最大的客户经理队伍（20 人），最多的营销部（5 个，其中“创业发展部”专门发放 30 万元以下的“创业通”贷款），最小的户均贷款（45 万元），最深入的营销——直达居民家庭，“抢夺”居民存款。为了扎根当地、夯实基础，在开业后的近 1 年内，基本上不放贷款，而专事“村区营销”，争取到 1 万多个居民储蓄客户。今年 6 月以后，才开始大规模放贷。采取团队营销方式；流程虽有 6 个环节，但是操作规范化，效率高、速度快。不到 50 万元的小额贷款，即使新客户，也一般为 1 天，最多不超过 2 天。对此，联合银行赞叹说，“我们虽然只有 3 个环节，但是跑不过泰隆的 6 个环节”。信贷权限是，老客户 150 万元，新客户 80 万元，创业贷款 30 万元。在对客户的信用考察中，首先注重第一还款来源，而不是抵押。利率较高，月息平均为 8.4‰，其中 30 万元以下的“创业通”贷款为 12‰，其他贷款平均为 7.6‰左右；虽则明显高于其他银行，但由于没有任何附加费用，完全是“实打实”的，而且服务又周到，因此客户愿意接受。贷款多数是短期的，以 6 个月为主。银行卡业务做得不错，借记卡已经发出 12000 张，个人贷款都打在卡上。泰隆的员工年纪轻、“资历”浅；年龄上 30 岁的只有两个人；去年开业时，42 名员工中，有银行实际工作经历的只有 2 人，其余都是刚从泰隆学院培训 3 个月出来的新员工。但是，他们很敬业，思路开阔，工作有冲劲，取得了不菲的业绩。今年 1—9 月，存款增长 1.5 亿元，累计利润已达 900 万元左右。

民泰银行城东支行开业于今年 6 月 15 日。行长现年 49 岁，男性，来自建行。年纪虽略大，但豪情依然，不输青年。他原在建行省分行做授信评审工作，有 8000 万元的贷款审批权；之所以来到这只有 200 万元审批权的新岗位，一则是受到建行老上级，现任民泰银行杭州分行行长的“人格魅力”召唤；二则是看到民泰银行的发展前景，既有十分广阔的市场空间，又急需懂得核心业务（信贷）的人才。该行的客户经理也都来自建行。营销方式是以个人营销为主。信贷流程中也有风险经理审查环节。新客户申请贷款，权限内的为 5 个工作日；超过权限的，一般需 10—15 个工作日。存量客户一般在 3 个工作日完成。该行还注重向贷款客户提供多种配套服务。业绩也相当不错，开业 3 个月，存款就达到 2.5 亿元，贷款 1.2 亿元，其中部分存款是通过行长的人脉关系组织来的。该行行长还表示，有决心、有信心带领全行取得优良的业绩，并争取在同业竞争中“胜出”。

三、农信机构“防守反击”

联合银行是我省农信机构中的佼佼者，颇具进取精神，综合竞争力位居全国农信机构前列。联合银行九堡支行行长是一位富有工作激情的女性，46 岁左右，师从全国五一劳动奖章获得者、联合银行三墩支行行长陈一民，担任九堡支行行长已经多年。目前该行的传统“地盘”虽然已经遭到“侵蚀”，但是仍然占有当地存贷款市场份额的近1/4。8月末，该行各项存款余额为32.8亿元，是当地银行机构中遥遥领先的“老大”；各项贷款余额为22.04亿元，也是当地的“老大”。目前，该行有公司贷款客户200户左右，其中90%是基本账户；有个人经营贷款客户近2100户，其中个体工商户1700多户，农户300多户；个人消费贷款户近800户。信贷营销方式是个人营销。信贷权限是：担保800万元，抵押3000万元。名义上确实相当大。信贷流程有3个环节：① 客户经理调查；② 风险审查；③ 审批。由于“审查”环节是由总行风险管理部负责的，凡是新客户，公司贷款都要“去”总行，个人贷款超过50万元的也要“去”总行。存量客户只要授信额不增加，便无须“审查”、不用去总行；如果要增加授信额，则按新客户处理。因此，环节虽然少，但是实际上速度却难以快起来，“跑不过”一些竞争对手。今年，由于客观经济形势与自身的信贷结构调整等多种原因，存贷款形势严峻；8月末，存贷款余额分别比年初下降1.93亿元和1.59亿元。这是从来没有过的，如去年同期为分别增长2.56亿元和1.05亿元。今年，银行卡业务进展不错。1—8月，贷记卡新增1316张，完成计划的306%，累计达到4071张；借记卡新增8548张，累计达到69077张，卡存款余额3.93亿元，大体相当于九堡3/4的成年人都拥有联合银行的银行卡。

面对日益激烈的金融竞争，联合银行九堡支行应对的基本策略是“防守反击”。也就是，在努力维护原有优势的同时，努力去占领新的“制高点”。为此，支行积极努力，比如，加大营销力度，在招工中优先推荐本地人，等等；同时，总行层面也采取了一些措施。比如，对信贷权限与流程做适当的调整，以使“三环节”充分发挥“威力”。又如，制定“雏鹰计划”，批量培训客户经理，以适应小额贷款“点对点”及实行团队营销的需要。再如，正在研究改变POS机的收费办法，等等。

目前，在同业（如前述4家银行机构）眼中，联合银行九堡支行仍然十分强大，具有令人羡慕的优势。诸如，① 营业网点多，这对小额信贷机构相当重要；② 开设时间久远，人脉关系根深蒂固；③ 人员多是本地人，讲本地话，百姓的认同度很高，认为该行是自己本地的银行，其他银行都是外来行；④ 情况熟悉，容易做到“信息对称”；⑤ 利率低，且为同类机构中最低的；⑥ 贷款灵活，品种多，放贷款速度快。该行的不足主要是：创新能力较差，老套路多，产品还不太适应“由城郊向城区转变”的需要；恐怕这与“出身”（农信社）有些关系。应当说，同业的上述评论是客观、中肯的。

四、主要感受

1. 九堡小企业贷款领域的良性互动值得倡导。

在九堡这弹丸之地竟汇集了那么多银行，十分少见。特别是其中竟有5家主要发放小企业贷款的机构，这就更为罕见。这5家贷“小”的银行，遵循市场规则进行竞争，它们“争”的是谁能够向客户提供更好的服务，如手续更简便、放贷速度更快、服务更优更多、实际利率较低，等等。为此，它们既发挥自身优势，又互相发现、学习他人的长处，不断创新，进而不断推高金融服务水平。在这场竞争中受益的主要是贷款客户，即小微企业与个体经营户，进而造福当地经济、当地百姓。显然，这是值得倡导的良性互动。

2. 杭州银行与泰隆银行值得赞赏。

5家贷“小”的机构都相当优秀，各有特色。其中，杭州银行和泰隆银行给笔者的印象尤为深刻。两者的共同特点是视野开阔，行动坚决。杭州银行意识到自己毕竟还是小型银行，出路在于贷“小”。为此，建立了特色支行和专营支行并相应调整了信贷流程与考核指标。10年来，户均贷款持续“下行”，2002年为1049万元，2005年为474万元，2011年仅为131万元；这是十分难能可贵的。同时，努力在产品与服务手段上创新，不断适应客户的新需要、不断提升“现代化”程度。泰隆银行更是认准小额贷款市场不动摇，誓做“中国的富国银行”。为此，不断完善信贷文化，“深耕社区”，并且从招工开始，就注意选择能够适应其信贷文化的人为新员工，同时建立了强大的培训中心——泰隆学院，批量培训合格的业务人员包括客户经理。

3. 为了缓解小微企业贷款难，就要充分发挥市场机制的作用。

以小微企业和个体经营户为主要服务对象的小型银行及中型银行的专营支行，之所以纷纷进驻九堡镇，并且在竞争中实行良性互动，主要是由于市场机制的推动，而不是有关方面的刻意安排。这就告诉我们，为缓解小微企业贷款难，首先应当让市场机制充分发挥作用，开放必要的市场准入。尤其是在经济快速扩张、人口集聚的地区，更应当首先这样做。

4. 农信机构需要加速转型，以适应“城郊向城区”的转变。

在九堡镇的金融竞争中，联合银行以“防守反击”策略应对是正确的，之所以有些“被动”，根本原因在于转型速度不够快，跟不上“城郊向城区”的快速转变。其实，联合银行总行早就意识到转型问题之迫切，并且采取了行动。今后应当切实加快转型步伐；一旦跟上了“城郊向城区”的转变，加上在当地的深厚人脉关系，便会虎添翼，更加强大。

温州金改如何突破“玻璃门”[①]

一、突破“玻璃门”是温州金改的核心内容，但尚未取得进展

突破“玻璃门”是指允许民间资本通过主发起或者增资扩股、股本收购等方式，成为商业银行的控股大股东，进而造就真正的民营银行。这是金融体制改革中迫切需要解决好的重大课题之一。

今年3月28日，国务院总理温家宝主持国务院常务会议，决定设立温州市金融改革综合试验区，并确定了12项主要任务。在这12项主要任务中，最大的亮点有二：一是研究开展个人境外直接投资试点；二是鼓励和支持民间资金……依法发起设立或参股村镇银行、贷款公司、农村资金互助社与新型金融组织。由于前一条是“研究开展”，究竟如何“开展”还有待于“研究”，当下还无法实施；因而，“重头戏”便只有后一条。从字面上来看，这后一条沿用了“新36条”中的表述，为民间资本成为村镇银行的控股大股东留出了充分的空间。这就使人们看到了希望，“玻璃门”有可能在温州金改中被突破。也因此，世人普遍瞩目于温州金融改革试点。

在温州，无论地方政府还是民营企业，对于突破“玻璃门”的态度均相当积极，不仅谋求通过小额贷款公司“升格”为村镇银行而实现“突破”，而且还谋求通过筹设新银行及调整现有地方银行的股权结构而实现“突破”。

比如，近半年来，已经筹划了温州市农业发展银行、温州现代商业控股银行、科技投资银行、华侨银行等4家民资银行。同时，还启动了温州银行的大规模股本转让，让一家民营企业成为与温州市财政局并列的第一大股东。

迄今为止的结果是，筹划中的这4家民资银行无一成功，计划面临搁浅。温州银行通过股权结构调整，民资的比重虽有较大幅度提高，但是最大的股东仍为温州市国资（温州市财政局+温州市财政开发公司），实际控制权仍属于地方政府。

---

① 刊于《浙江金融》2012年第12期。

目前尚未“突破”，这是不奇怪的。11月7日《21世纪经济报道》写道，“曾经是温州金改领导小组成员之一的金融监管机构官员当时向记者透露，民资在现阶段办银行基本不会存在成功率”；“温州银行董事办主任认为，民营企业自己发起做银行，在目前的政策下很难有实质性进展”。

二、关键在于区分两类民间资本与民营企业主

目前，让4家筹划中的民资银行搁浅，不让温州银行成为民资控股的银行是完全正确的。这首先是由于这些做法违反了国务院的规定。在国务院规定的12项主要任务中，民资银行的发展空间只是村镇银行——县城中的小型商业银行，而温州银行是城市商业银行，当然不在此范围内。筹划中的4家民资银行的规模都甚大，如温州市农业发展银行的资本金为20亿元，温州现代商业控股银行更大，为50亿元，这哪里还是村镇银行？批准了，便违反了国务院的规定。然而，问题是，民资主导的村镇银行也没有允许设立，仍然要求必须由现有法人银行主发起。

这里的症结何在？笔者认为，障碍不在于法律，而在于认知，在于未能恰当地区分两类民间资本与民营企业主，即工商业资本和金融业资本，工商企业主与金融企业主。

《中华人民共和国商业银行法》并没有限制非公有资本发起设立并掌控银行。正因为如此，外资银行可以在我国设立分支机构，以及组建全资子银行。同时，也正因为如此，我国目前还存在极少量由于各种历史原因而作为个案存在的、由民间资本控股的民营银行。

规定村镇银行必经由现有法人银行主发起的“两个暂行规定”，即《村镇银行管理暂行规定》及《小额贷款公司改制设立村镇银行暂行规定》，只是国务院下属部门中国银监会颁发的政策文件。此类政策文件在实施中，也不是绝对严肃的，银监会可以更改其中的条文，甚至可以在不更改条文的情况下，以“特批”的形式突破之。比如，在外资入股国内银行的比例上，曾经发生过多次“特批”。又如，去年批准的几家“地市级村镇银行”也是对《村镇银行管理暂行规定》的一定程度的突破。

温州金改的12项主要任务也是政策文件，并且是国务院颁发的，档次要高于前述的“两个暂行规定”。由于温州金改试点是国家级的试验区，只要符合国务院规定（如12项主要任务），完全可以做一些突破原先政策文件的事情。总之，“两个暂行规定”，不能成为阻止温州民间资本主发起村镇银行的正当理由。

监管部门之所以要死扣“两个暂行规定”的条文不放松，原因是多方面的，其中最重要的原因恐怕便是由于未能清晰区分前述的两类民间资本与民营企业

主。应当看到，民间资本产权明晰、逐利性很强，必须有上述“区分”。这一点，是与国有资本截然不同的。

目前，我国的民营工商企业经营有下述特点：① 负债率低，通常不超过50%，很少有大于60%的，资产风险较小；② 市场的波动起伏较大，需要抓住有利时机“猛冲”，或者急剧扩张，或者“暴利”一番；③ 法制观念较淡薄，违规违法行为多，丑闻也较多。

商业银行经营则相反：① 负债率甚高，通常在90%以上，资产风险大，必须强调“稳健经营”；② 市场起伏较小，并且稳健经营，努力追求平稳发展；③ 强调依法经营、合规经营，并且有严格的监管。

存在决定意识。民营工商企业的经营特点，决定了民营工商企业主严重缺乏稳健经营、合规经营理念，难以适应商业银行经营要求。进而，如果让民营工商企业主掌控商业银行（或称为“脚踏两条船”）将是十分危险的。最大的危险便是“关联贷款”。如果民营工商业主同时掌控了商业银行，当其麾下的工商业企业遇到资金周转不灵，或者因急速扩张规模而需要大量资金时，必然会向由其掌控的银行“伸手”，造成大量关联贷款，继而不良贷款大量发生，形成巨大风险。众所周知，改革开放以来，由于此种原因造成关联贷款进而酿成金融风险的案例，已经发生过多次，教训十分深刻。并且，一旦商业银行被工商企业主掌控，即使还没有发生关联贷款，对于银行的健康发展也是很不利的。例如，我国南方有一家城市信用社，在“保留”后的增资扩股中，被北方某“优质”民营企业控股，虽然该城信社目前已改制为城市商业银行，但是，市场定位与内部管理均欠到位，业绩平平，毫无其他民营银行之虎虎生气。

应当说，银行业监管部门从防止“脚踏两条船”、防范金融风险角度出发，“拒绝批准”温州市筹划中的4家民营银行、“拒绝批准”由民营工商企业掌控的小额贷款公司直接改制为村镇银行，无疑是正确的，是有积极意义的，应当予以肯定。但是，与此同时，也应当“扶植”民间金融资本和金融企业主，不仅要允许其存在、生存，而且应当给予一条发展通道，进而造就一批与小微企业共存共荣的“草根银行”。今后，让这些“草根银行”在市场竞争中继续发展，待从中涌现出一批金融企业家。诚然，目前民间金融资本和金融企业主的发展滞后，还处于相当“幼稚”的状态，单个资本的规模小、分布散、实力弱、运作也显得紊乱，根本无法与民间工商业资本与工商企业主的状况相比。之所以“幼稚”“滞后”，这是由于长期来，没有给予民间金融资本和金融企业主以“合法的生存、发展空间”。在这次温州市的金融改革试点中，就是要解决好这个问题，为它们的健康生存、发展造就良好的政策环境，促进其快速成长。

同样，地方政府也未能区分好这两类民间资本与民营企业主；并且，往往从

GDP 政绩出发，拣“大”者支持，向“大”者倾斜，尽量满足“大”者的需求。不仅在温州市筹划 4 家民资银行时如此，而且在组建小额贷款公司时更是如此。至于真正应当重视与“扶植”的民间金融资本和金融企业主，则因其“小、散、弱、乱”而被撂在一旁。总之，在当前，地方政府应当分清这两类有所差别的民间资本与民营企业主，看清楚下述问题。①“脚踏两条船”会带来巨大的金融风险，不利于地方经济的稳定与发展，应当高度警惕，坚决防止。②目前民营工商企业主们“办”金融的巨大积极性并不是“正常”的，而是与金融业中暂时存在着的高额垄断利润有关的，而这种高额垄断利润，正是下一步改革中要消除的东西。因此，不能去迎合这种“积极性”。③民营企业主用来办小额贷款公司的钱并非“真金白银”，基本上是变相银行贷款。④应当“扶植”真正的民间金融业资本与金融企业主，努力为它们争取“合法的生存、发展空间”。这样做，不但有利于地方经济的长期稳定健康发展，而且也符合“金融改革试点区”的本质要求，将能够获得最好的金融政绩。

四、厘清目标，积极稳妥

在温州市金改试点中，必须突破“玻璃门”。但这不是让民营工商企业去办银行，而是“扶植”民间金融业资本，给他们一条通向商业银行的发展道路，并进而孕育出一批金融企业家。民营工商企业主可以参股银行，但是只能作为“财务投资人”，不能作为“战略投资人”，更不能成为控股股东。

基于上述原则，允许主发起民营村镇银行的有 3 种人。①“下海”创业的金融机构业务骨干。②原来从事准金融行业如担保、典当、投资咨询等，或者专业的民间借贷者。③将全部资本从工商企业中转移出来改投金融业的原工商企业主。这 3 种人都应当得到鼓励与支持。

考虑到目前温州市的社会风气，喜好赚快钱、热钱，投机性强，法制意识与合规意识相对淡薄，因而具体推进步伐不但要积极，而且还要稳妥。一般地，以走“小额贷款公司——村镇银行”道路为好。①让小贷公司回归初衷。在发展新的小贷公司时，不但要允许自然人主发起（这也是 2008 年 5 月中国银监会和中国人民银行联合发布的《关于小额贷款公司试点的指导意见》中的规定），而且应当优先考虑由前述 3 种对象主发起。②鼓励与支持小额贷款公司依附于银行。小贷公司可以寻找一家“主合作银行”，签订合作协议。签订后，小贷公司可以享受金融机构待遇，实行资本充足率管理（这样就从根本上解决了杠杆率问题）。合作协议应当规定，小贷公司的资金一律存入主合作银行；全部贷款客户也要求在主合作银行开立账户；业务运作受主合作银行监管；主合作银行融给小贷公司的资金不得少于其全部融入资金量的 50%，并且要帮助与代理其从同业拆借市场及其他银行融资。监管部门要鼓励与支持银行与小贷公司合作，并给予适当的政策。比如，由小贷公司发放的小企业贷款，可以计入主合作银行的业绩中，并且，主合作银行可以因此享受相应的政策优惠。③ 让符合条件的小额贷款公司改制为村镇银行。允许依附于银行的、经营满 2 年的、业绩优秀的、由前述 3 种对象主发起的小贷公司改制为村镇银行，在改组中，“主发起人”不变。为了进一步防范风险，还可规定，这种民营的村镇银行，在开业的最初几年中，只能是无限责任公司或两合公司，不能是有限责任公司；在经过一定时间“经营考验”合格后，方可增资扩股改组为有限责任公司或者股份有限公司。

2013 年

关于当前浙江省农信社改革与发展的建议[①]

一、应当深入总结 9 年来的成功经验

在国发〔2003〕15 号文件《深化农村信用社改革试点方案》（下文简称 15 号文件）的指引下，浙江省与全国一样，深入推进了农信社改革。9 年来，成绩十分可观，值得一书。

1. 业绩指标相当出众。

如 2011 年末，不仅资产总额达到 10447 亿元，超过工行浙江省分行，列省内银行机构之首，而且各项主要业绩指标良好。比如，① 资本充足率。平均为 12.70%，全省 81 家法人机构中无一低于 8%，8%—10% 之间的也仅 4 家。② 不良贷款率。平均为 1.27%，超过 5% 的仅 1 家（6.79%），3%—5% 的 6 家，其余 74 家均在 3% 以下。③ 资产利润率。平均为 1.70%，小于 1.0% 仅 2 家（分别为 0.87% 和 0.75%），超过 2.0% 的高收益机构有 16 家。④ 市场定位。81 家机构平均户均贷款仅 42.95 万元，低于以发放小额贷款著称的台州银行和泰隆银行（分别为 46.46 万元和 56.84 万元）。户均贷款小于 10 万元的有 3 家，最小的泰顺联社仅 5.41 万元。500 万元以下贷款占比达到 56.24%，超过 90% 的有 11 家，其中泰顺联社更是达到 100%。

2. 市场份额已经稳企，表明竞争能力大大上升。

2011 年，全省农信机构的存款余额增长 14.90%，超过全省金融机构（11.96%）；年末的市场份额为 14.68%，高于 2010 年末（14.36%）0.32 个百分点。2012 年 9 月，存款余额突破 1 万亿元，10 月末为 10124.16 亿元，1—10 月全省农信机构的存款增长 14.21%，而全省金融机构存款仅增长 9.99%，市场份额进一步上升到 15.59%，比年初又增长 0.91 个百分点。虽然，近两年农信机构存款的增速较快有多方面的原因，但至少表明市场竞争力大大提高、市场份额企稳了。

---

① 第二部分刊于《改革内参》2013 年第 6 期，题目为《农信社不能“一刀切”地改为股份制》；还刊于《浙江民建信息》和省政协社情民意信息。

3. 涌现出许多优秀机构与典型。

9年来，浙江省农信系统中崛起了许多优秀机构，创造出许多成功案例。例如，杭州联合农商行勇于面向市场开拓前进，从一家业绩平平的市区农信联社成长为市场竞争力居国内农信机构前列的银行；并且，由其主发起的村镇银行活力强、规模增长快、市场定位好、效益上佳，是省内村镇银行的“领头羊”。鄞州农村合作银行一直敢为天下先，曾是浙江省第一家“一级法人制”联社，又成为全国农村合作银行的首创者，其章程是全国农合行的“模板”。该行致力于建设自己的企业文化——蜜蜂文化；并且放眼全国，已经主发起13家村镇银行，其中中西部有11家，努力将东部的先进金融理念、技术与“蜜蜂文化”推向中西部。再如，泰顺农信联社虽然处于交通相对闭塞的山区，是浙江省经济最不发达的县，但是业绩极为出众，2011年，在户均贷款仅5.41万元、100%的贷款都小于500万元、员工人均存款不足1000万元（924万元）的情况下，实现了资产利润率2.46%（全省农信第一、全省法人银行机构第二，仅次于台州银行）、资本充足率13.97%、不良贷款率1.39%的好成绩。还有南浔农商行，2000年就开始打破“铁饭碗”“大锅饭”，转换经营机制，实现经营管理市场化，并进而创造了多项“第一”。如，贯彻15号文件后，南浔农商行成为浙江省内第一家获得批准的农村合作银行；省内法人银行机构中辖区内市场份额最高，2009年末，存款市场份额达到47.6%；2009年的资产利润率达到2.57%，名列当年全国银行之首；成为浙江省第一家“农村商业银行”。还有，瓯海农合行，2003—2005年，在不到2年时间内，主要依靠清收，使不良率下降30个百分点，由一家“烂社”变为优秀机构。此后，又不断在“机制创新”上下功夫，业绩出众，尤其是近两年，在其他城区农信机构存款增长遇到困难时，该行却仍然保持高速增长，如今年9月末，各项存款比年初增长22.64%。另外，从市场定位、经营稳健性、经营效益等方面考察，还有一大批相当优秀的机构，比如，“老先进”——苍南农合行、温岭农合行，“新锐”——德清农商行、安吉农合行等，以及江山农合行、乐清农合行、慈溪农合行、长兴农合行、瑞丰农商行、诸暨农合行等，也都相当好。

4. 涌现了农信机构“整体优秀”的地市——湖州。

由表1数据可知，湖州市的5家农村合作（商业）银行都很优秀。首先是市场定位好，户均贷款均在50万元左右或以下，500万元以下贷款的比重，除德清农合行外，均在65%以上。其次是经营稳健，资产质量好，资本充足率均超过13%，不良贷款率均在1%左右或以下。再次是经营效益好，资产利润率均在2.0%以上，平均超过2.2%。这3个方面的绩效与邻近的嘉兴市6家农信机构相比，差距相当明显。更有甚者，湖州市农信机构的存款市场份额为25.12%（见表2），名列全省11个地市的首位，不但远高于经济相对发达的地区，而且与经济相对欠发达的、第一产业占比较高的衢州、丽水、舟山相比，也明显高出一截。这就充分表明，湖州市的农信机构确实活力较强、市场竞争能力较强，“整体优秀”。

表 1　2011 年湖州市与嘉兴市的农信机构数据　（万元、%）

		各项存款	各项贷款	户均贷款	500 万元以下贷款比重	员工人均存款	资产利润率	资本充足率	不良贷款率
湖州农信	德清农合行	1200797	843926	55.42	44.61	2387	2.10	13.83	0.64
	长兴农合行	1157795	840754	33.11	67.07	2042	2.28	14.11	1.11
	安吉农合行	840463	627739	29.47	65.10	1613	2.28	13.44	0.78
	吴兴农合行	774254	545811	51.88	66.78	1643	2.27	19.83	0.96
	南浔农商行	1307299	914936	65.16	67.15	2075	2.25	14.96	0.50
嘉兴农信	禾城农合行	1663812	1086454	109.31	42.31	2480	1.44	12.55	1.98
	嘉善农合行	969229	676928	56.77	57.84	2198	1.50	11.33	1.94
	平湖农合行	1228417	858790	88.86	30.78	2242	1.60	11.82	1.97
	海宁农联社	1676484	1175292	223.12	28.23	2381	1.67	12.09	1.85
	海盐农联社	731521	500949	87.76	45.43	1750	1.02	11.90	1.90
	桐乡农联社	1586704	1022955	102.74	40.51	2535	1.65	11.90	0.96
城商行	湖州银行	1800300	1319400	125.23	缺	2683	1.66	12.15	0.57
	嘉兴银行	2420500	1718600	135.70	缺	3214	1.40	12.52	0.90

注：农信机构资料来自省联社，城商行资料来自浙江银监局

表 2　2011 年浙江省 11 市的 GDP 与农信机构市场份额

	GDP（亿元）	人均 GDP（元）	一产占 GDP（%）	金融机构存款（亿元）	农信社存款（亿元）	农信社的市场份额（%）
杭州市	7019.06	101370	3.4	18396.57	2025.46	11.01
宁波市	6059.24	105334	4.2	10659.27	1317.49	12.36
温州市	3418.53	43132	3.2	7545.60	1029.97	13.65
嘉兴市	2677.09	78202	5.3	4168.17	785.61	18.85
湖州市	1520.06	58349	7.6	2102.05	528.06	25.12
绍兴市	3332.00	75820	5.2	5510.14	1067.87	19.38
金华市	2458.07	52538	5.1	4746.69	796.02	16.77
衢州市	919.62	36508	8.3	1157.23	263.50	22.77
台州市	2794.91	47779	6.8	3998.90	669.02	16.73
丽水市	798.22	30643	9.1	1293.56	217.98	16.85
舟山市	772.75	79765	9.8	1314.97	204.82	15.58
全省	32318.85	59249	4.9	60893.14	8936.22	14.68

资料来源：《浙江统计年鉴 2012》，浙江农信联社

为了更好地促进浙江省农信机构的健康发展，更好地为“三农”服务，有必要对9年来的成绩与经验进行深入的总结。特别是要对下一步改革与发展有启示与指导作用的好经验进行深入、认真的总结、研究。因为，这些经验来自“本土”，最适合浙江省的实际情况。

1. 要深入总结造就、发现优秀经营人才的经验。

9年来，浙江省农信机构之所以取得相当良好的业绩，除了政策环境外，最重要的一个方面便是涌现出一批优秀的经营者，他们视野开阔、有事业心、有责任感、有驾驭市场的能力，敢于大刀阔斧推进改革，不太看重自身一时一事的得失。总之，具有企业家精神。人们都看到，每一个优秀机构的出现，都有优秀的主要经营者在推动。有许多案例：一个原来业绩平平的机构，甚至是“烂机构”，更换主要经营者之后，便一改旧貌，开始“蒸蒸日上”。也看到另一种案例，某个原来相当出众的机构，由于主要经营者的调离，而活力逐渐下降。总之，在当前的体制条件下，有“企业家精神”的优秀经营者，乃是促成农信社健康发展的关键。为了造就更多的优秀机构并使它们持续优秀，显然需要深入总结造就、发现优秀经营者的经验。

2. 要深入研究、总结有“前瞻”意义的优秀典型的经验。

这里所谓的“前瞻”意义，就是对今后农信社的发展具有重大的现实意义。这样的典型经验甚多，比如，泰顺联社的经验，如何在一个欠发达地区，既保持良好的市场定位、做好“三农”服务，又使得经营稳健、资产安全，并且取得上佳的经营效益。又如，杭州联合银行的村镇银行模式。因为这种模式的普遍意义较强，已经被广泛借鉴，值得深入总结。再如，企业文化建设的经验。企业文化乃是一个企业的重要核心竞争力，关乎农信机构的长远健康发展。鄞州银行、南浔农商行都搞得不错，有较大进展，应当深入总结它们（还有其他搞得好的机构）的经验，以供全省农信机构参考。还有，城区农信机构健康发展的经验。城区农信机构如何应对激烈的市场竞争，实现健康发展？总体上说，这是一个迫切的现实课题，而且目前尚未有“完美答卷”。但是，目前也有一些做得较好的机构，如瓯海农合行、杭州联合银行三墩支行等等。应当总结他们的经验，并继续深入研究。还有其他问题，就不一一罗列了。

3. 深入总结湖州市农信机构“整体优秀”的经验。

一个地市出现一两个优秀机构，这还比较容易；但是要“整体优秀”，那就难了。湖州市是如何做到的？为什么能够做到？其他地市能否借鉴湖州？显然很值得深入研究总结。

此外，还有一些重要问题，如产权制度的进一步改革问题，省农信联社的“努力”方向问题，下文将专门讨论。

二、产权制度选择不宜“一刀切”

15 号文件规定，农村信用社可以根据实际情况，选择实行 2 种产权制度和 4 种组织形式，即实行股份合作制的二级法人制联社、一级法人制联社和农村合作银行；实行股份制的农村商业银行。当时，大部分农信机构选择了股份合作制。

去年初，中国银监会出台新规定，要求将实行股份合作制的农信机构都改为股份制。农村合作银行不再组建，现有的农村合作银行都要在 3 年内改为股份制；农信联社要取消资格股，可以直接改组为股份制的农村商业银行；等等。监管当局之所以要“取消”股份合作制，全部实行股份制，主要原因大致如下。一则，股份合作制是无法可依的，同时也难以制定法律规范；而股份制则有《公司法》可依，这就给监管带来方便。二则，现有的股份合作制农信机构中，股权太分散，股东们对农信机构经营的关切度甚低，通过实行股份制造就一批较大的股东，可以提高股东的资产关切度，进而有助于完善法人治理。三则，股份合作制中的股权构成复杂，有投资股、资格股之分，处理较麻烦。四则，目前省联社对下级法人的经营干预过多，存在“重管理、轻服务”的倾向，通过实行股份制，可以增强下级法人的独立性，有助于遏制省联社的过多干预，促进“重管理、轻服务”的纠正。

股份合作制实际上是一种“不规范的股份制”，并无“合作性质”，局限性明显。然而，“股份制”及股份制农村商业银行同样也具有局限性，“一刀切”地在农信机构中推行，势必会带来许多问题。其中最突出的是，与农信机构性质的矛盾及控制权处置。

现行农信机构是金融服务“三农”的主力军，是政策金融与商业金融的混合体。“三农”是信贷市场上的弱势群体，尤其是，其中最弱势的部分的金融服务都是农信机构提供的，并且，主要依靠上级行政指令与考核在推动。同时，15 号文件还专门规定：凡是有支农需求的地方，农信社都要设机构，即使经营严重亏损，甚至资不抵债，也不允许撤销机构，只允许降格或合并。这就表明，农信社的金融服务有强烈的政策性。另一方面，15 号文件又指出：“要使农信社真正成为自主经营、自我约束、自求发展、自担风险的市场主体。”这就表明农信机构的金融服务还具有商业性。因此，只有在那些已经没有或基本没有了支农需求、政策金融不复存在的地方，如城区或经济发达、城乡一体化程度很高的地区，才适合改组为股份制的农村商业银行。否则，只有 2 种结果，要么政策金融任务受到严重冲击，农信机构的市场定位发生改变，不再支持最弱势的农户，那些偏僻地区的亏损网点要撤销，亏损的流动服务车要停开，很小额的贷款不再发放，等等；要么市场定位虽然未变，但是商业银行徒有其名，名不副实了。

关于控制权问题。有支农需求和强烈政策金融性质的农信机构，为确保政策金融性质的落实，控制权必须掌握在政府手中。在现行的股份合作制下，是这样实现的：① 股权分散化，股东话语权不大，“关切度”也不大；② 省政府通过省联社实施 15 号文件规定的权力，通过由省联社提名（并实际决定）的领导班子，实现政府有效控制。如果实行股份制、遵循《公司法》，那么，必须以股权来说话，为确保政府的控制权，必须由具有政府背景者，如国企、地方财政等国有资本来出任最大股东。这样，就会带来一些问题，比如：① 成为地方国有控股公司，这从体制上说，不能算是进步；② 如果进入的国有资本是当地的，则就会加大地方政府的话语权，进而可能会增大“当地政府要求”与“省联社管理”的矛盾。在没有或基本没有了支农需求的城区及经济发达、城乡一体化程度甚高的地区，改组为股份制农村商业银行时，同样也有一个控制权问题。如果请国有资本来做最大股东，那么，就同样会有前述的种种问题。如果仅仅由民间资本做大股东，那么，潜在的风险就相当大。因为，现有的民间资本大股东都是民营工商企业，一旦农商行的控制权落入他们手中，就会形成民营工商企业主同时控制银行的“脚踏两条船”格局，这种格局相当危险，很容易形成大量的关联贷款，进而出现金融风险。这里，不能为一时间的“平安”、大股东们很“乖”的现象所迷惑。因为，股份制农商行依据的是《公司法》和《商业银行法》，控制权是属于大股东的。他们的“权利意识”迟早会觉醒，特别是当权威极高的首任董事长“退”下去之后。一旦“觉醒”，种种“麻烦”就会随之而来。

应当看到，9 年来的实践已充分表明，搞好农信机构县级法人的关键在于配好班子，尤其是“一把手”。这一点，已经为多数人士所认同。9 年来的实践还表明，就浙江省农信机构的多数而言，股份合作制这种“不规范的股份制”还是适应的，否则，就难以解释为何能取得如此良好的绩效，难以解释为何能涌现如此多的优秀机构。特别是，从湖州市的实践中，城市商业银行与农信机构的绩效对比中，更能看出这一点。湖州银行是成立于 1997 年的股份制城市商业银行，其绩效不错，居全国、浙江省城市商业银行的中上等。2011 年，据《银行家》杂志的排名，湖州银行的综合财务评价居全国 116 家城商行的第 44 位；居浙江省 11 家城商行的第 5 位，仅次于台州、泰隆、宁波、杭州等行，优于嘉兴、稠州、绍兴、金华、温州、民泰等行。但是，由表 1 可知，湖州市实行股份合作制的 5 家农信机构，每家绩效均超过了湖州银行。

总而言之，至少是在浙江省，从“适用”、从有助于改善对“三农”的金融服务与促进农信机构健康发展的角度看，股份制不宜“一刀切”地全面推开，只宜于在支农需求基本没有的城区及经济发达、城乡一体化程度很高的地区推行。

三、省联社需要不断完善“服务”

15号文件规定，农村信用社交由省级政府管理。9年来的实践表明，这一规定是正确、必要的。显然，这9年来农信社的良好业绩是与作为“省级管理”的具体执行者省农信联社的努力分不开的。省联社这种管理形式是有生命力的、必要的。办好省联社的关键也在于配好班子，尤其要求“一把手”有事业责任感、有大局观，并且熟谙农村金融管理。

省联社有两大工作任务：管理、服务。这两大任务都是围着一个目标：提升全省农信机构的活力，更好地为“三农”服务、为经济发展服务。“管理”主要是管班子、管市场定位、管制度、管风险。“服务”主要是帮助下级法人实现经营机制市场化、实现操作技术现代化，以及通过其他措施促进下级法人的发展。“服务”，在省联社工作中的地位十分重要。要寓管理于服务之中，努力做好下级法人需要做而又难以独立做到的事，进而使得服务成为联结省联社与下级法人的强力纽带，产生巨大的“向心力”，最终达到即使“用棍子打”，下级法人也不愿离开的地步。更要看到，银行业的金融工具、操作手段是日新月异的，从而省联社的“服务”也要与时俱进、不断完善。

9年来，尤其近几年来，省联社为改善“服务”，做了许多工作。比如，为全省农信机构制作了操作系统，完善了省内农信机构的结算机制并制作了银行卡和网上银行，并正在建立统一的后台服务中心与之配套；进行了行业情况分析，用以指导全省农信机构的信贷投放；组织了下级法人高管培训及中层干部、业务骨干的培训；等等。这些服务均收到了良好效果，有力地促进了全省农信机构的健康发展。目前，随着经济发展与金融竞争的日趋激烈，基层农信机构十分需要省联社提供力度更大的“服务”支持。这对省联社来说，乃是良好的机遇，是更好地贯彻“寓管理于服务之中”理念的机遇，是增强全省农信机构凝聚力的机遇，是省联社改进内部组织结构并扩大影响、提升社会地位的机遇。大致上，需要从两个领域着力。

1.“常规”服务。这是面向全省农信机构（甚至其他小金融机构）的服务，主要内容如下。

①结算。要不断完善与发展。比如，通过与外省省联社合作，建立“直通车”，使结算渠道接近“四大银行”。又如，能否利用我省农信的超万亿元资产实力以建立“清算中心”的形式，使我省农信机构的票据在省外畅通。再如，积极发展丰收卡和丰收e网，增强功能、品种，并利用“零费用”优势在全省大力宣传、扩大营销。此外，应当向兴业银行学习，让结算系统具有“开放性”，接纳

并欢迎省内其他小金融机构尤其各类新型农村金融机构加盟。

② 操作系统。除了要适应新情况、新要求而不断升级并加速建成后台服务中心外，还应注意兼容性。目前，浙江省各农信机构的经营环境与经营情况存在明显差别，因而对系统也有些特殊要求。为此，应当注重兼容性，并帮助下级法人制作满足当地特定需要的模块。甚至，可以允许实力较强、经营稳健的优秀农信机构自行开发系统，并与省联社系统对接。

③ 金融产品开发。目前，随着经济发展与金融竞争加剧，基层农信机构对金融产品创新的要求甚强。省联社要进一步加强这方面工作。一要鼓励与支持下级法人自行开发与创新产品；二要加强系统内的交流及优秀产品的推广；三要与相应农信机构合作开发，尤其是与中心城市的优秀农信机构合作开发。

④ 指导与促进下级法人加速转换经营机制。目前，浙江省尚有相当部分农信机构的用工与薪酬激励市场化与营销市场化还未到位。这对它们的健康发展很不利。已经基本实现这两个市场化的机构也需要与时俱进、不断完善，省联社都应当努力指导、给予帮助。

⑤ 培训。除了继续抓好下级法人的高管及中层干部培训外，还应当用多种方法帮助与支持下级法人搞好由他们自行组织的员工培训。

⑥ 加强经济形势与行业分析，以及其他必要的服务。

2. 大力支持与帮助优秀机构发展。省内的一部分优秀农信机构，尤其是地处经济相对发达、金融竞争较为激烈的地区者，有着强烈的发展欲望。优秀机构是农信系统的重要“增长点”，优秀机构的发展壮大，意味着浙江省农信系统实力的增强，理应支持，尤其是对于能够坚持市场定位，竭诚为“三农”、小微企业服务的优秀机构，更应当鼓励与支持其发展，做强做大。目前，由于金融竞争的加剧，优秀农信机构面临的压力增大，在市场竞争中很需要省联社的支持。这对于省联社是良好的机遇。省联社应当通过支持、促进优秀机构发展，增强优秀机构对于省联社的“向心力”，使优秀机构成为省联社领导管理全省农信机构的重要帮手，进而带动相对后进机构的发展，促进全省农信机构整体素质的提高。为此，除了前述“常规”方面的服务外，大体上还可以再从下列方面着力。

① 支持与帮助优秀农信机构跨辖区设立分支机构与村镇银行。一些优秀农信机构在跨区域设立分支机构时，常遇到这样的情况：出省，银监部门不同意；在省内跨区，则遇到当地农信机构的“抵制”，主要理由是“兄弟”之间不应当竞争。其实，适度竞争对于双方的发展都是有益的，“兄弟”间的竞争更容易成为良性互动，使双方受益。而且，更要看到，优秀农信机构不进去，其他银行机构迟早也会进去，最终使得省农信系统整体份额下降。因此，省联社应当高瞻远瞩，协调、说服，并且应当对银监部门已经“放行”的，积极支持；对银监部门

尚未“放行”的，则帮助争取。在设立村镇银行的问题上也同样。

② 积极帮助适应“城郊向城区”的转变。目前，由于“城市化”进展迅速，一些原来是农村城郊的地区，正在快速向城区转变，进而金融竞争不但加剧，而且出现新的格局。当地的农信机构，即使是优秀机构，也会由于多方面原因，跟不上这种转变，显得有些被动，出现活力不足，发展滞缓。对此，省联社应当高度重视，深入调研，指导与帮助有关机构较快地适应这一转变，重新焕发活力。

③ 帮助办好培训中心。一些优秀农信机构，为了把业务做深做细，开展“社区化”营销，迫切需要快速提高员工素质，需要批量培育客户经理。为此，它们参照一些优秀商业银行的模式，自己设立常年化的培训中心。对此，省联社应当看作是促成我省农信队伍素质升华的重要战略性举措，进而给予高度关心和切实帮助。

4. 安排省内优秀农信机构去做新建股份制农商行的最大股东。这也是具有战略性意义的举措，好处很多。一则，由于最大股东本身就是省联社的“下属”，并且又是由省联社安排的，从而能够确保省联社的控制权。二则，由于最大股东本身就是农信机构，从而市场定位确保无误。三则，由于最大股东是优秀农信机构，必然会有许多好的理念、做法、经验，甚至企业文化带进去，这就十分有助于新组建的农商行的健康发展。四则，这既加速了优秀机构的发展，又加大了其责任。五则，按现行法规，一家省级投资公司只能入股两家农商行，而银行机构入股其他银行的数量则是不受限制的。这样，我省在股份制农商行的发展中，便不必担心缺乏“合格”的战略大股东了。需要指出，省联社不必担心优秀机构会“坐大”、不听指挥了。因为，这种发展、“坐大”都是在省联社帮助、提携下实现的，一般来说，优秀机构只会感谢，进而更配合工作，而不是相反。

区分两类民间资本，开放民营银行准入[①]

民营银行是民有、民营的银行。资本金全部或主要来自民间资本，第一大股东也是民间资本；并且，完全由民间资本掌控，人事任免、经营方针、市场定位等重大事宜完全由"三会"决定，除了依法监管，政府不加任何干预。民营银行是预算硬约束的银行，真正做到"政企分开、党企分开"和"自主经营、自负盈亏、自担风险、自求发展"。民营银行只能是商业银行，不能是政策性银行，因为一旦有了政策性任务，银行的经营就不能不受政府干预，预算约束也因此而无法硬化。

上述民营银行定义，无论对中国或外国都是适用的。我国目前有3000家左右的银行机构，其中符合或基本符合此定义的银行只有7家左右，加上由这些民营银行主发起的村镇银行也只有20余家。鉴于商业银行乃是竞争性领域，客观上要求有大量的民营机构存在（甚至为主体）；因此，我国迫切需要大量发展民营银行，这是金融体制改革中的一项绕不过去的重要任务。尤其是目前，"小微企业贷款难"问题相当严重，更是需要有一大批能够与民营小微企业共存共荣的小型民营银行（如同当年的银座、泰隆等城市信用社）。

改革开放以来，我国一直没有正式开放过民营银行准入，现有的几家民营银行都是个案，都源自当年的城市信用社。但是，国家决策部门对于发展民营银行的重视程度一直在提升。2010年5月国务院出台的"新36条"中，首次允许民间资本主发起村镇银行。其中第十八条写道："允许民间资本兴办金融机构。……鼓励民间资本发起或参与设立村镇银行……"这里使用了"兴办"，并且区分了"发起"设立与"参与"设立，其意思很清晰，即允许民间资本成为村镇银行的主发起人。但是，"新36条"出台快3年了，仍然尚未落实。

2012年3月末，温家宝总理主持国务院常务会议，决定设立温州市金融改革综合试验区，并确定了12项主要任务。其中十分重要的一条就是，"鼓励和支持民间资金依法发起设立或参股村镇银行、贷款公司、农村资金互助社与新型金

① 刊于《上海金融报》2013年3月1日。

融组织”。同样，这一允许“发起设立”的条款一直没有落实。

目前的基本情况大体是：民营骨干企业“发起设立”银行的积极性甚高，不仅村镇银行、社区银行，更热衷规模大一些的银行，并且，其诉求还获得地方有关部门的认同与支持；银行监管部门则咬定村镇银行必须由现有法人银行主发起的规定不放松，当然，更不批准民营企业“发起设立”规模较大的银行。总之，开放民营银行准入一事，尚未取得进展，还处于“胶着”状态。

目前，民间资本主发起银行并不存在法律障碍，《中华人民共和国商业银行法》并没有限制非公有资本发起设立并掌控银行，只要获得银行业监管部门批准就行。正因为如此，外资银行才可在我国设立分支机构及组建全资子银行。也正因为如此，我国目前尚有几家由于各种历史原因而作为个案出现的民营银行。规定村镇银行必须由现有法人银行主发起的《村镇银行管理暂行规定》及《小额贷款公司改制设立村镇银行暂行规定》是中国银监会颁发的文件。这类文件在实施中，银监会可以更改其中条文，甚至还可在不更改条文的情况下，以“特批”的形式突破之。比如，在外资入股我国银行的比例上，就曾经多次“特批”。

目前，阻碍开放民营银行准入的主要症结恐怕在于认知，也就是未能区分两类民间资本与民营企业主，即工商业资本和金融业资本，工商企业主与金融企业主。应当看到，民间资本产权明晰，逐利性很强，必须有上述“区分”；这一点，与国有资本有很大不同。

民营工商企业经营有下述特点：① 负债率低，通常不超过 50%，很少大于 60%，资产风险较小；② 市场的波动起伏较大，需要抓住有利时机“猛冲”，或者急剧扩张，或者“暴利”一番；③ 法制观念较淡薄，违规违法行为较多。

商业银行经营则相反：① 负债率甚高，通常在 90% 以上，资产风险大，必须强调“稳健经营”；② 市场起伏较小，并且，基于“稳健经营”需要，还须努力维持市场平稳；③ 强调依法经营、合规经营。

存在决定意识。由民营工商企业的经营特点所决定的民营工商企业主的经营理念与行为，显然是不适合经营商业银行的。进而，让民营工商企业主同时掌控商业银行（或称为“脚踏两条船”）将是十分危险的，最大的危险便是“关联贷款”。一旦民营工商业主同时掌控了商业银行，当其麾下的工商企业资金周转不灵，或者因急速扩张而需要大量资金时，必然会向由其掌控的银行“伸手”，造成大量“关联贷款”。继而，不良贷款大量发生，形成巨大风险。众所周知，改革开放以来，因此而酿成金融风险的案例已发生过多次，教训十分深刻！并且，商业银行若被工商企业主掌控，即使还没有发生“关联贷款”，对于银行的健康发展也是很不利的。我国南方有一家城市信用社，在“认资扩股”中被某“优质”民营大企业掌控，虽然该城信社目前已改制为城市商业银行，但是，其市场定位与内部管理均欠到位，业绩平平，毫无其他民营银行之虎虎生气。

由于改革开放以来，一直没有正式向民间资本开放过金融机构市场准入。因而，民间金融资本的发育还处于初期的状态，单个资本规模小，分散，整体实力弱，运作欠规范；与已经有相当程度发育的民间工商业资本完全不可比较。总之，目前民营企业中工商业与金融业的比例结构是很不平衡的。我们开放民营银行准入的重要目的之一就是要促进民间金融资本的发育、促进金融企业家的成长，改变上述的“结构不平衡”。

综上，可以知道，监管部门不批准民营骨干企业主发起银行是有道理的、正确的。因为，必须防止出现“脚踏两条船”。另外，监管部门也存在明显不足，即缺乏向民间金融资本开放民营银行准入、促进民间金融资本与金融企业家发育成长的举措。这表明，监管部门尚未能够清晰区分两类民间资本和民营企业主。这一认知缺陷也反映在银监会关于落实“新 36 条”的实施细则上。同样，地方有关部门也未能区分两类民间资本与民营企业主；并且，还往往从 GDP 政绩出发，向民营大企业倾斜，尽量满足民营大企业的要求，而不去顾及可能发生的金融风险。

鉴上，当前为了早日健康地开放民营银行准入，促使民营银行健康快速发展成长，基本思路如下：

1. 决策部门与有关部门，应当从认识上清晰地区分两类不同的民间资本与民营企业主，并且采取不同的政策。不应轻视目前还处于“小、散、弱、乱”状态的民间金融资本，任何事物的发展都需要经历一个过程，当前我们的任务就是要加快民间金融资本的健康成长，使其早日脱离当前状态、走向成熟。

2. 允许民间资本发起设立村镇（社区）银行，是指允许民间金融资本发起设立村镇（社区）银行；民间工商业资本则不允许“发起设立”，原则上，它们只能做“财务投资人”。为此，需要修改相关的政策文件，为民间金融资本开“绿灯”。

3. 民间工商业资本可以“转身”成为民间金融资本，但必须是真正的彻底的“转身”。

4. 允许主发起设立村镇（社区）银行的民间金融资本，除了现有的几家民营银行外，是指下列 3 种自然人拥有的资本：①“下海”创业的金融业务骨干；② 准金融行业如典当、担保、投资咨询、民间借贷等的从业者；③ 把全部资本从工商企业中转移出来、改投银行业的原工商企业主。

5. 为防范金融风险，由上述 3 种自然人主发起的村镇（社区）银行，在开业的最初几年中，其产权组织形式只能是无限责任公司或两合公司，不能是有限责任公司或股份有限公司。

对温州金改的两点建议①

一、为打破"信贷僵局"，建议尝试发展会员制担保公司

2011年的"温州借贷危机"，迄今已在当地引发两重效应。一是积极的外部效应。民间资金由于尝到了高利率的"苦头"，因而行为趋于理性，不再一味追求高利率，而是企求低风险的"合理"收益率。比如，为建设温州轻轨而发行的15亿元债券，税后利率仅为6%，但是发行颇为顺利，仅仅一个月就完成了发行，远快于预期。二是消极的外部效应。银行由于受到民间借贷危机的连累，贷款风险陡增，由"低谷"变成"高峰"，进而避险行为过了头：银行普遍害怕担保，贷款必须要有抵押，致使不少优质的小微企业由于缺乏有效抵押物而无法获得贷款。目前，已形成"信贷僵局"，贷款增量大幅度下降。如今年一季度，温州市的各项贷款仅增长82亿元，同比少增长55亿元，也即少增40%。

目前，温州亟须打破信贷僵局。办法之一便是组建一批会员制的担保公司。具体办法大体如下：

1. 组建。由贷款银行与当地政府共同牵头组建。

2. 会员。凡是由贷款银行认定的、第一还款来源可靠但缺乏有效抵押物的优质小微企业，均可申请加入。入会后，有义务向贷款银行提供本企业的真实经营信息，以及其他会员的经营信息。

3. 资本金来源。当地财政与会员企业入股，四六开，也可三七开、五五开。为减轻会员企业的资金负担，会员企业的股金可分两类：甲类股金是入会必须缴纳的股金；乙类股金是在获得担保贷款后，需再缴纳贷款金额的5%—10%作为股金，还贷后即可退还。

4. 会员变动。1年甄别一次。① 接纳符合会员条件的非会员企业作为新会员入会。② 由于企业发展而有了有效抵押物的企业，要光荣"退会"。③ 由于经营

---

① 刊于《改革内参》2013年第22期。

状况不佳，第一还款来源有问题的企业也要“退出”。

5. 风险处置。担保公司仅为会员企业的贷款作担保，一旦出现风险，担保公司承担 70%—80% 的责任，贷款银行承担 20%—30% 的责任。

6. 担保公司管理。按会员制原则选举产生理事会进行管理。贷款银行与当地财政自然将成为理事。

二、建议考虑组建“温州发展银行”

“温州市金融改革综合试验区”自从启动以来，温州市有关方面，包括温州市政府及一些民营大企业，非常希望能借此机会办一家银行，筹划过的就有温州农业发展银行、温州现代商业控股银行、科技投资银行、华侨银行等等。迄今为止，这些筹划无一成功，计划面临搁浅。应当看到，这些筹划存在致命的软肋。一是不符合“12 项主要任务”。“12 项主要任务”仅仅为民间资金发起设立村镇银行等新型金融组织开了口子，而这些筹划中的银行的资本金都是几十亿元甚至更多，这哪里还是村镇银行！二是“脚踏两条船”，风险明显，十分犯忌。这些筹划中的银行，大股东都是民营大企业，一旦准许其设立，就形成了工商企业主既掌控工商企业又掌控银行的“脚踏两条船”格局。改革以来的实践已经多次表明，在这种格局下，巨额关联贷款难以避免，极易酿成重大金融风险。此外，目前民营工商企业主之所以醉心于涉足银行业，主要是基于当前特定的政策环境，即银行具有某种垄断地位，货币政策（在向央企、大企业倾斜的同时）向银行倾斜，而不是真正想把银行业作为自己的终身事业。

不支持上述筹划中的银行，不等于说在当前温州的金融改革中不需要发展银行、不能发展银行。相反，笔者认为，温州市应当利用“金融改革综合试验区”的机遇积极地发展银行，但是，在发展中应当遵循两项原则：一要符合温州金改的 12 项主要任务；二要符合当前温州市经济发展的实际需要。唯此，才会容易得到银监部门的批准，同时也才会有上佳的实际效果。

遵循上述两项原则，笔者建议在鹿城、瓯海、龙湾等 3 家市区农村合作银行的基础上，通过股改、增资组建为统一法人的股份制的“温州发展银行”，它以温州市财政及其他适合的国企为最大股东，并广泛吸收民间资本参股。这样组建起来的“温州发展银行”，首先，这是符合 12 项主要任务的。“12 项”中的第 5 项是：“深化地方金融机构改革……推进农村合作金融机构股份制改革。”显然，这样的“温州发展银行”是完全符合这第 5 项任务的。同时，农信类机构转变为非农信机构是有先例的。比如，苏州市的东吴农村商业银行就改为性质为城市商业银行的苏州银行。况且，“温州发展银行”还是用 3 块牌照去换 1 块牌照的。其次，这是符合温州市经济发展的实际需要。当前，温州市经济发展中的一个重大而迫切的问题便是区域不平衡，“三区两市”与后进县之间的差距过大。为消除这种过大的区域不平衡，需要多方面的努力，其中包括改善后进县的金融服务。为消除区域不平衡而提供的金融服务，无疑是带有一定的政策性的。而“温州发展银行”不仅从名号上就表明其应当提供某些带有政策性的金融服务，而且其体制、实力、机制、理念等也表明它能够承担这样的任务。① 体制。其股权结构中，最大股东是温州市财政及国企，民间资本数量虽多，但主要是分散的“财务投资人”，实际掌控权属于市政府，从而完全能够从事一些带有政策性的任务。② 实力。今年 3 月末、鹿城、瓯海、龙湾等 3 行合计，存款余额超过 600 亿元，资本净额接近 66 亿元，实力已经相当可观，股改、增资完成后，资本实力将更为强大，立即可以向后进县增设分支机构。③ 机制。构成“温州发展银行”的 3 家银行都是市区中的银行，长期处于激烈金融竞争之中，运作机制均已相当灵活和市场化，并且竞争力相当强。如今年 2 月末，这 3 家银行的存款余额同比分别增长 23.57%、29.30% 和 35.42%，远高于温州市（8.05%）及全省农信机构平均值（19.1%）。④ 理念。由于“温州发展银行”是从农村合作银行“转型”过来的，原来就有着良好的“贷农、贷小”理念与传统，从而在进入后进县后，就能够比较容易地做到努力服务于小微企业与“三农”，这更是完全从零开始的银行所无法比拟的。

总之，无论从成功的可能性还是经济发展的实际需要看，“温州发展银行”都是一种不错的选择，值得地方决策部门考虑。

开征房产税应当注意三个问题[①]

本文中的房产税是指对个人拥有的商品房、经济适用房、房改房、保障房等住宅征收的税。目前，许多城市都在研究制定房产税的征收方案，看来，不久后，就会有很多城市步上海、重庆的后尘，开征房产税。为使房产税真正成为促进国民经济健康发展的税种，笔者认为开征房产税必须注意3个问题。

一、当前我国房产税的性质应当坚决地定位于消费税

房产税的性质定位至关重要。因为，这将决定房产税的征收对象、征收强度与征收方式，等等。

关于目前我国即将大面积开征的房产税的性质有2种观点：财产税和消费税。笔者认为，必须坚决地定位于消费税。因为，定位于财产税既"无理"又"不利"；而定位于消费税则既"有理"又"有利"。

定位于财产税是"无理"的。一则，不符合"税收公平"原则。因为，这仅仅是对一部分主体（城镇居民及拥有城镇住宅的农村户口居民）所拥有的部分不动产（城镇居民住宅）征税，而不是对所有不动产征税。我国是以公有制为主体的国家，大量的不动产（土地、林木、矿藏、水域、房产等）都属于国家、地方政府和集体。如果它们都不必纳税，显然是不符合"税收公平"原则。二则，征收财产税的基础是完整的产权，而目前商品房的产权是不完整的。目前，商品房的产权仅为70年，有的只有40—50年，从更为本质的角度说，购买商品房仅仅是购买了几十年的使用权而已，从而很难有道理对其征收财产税。

定位于财产税是"不利"的。因为在理论上，如此定位的话征收对象将是所有拥有住房的居民，"打击面"相当地宽，一不小心便很容易"伤"及许多人。尤其是目前公众的神经较为"敏感"，很容易引起波澜，影响社会稳定。今年"国五条"中征收20%所得税条款便引起了"离婚潮""抢购潮"，就是实例。

定位于消费税则既"有理"又"有利"。"有理"，首先，房产是建在土地上

① 刊于《改革内参》2013年第14期。

的，土地是稀缺的有限资源，尤其是我国人多地少，稀缺性更甚。进而，应当抑制住房、土地的“高消费”，过多消费住房者应当纳税。其次，我国目前贫富差距已经过大，迫切需要调节。贫富差距有3个层次：财产占有差距、收入差距、消费差距。其中对社会稳定影响最大的是消费差距，因而对于消费住房过多的富人理应征税。“有利”，定位于消费税的房产税征税对象是少数人，主要是富裕阶层，中产阶级也可能要少量纳税，无论如何，在目前，这两批人相加，也是少数人。若干年后，中产阶级人数扩大了，征税面才会宽一些。总之，就目前而言，大多数老百姓可以放心，不会成为征收对象。如此定位的房产税有调节社会贫富差距的功能，而缩小社会贫富差距正是经济转型的重要内容之一，从而将十分有利于促进经济转型与社会稳定。同时，如此定位后，征收来的税收收入应当首先用于保障房建设。

二、要切实防止各种偏差与干扰

由于认识与利益上的原因，在开征定位于消费税的房产税时，难免会出现一些偏差与干扰，必须注意防止。比如，一些地方不是把房产税首先看作调节贫富差距的工具，而是单纯看作一种新税源，进而偏重税收数量，越多越好，以致征收面过大，百姓怨声载道，影响社会稳定。又如，一些地方可能会将房产税主要视为“打压”房价的工具，用于短期调控目标。诚然，定位于消费税的房产税肯定对房价回归有“正能量”，但这毕竟不是其主要功能与目标；并且，要使房价回归合理是一个系统工程，还涉及一些深层次改革，如土地制度等，绝非单一工具可以做到的。若将房产税主要用于短期的房价调控，则势必改变其性质，引致民怨。再如，还有一些地方，由于官员们拥有大量住房，他们十分“厌恶”定位于消费税的房产税。进而，为抵制房产税的实施便采取“反弹琵琶”的手法，即以“极左”面目出现，扩大征收面，制定较高税率，进而造成民怨沸腾，使得房产税征收不下去，最终“退出”了事。此外，不排除一些地方官员利用权势弄虚作假、隐瞒房产以逃避税收。

对此，国家有关部门应当坚持房产税的消费税性质定位，并且不要把征收房产税与“打压”房价直接挂勾。要坚持用上述原则指导、监督各地开征房产税；并且要求各地在制定方案时有公众参与，有人大、政协参与。

三、征收策略以“组合拳”加“渐进”为宜

为了确保落实房产税的消费税性质，建议征收策略应当定为“组合拳”加“渐进”。

“组合拳”，即同时将几种税组合起来，以达到抑制住房“高消费”的目

的。具体来说，应当由 3 种税组合而成。一是按住宅建筑面积计征的普通房产消费税。大体上可以如此，核心家庭以 100m^2 为计征单位，第一个单位，即 0—100m^2 部分，免税；第二个单位，即超过 100—200m^2 部分，微税；第三个单位，即超过 200—300m^2 部分，低税；第四个单位起，即 300m^2 以上，正常税。离异者及单身者计算面积减半，即以 50m^2 为单位；丧偶者视同核心家庭；未成年人拥有的住房计入其监护人住房中；外地户籍者不能享受免税，即第一个单位为微税，第二个单位为低税，第三个单位为正常税。纳税额大体可以为房价的 0.05%（微税）、0.1%（低税）、0.2%（正常税）。房价可以为 3 年前的市场价（下同），比如，2010 年 6 月末的市场价。二是按住房套数计征的多套住房占有税。应当与当前的“限购”政策相配套，定为从本地户籍者的第三套住房起，外地户籍者的第二套住房起，需要纳税。纳税额可以考虑定为房价的 3%—4%。三是按住房建筑标准计征的豪宅特别消费税。凡是建筑标准符合“豪宅”者，不论面积、套数均需缴纳此税，纳税额应当不低于房价的 5%。这 3 种税，可以重复征收，不能“抵扣”。比如某君拥有豪宅 3 套，建筑面积共计 750m^2，那么，他既要缴纳豪宅税，还要缴纳多套住房占有税和普通房产税。

“渐进”，即房产税是新事物，因此在推行中要既积极又稳妥。要认准方向、“摸着石头过河”，吃不准的不妨缓一缓。比如，“多套住房占有税”，还是与当前的“限购”政策“接轨”为好。若某君有 6 套住房，但分布在 6 个城市，不违反“限购”政策，暂时不予征税为好（否则，应当向哪个城市政府纳税也是问题）。又如“豪宅”的认定，标准必须客观，意见分歧较大者可以暂时不作为豪宅处理。再如税率，虽不宜过低，但也不宜偏高，等等。另一方面，既为“渐进”，也还是要“进”的，也就是还需要解决好一些相关问题。比如农居房问题。城郊农民的土地被征用后，每户都分到了多套住房，这些住房要不要征收房产税？笔者认为，只要这些住房与商品房一样有产权证、土地证，原则上应当按上述标准征税，但是也要考虑失地农民的具体情况，若有困难，可适当缓征、减征。又如出租房问题，原则上，不应重复征税，即如果缴纳了营业税，就可以不必再缴纳房产税，反过来也一样。还有小产权房问题，开征房产税后，这个问题便不应再拖。基本原则应当是，尊重农民的宅基地所有权，遵守国家关于土地管理的法规。如果确系利用宅基地建造的，应当准予买卖、转让。如果是侵占了农业用地建造的，则应办理“由国家征用”并再出售的手续，并给予相关村集体及责任人以罚款等处罚。

对当前经济工作的三点建议[①]

实现经济转型，即从根本上转变经济增长方式，是我国当前及今后相当长时期内经济工作的核心任务。当前经济工作的基调“稳增长、调结构、促改革”，就是围绕着这一核心任务提出来的。为了促进当前的经济工作与转型，笔者提出下列3点建议。

1. 应当立即取消地方政府政绩考核中的GDP指标，并以城乡居民人均收入和贫富差距取代GDP原来的地位。调整后，便不再对各地的GDP与人均GDP进行排名，而仅仅对各地的城乡居民人均收入和贫富差距进行排名。

迄今为止，在考核地方政府政绩的指标体系中，GDP是最重要的经济总量指标。这样做的弊端是众所周知的。也因此，早在六七年前，就曾经探索过用“绿色GDP”来取代GDP，但因“绿色GDP”的界定、操作存在重大困难而作罢。当前，取消考核GDP的现实需求更为迫切。一则，取消GDP考核是抑制乃至消除GDP主义的必要措施，既有长期需要，更有现实需要。众所周知，GDP主义乃是实现经济转型的重要障碍，必须努力抑制与弱化。尤其是在当前，经济下行、需要“稳增长”之时，更需要努力抑制、弱化GDP主义。否则，在地方政府的强烈扩张冲动下，“微刺激”就会变成“中刺激”“强刺激”，进而国民经济再次走向“膨胀”，结构进一步扭曲，转型也就“泡汤”了。二则，用城乡居民人均收入和贫富差距作为最重要的总量指标，取代GDP原来的地位，这样的改革，不仅操作上不存在大的困难，而且还有其他众多好处。比如，有助于压缩GDP中的“水分”，使得经济增长数据更贴近老百姓的实际感受；可以促使地方政府更关心民生实际，进而改善、密切政府与老百姓的关系；等等。

2. 切实加速推进存款利率市场化，应当在年内，将存款利率上浮幅度提高到30%—50%。

要实现经济转型，就需要让市场在资源配置中发挥主导作用，为各类经济主体造就较为公平的经营环境。为此，重要措施之一便是加快实现利率市场化。央

① 刊于《浙江经济》2013年第17期。

行7月19日宣布，自2013年7月20日起将全面放开金融机构贷款利率管制；将取消金融机构贷款利率0.7倍的下限，由金融机构根据商业原则自主确定贷款利率水平。这一措施表面上看起来很光鲜，似乎推进利率市场化的决心强、步子大，遵循“先贷款、后存款”原则且又前进了一大步。但是实际上并非如此。在这次调整改革之后，欠合理的利益结构不仅没有因此得到改善，反而会更加扭曲。这次调整改革前，贷款利率的上限已经放开，存款利率则只能够上浮10%；利率政策的主要缺陷在于“欠公平”，强势阶层受益，弱势阶层受损。① 存款利率偏低，有时甚至为负值，以至银行通过存款低利率、负利率获得了大量垄断利润。比如2011年，银行体系仅仅从存款负利率中就获益15000亿元以上。并且，再通过贷款低利率、负利率将部分垄断利润转移给央企、大企等信贷市场中的强者。而广大普通百姓尤其底层百姓的利益则严重受损。② 利率政策还大大加剧了小微企业“融资难、融资贵”。由于银行信贷资金的成本偏低，进而央企、大企等有“议价、寻租”能力的强势主体，可以低利率、负利率从银行大量获得贷款；使得小微企业的贷款份额很低，获得贷款相当困难。特别是当货币政策趋紧时，更有大量小微企业被挤出银行信贷市场，被迫转向民间借贷。据2012年全国工商联主席黄孟复在浙江的调查，央企的融资成本为5.3%，民营大企业为10%，小微企业为20%。针对上述状况，应当切实加速存款利率市场化，通过市场机制弱化、消除存款低利率、负利率。这样，一方面可以使广大普通百姓受益；另一方面可以使小微企业受益，促进“融资难、融资贵”的缓解。因为，存款利率的上升势必导致银行贷款利率的上升，进而迫使那些低效益的央企“放弃”部分贷款（比如铁道部，贷款利率上浮10%都承受不了），这样就会增加小微企业的贷款机会与份额。然而，7月的“利率改革”措施，不但不能使普通百姓与小微企业受益；反而使得“议价、寻租”能力甚强的强势阶层有了更大的“议价、寻租”空间。因此，当前急需采取补救措施：一是在年内，将存款利率的上浮幅度提高到30%—50%，明年再进一步放开；二是恢复“金融机构贷款利率0.7倍”的浮动下限。

3. 开放资本账户宜稳重，宏观决策部门要注意“体制假象”与“公众心态”。

众所周知，开放资本账户是大势所趋，这已经成为共识。然而，对于我国目前是否应当加快步伐，则还存在明显分歧。笔者赞同“宜稳重”。其理由除了争论各方已经说过的以外，再补充一条，这就是：要注意“体制假象”与“公众心态”。

在争论中，主张“加快步伐”的人士的基本理由是：就学术界公认的开放基本账户4大条件（宏观经济稳定，金融监管完善，外汇储备充足，金融监管稳健）而言，我国的情况良好。

其实，“良好”，恐怕仅仅是“表面上看上去很光鲜”，如果深入“透视”，情况就不一样了。一则，要注意存在着“体制假象”。比如，单纯看公布的数据，目前我国的银行体系确实不错，利润率不低，不良贷款率不高，相当稳健。但是，要看到，这是建立在特有的体制条件基础上的。① 向银行倾斜的货币政策和利率政策。存款利率是非市场化的，并且实行低利率、负利率政策，银行可以从存款人那里获取大量垄断利润。② 预算软约束。目前，我国的银行基本都是国有控股，预算软约束的状况并无根本改变；而且最大的融资主体是央企和地方政府的融资平台，它们也都是预算软约束的。在这种条件下，不良贷款率含有“水分”是必然的。二则，要注意“公众心态”。目前，我国社会中存在明显的“离心”倾向。精英们（经济精英、政治精英及其家属）大多数具有移民倾向，其中相当部分人已经申请了移民。目前我国的外汇储备虽然高达 3.5 万亿美元，但是仅仅折合人民币 20 万亿元，不足居民储蓄存款的 1/3。如果对此情况缺乏足够的警惕，贸然开放资本账户；那么，一旦在精英们的带领下，发生“羊群效应”，那就麻烦了。

当前“民营银行试点”中的几个问题[①]

民营银行是民有、民营的银行，资本金主要来自民间资本，第一大股东也是民间资本；并且，完全由民间资本掌控，人事任免、经营方针等重大事宜，完全由“三会”决定，除了依法监管，政府不加任何干预，做到“政企分开、党企分开”。民营银行是预算硬约束的银行，真正“自主经营、自负盈亏、自担风险、自求发展”。民营银行只能是商业银行，不能是政策性银行，因为，政策性银行不能不接受政府干预，预算约束也因此而无法硬化。按上述定义，改革开放以来，我国从未正式开放过民营银行市场准入；仅仅在城商行中，存在极个别民营银行，它们都是“个案”。目前，发展民营银行已经摆上日程。国务院办公厅颁发的《关于金融支持经济结构调整和转型升级的指导意见》中明确提出，“尝试由民间资本发起设立自担风险的民营银行、金融租赁公司和消费金融公司等金融机构”。因此，不少省（市、区）正在积极上报试点方案，现就有关方面关心的几个问题谈一些认识。

1. 目前发展民营银行的意义和作用何在？

主要有 3 点：① 发展民营银行，是硬化银行预算约束的必由之路，是促成金融企业家茁壮成长的必要条件，因此在发达市场经济国家中，商业银行的主体都是民营银行；进而从长远看，这也是我国商业银行改革与发展的方向；② 当前我国不缺大银行，就缺小银行，尤其缺主要为小微企业服务的小银行，为缓解小微企业融资难现象，十分需要通过发展民营小银行，造就一批类似当年银座城信社、泰隆城信社那样的与小微企业共存共荣的“草根银行”；③ 民营银行机制灵活，敢于创新、善于创新。因而，民营银行的崛起，有助于提升银行体系活力，改善金融服务。

2. 发展民营银行有什么特别需要注意防范的风险？

与国有或国有控股银行相比，民营银行容易发生下列风险：① 关联贷款；

---

① 刊于《中国经济时报》2013 年 11 月 11 日。本文经民建浙江省委上报，获得马凯副总理批示、中共浙江省委统战部表扬。

② 大股东内斗；③ 挤兑。为此，应当着重注意：① 严格管理股东结构，坚决防止出现“脚踏两条船”（控制着工商企业的老板，同时又掌控银行），因为这是导致关联贷款大量发生的源泉，对此，已经有多次深刻的教训；② 握有银行控制权的大股东必须对“未能清偿债务”承担无限责任；③ 要有“强制清盘”规定，资本充足率降低到一定程度时，必须强制退出、清盘。

3. 有的地方提出试点有限牌照民营银行，“有限”应体现在哪些方面？

① 规模“有限”、经营地域“有限”、业务种类“有限”。“规模”限于县域小型商业银行，即村镇（社区）银行；初始资本金不宜过多，以“千万级”为宜；经营地域限于县域；允许开展的业务种类不超过现行村镇银行的规定。为何要“有限”：一则，目前我国不缺大中型银行，只缺少小银行，尤其是以小客户为主要服务对象的银行。小银行的规模小、实力弱，但是决策链短、又贴近本土。这些特点会迫使小银行主要面向小微企业与“三农”。规模“有限”后，就不需要对市场定位做硬性规定。二则，真正的民间金融资本还处于相当原始的“小、弱、散、乱”状态，尚难以有实力发起设立规模较大的银行。

② 主发起人“有限”。要区分两类民间资本，民间工商业资本和民间金融资本。为了防止“脚踏两条船”，民营银行的主发起人必须是民间金融资本，主要是“3 种人”：“下海”创业的金融业务骨干；典当、担保、投资咨询等准金融行业的从业者及民间借贷中介人；将全部资金从工商企业中转移出来改投金融的原工商企业主。对于长期在民间金融或准金融行业中奋斗并且卓有成效者，应当尽可能给予“机会”。

③ 牌照数量“有限”。先不求多，但求健康发展，促进民间金融资本健康快速成长。

4. 民营银行应如何保证有充足的存款来源？

① 依靠其自身的“主观能动性”。千万不可小看民营银行主发起人的“能量”！存款是银行经营的基础，可以相信，主发起人既然敢于发起设立银行，肯定慎重地考虑过如何吸收存款的问题，并且也有一些办法、渠道。况且，民营银行是自主经营的，存款问题主要得依靠其自身去解决。有关方面可以适当协助，但不宜大包大揽。

② 开通必要的结算渠道。这是民营银行实现正常经营的必要条件，非常重要。对此，中国人民银行和银监部门应当积极帮助。同时，省农信联社也可以发挥重要作用。省农信联社有“服务”功能，应当成为地方金融服务中心，其结算渠道，包括银行卡、网银等，都应当向新设立的县域民营小银行“开放”（这对于省联社自身也是大大的“利好”）。还可以鼓励其他商业银行在结算渠道上向民营小银行施以援手（像兴业银行目前在做的那样）。

③ 要求国家加速利率市场化步伐。目前，利率市场化步伐（主要是存款利率市场化的步伐）太慢，存款允许上浮的幅度太小，很不利于小银行尤其民营小银行的经营，要求国家切实加快步伐。其实，这也是优化资源配置的重要措施。

④ 要求国家尽早出台存款保险制度。这能够提升民营小银行的信誉，提高其吸存能力。

5. 民营银行应如何建立强有力的约束机制，防范大股东的干扰和控制？

① 要坚决防止"脚踏两条船"。在民营小银行中，话语权是凭股权决定的，不要大股东控制是不现实的，关键在于由什么大股东控制。必须反对与防止的是由民营工商企业主控制了银行。必须看到，在"脚踏两条船"的格局下，是很容易发生关联交易并进而酿成巨大金融风险。对此，已经有过多次深刻、沉痛的教训。即使尚未发生大量关联交易者，也会由于多种原因而阻碍银行的健康发展（如宁波市的东海银行，发展慢、市场定位欠合理、不良率高、效益欠佳）。因此，主发起人必须是前述的"3 种人"，并且具备金融业从业资格。

② 要管控好股权结构。在"3 种人"中选择优秀者为主发起人，其持股比例不得低于 20%，其他股东则不得超过 10%。股东都必须通过银监部门的资信审查。股东人数要适当，不能太少，也不宜过多。工商企业股东，无论是以企业法人或者自然人名义入股，均只能作为"财务投资人"，不能作为"战略投资人"。股东搞"内斗"的要给予处罚，情节恶劣后果严重的，应当强制拍卖其股权。

③ 要实行无限责任。民营的县域小型商业银行，其产权组织形式不能是有限公司或股份有限公司，只能是无限公司或者两合公司，至少，董事长及担任董事、高管的股东都必须对银行的"未能清偿债务"承担无限的民事责任乃至刑事责任。这一条非常重要，只有无限责任，才能够有效地保障"自我约束"（任何人都不会拿自己的身家性命开玩笑）。当然，无限责任并不是永久不变的。比如，在若干年后（至少 5 年），县域小银行做得好，允许"升格"为市域商业银行（即城市商业银行）了，就可以在增资扩股的同时，改组为股份有限公司。由于我国目前尚无关于无限公司和两合公司的法律条文，因此操作时需要走另外的路子。比如，参照《合伙企业法》中的"有限合伙企业"规定，同时将责任详细写入银行章程；又如，制定暂行法规，如同农村合作银行、村镇银行那样。

6. 民营银行应如何构建风险防线，真正做到"自担风险"？

第一道防线是前述的"自我约束"机制。这是基础，至关重要。如果缺乏良好完备的自我约束机制，那就十分麻烦。

第二道防线是严格的监管。监管部门要做到及时掌握民营小银行的经营情况，及时发现问题，及时依法处置问题。要适当加大监管力度，不仅要监管拨备、不良贷款、大额贷款，还要监管大额存款，等等，更要严格监管资本充足率，≥ 10% 为合格；5%—10% 亮黄牌，要控制业务拓展；< 5% 亮红牌，要强制清盘，或重组，或拍卖，或关闭。

第三道防线是存款保险制度。存款保险的作用是防范单纯型流动性风险（如 2011 年台州“挤兑”风波），不能用于防范资产风险。存款保险公司是第二重监管，能够增强监管的有效性和完备性。投保存款保险是要有“门槛”的，只有资本充足率合格的银行才可以投保；当资本充足率偏低到一定程度时（如≤ 5%）便要撤保。一旦资本充足率低至“撤保线”，小银行就要清盘；否则，撤保后，小银行不但“必死无疑”，而且后果会更“惨”。

关于深化丽水市农村金融改革试点的建议[①]

如何使农民，尤其贫困山区的农民，也能够获得良好的金融服务，进而加速脱贫。这是一个全国性的课题，更是一个世界性的课题。国内许多地方都在探索，其中，浙江省丽水市交出了一份亮丽的答卷。丽水市政府、中国人民银行丽水市中支，围绕发展农村经济、缩小城乡差距，2006 年起，就从当地实际出发，努力探索农村金融改革与创新。7 年来，硕果累累，先后形成了全国领先的 3 大亮点。① 林权抵押贷款。模式国内最好，办法最完善；贷款金额累计超过 65 亿元，余额超过 30 亿元，均占全省的 60%，惠及林农 20 余万户；目前还在不断完善中。② 农村信用体系建设。全市行政村信用评价面达到 100%，农户信用评价面达到 92%，评定信用农户 32.52 万户，获得了金融机构 103.2 亿元授信。③ 银行卡助农取款工程。按“应布尽布”原则，在 2114 个行政村设立了“便民银行”，即银行卡助农取款服务点，使得全市农民都可以不出村就能办理小额的取款等业务。此外，还开发出石雕抵押贷款、茶园抵押贷款、银政保扶贫贷款等多种惠农金融新产品。正是由于上述优异业绩和促进农民增收的效果[②]，去年 3 月末，被中国人民银行和浙江省人民政府定为“行省共建”的农村金融改革试点。中国人民银行行长周小川将丽水市的农金改革列为全国“十大自下而上的金融改革”之一。我们于今年 4 月 13—18 日对“试点”进行了调研，感受颇深。现在，拟就如何继续深化及推广，提出下列建议。

一、要大力弘扬“丽水精神”

丽水市地处浙西南山区，交通欠便，是浙江省 11 市（地）中经济最欠发达

---

① 本文是民建浙江省委课题，上报后，获得中共浙江省委副书记王辉忠批示。课题组成员：郑亚莉、应宜逊、钱水土、郦红斌、蓝叶培、何景伟、楼冰、叶跃伟、陈一稀、陈佰儒、喻洋。执笔：应宜逊、何景伟。

② 丽水市城乡居民人均收入比，2003—2012 年，依次为 3.31、3.58、3.60、3.61、3.64、3.51、3.33、3.23、3.00、2.97。从 2007 年起，由“逐年扩大”转变为“逐年缩小”。究其原因，农村金融改革的进展便是其中之一。

的地区，人才、财力都非常有限。然而，恰恰是丽水市的农村金融改革取得了最丰硕的成果，走在全省、全国的前列。丽水市究竟是依靠什么做到这一点的？

我们认为，最主要的是，丽水人有一股实干精神，忠诚于社会主义建设事业，从实际出发干实事，能吃苦、敢创新，竭诚为“三农”服务。这就是“丽水精神”。丽水市的领导与有关部门，心中真正装着“三农”，不畏艰辛、脚踏实地研究农民的金融需求及农村金融发展中存在的突出问题，努力通过金融创新、“量体裁衣”逐一妥善解决。离开了这种“丽水精神”，便无法解释为何能够7年如一日地不断完善林权抵押贷款；无法解释一个常住人口仅212万人的地市，为建立农户信用评价体系，竟然抽调了1.73万名机关、乡镇和村干部参与农户信用信息采集工作；无法解释2114家村口“便民银行”迅速“耸立”、实现“全覆盖”；无法解释银政保扶贫贷款的精巧设计；等等。一些外省来丽水取经的人士感慨地说，“丽水经验”中最难学的便是这股实干精神。

因此，一定要大力弘扬“丽水精神”。丽水市，在深化农村金融改革时，首先应当继续发扬光大“丽水精神”。在其他地区推广“丽水经验”时，应当首先学习“丽水精神”。唯此，才能使“丽水经验”与当地实际结合，产生良好效果。为了弘扬“丽水精神”，建议在适当的时候、以适当的方式，对在丽水农村金融改革与创新中的贡献卓著者进行表彰与奖励。

二、不断完善、提升原有的三大亮点

在林权抵押贷款方面，公益林林权抵押的相关政策需要进一步探索，林农个体森林资源流转有待规范，林权抵押贷款贴息政策有待进一步完善，急需发展社会中介担保机构参与林权抵押，等等。

在信用体系建设方面，对原有的农户信用评价体系要深入维护，及时更新信息，适当扩大信息总量，使之发挥更大的作用；并且，要继续向社区居民和中小微企业推进，早日在全市建成城乡一体化的信用体系。

在银行卡助农取款工程方面，则要不断增加村口“便民银行”的服务功能，增大服务深度与便捷性。

三、将景宁县的“保险服务社会民生示范区”推向全市，使之成为“第四大亮点”

2009年，浙江保监局与景宁县人民政府签约合作组建“省保险服务社会民生示范区”。该示范区的内容丰满，有“三农”险、民生险、民安险、民富险和环境优化等，不但有政保合作，还有银政保合作联动。能够从当地实际出发，有针对性地设计险种与保费、赔付办法，因而运作顺利、成效显著。尤其是政策性的“三农”险，将全县的种植业、林业、牧业均纳入了保险范围，很不容易；还有民富险中变“输血”为“造血”的银政保扶贫贷款，今年3月末，已经发放了1735户，余额4625万元。总之，“示范区”已经取得明显的成功；下一步，应当将“示范区”推向全市，成为丽水市农金改革试点中的第四大亮点。

四、允许因地制宜地发展、完善农村担保体系

经过推进农村信用体系建设和林权抵押贷款，千家万户农民的小额贷款难题已基本缓解；但是由于缺乏有效的抵押担保，以致农业龙头企业、种植养殖大户、大量下山脱贫农民的较大贷款需求依然难以充分满足。为解决上述问题，迫切需要发展一批农民担保公司、村级担保基金组织。为此，丽水市采取“政府引导、民间参股、银行监管、市场运作”的模式，组建农民担保公司，效果良好。但是，浙江省在融资性担保机构清理中，将新设农民担保公司资本金下限提高到5000万元，这对于经济欠发达的丽水市农村是相当困难的。再加上，银行监管部门对金融机构与担保公司开展合作业务进行了严格限制，使得多数小型担保企业步履维艰。对此，建议省政府协调，放宽丽水农金改革试点区农民担保公司的设立条件、准入门槛，并在设立指标上给予倾斜，以支持丽水市因地制宜发展农村担保体系；同时，协调银监部门，支持金融机构与农村小型担保企业开展业务合作。

五、加速完善农村金融体系，促进农信机构活力提升

农信机构是农村金融的主力军，这一格局在可预见的未来不会改变。为了更好地发挥主力军作用，农信机构一要坚持“贷农、贷小”的市场定位；二要有良好的竞争活力。丽水市农信机构的市场定位普遍良好，但竞争活力明显有所欠缺。由于长期以来处于农村金融“垄断”地位，缺乏竞争，因而在运作机制上行政化味道较浓，市场化程度较差。多数机构不但在理念上偏好于维持“垄断”地位，而且在用工与薪酬激励方面，尚未做到“员工能进能出，干部能上能下，岗位靠竞争，薪酬靠贡献”；在营销方面，与“主动出击，按客户需要不断创新产品”的要求有明显的差距。

促进农信机构活力提升的首要措施是完善农村金融体系、发展竞争，迫使农信机构的运作机制走向市场化。这也是银监会出台新型农村金融机构的初衷。①发展有活力的村镇银行。目前丽水市已开业村行6家，年内还可开业3家，达到1县（区）1家。其中，莲都建信村行的活力甚差，难以有“鲶鱼效应”，建议设法争取在莲都再设1家（浙江省的宁海、慈溪均有两家村行）。②加快发展农村资金互助合作社的步伐。农村资金互助社是真正的合作金融，银监会要求

在农民专业合作社的基础上发展。丽水市目前已有各类农民专业合作社2448家，其中省级示范社130家，市级示范社146家；社员共计8.2万人。但是，农村资金互助社还只有1家。应当加快发展步伐。③继续引入外地的能够“贷农、贷小”的金融机构，并且支持鼓励其在农村拓展业务。泰隆银行进驻丽水后，不但致力于“贷小”，而且也进入了农村，目前正准备向乡镇延伸机构，以更深入地进入农村金融市场。应当大力引入市场定位类似泰隆的外地银行，比如台州银行等；如有可能，还可以引入省内优秀的农村商业银行。

改制，也是提升农信机构活力的重要措施。现有的农村合作银行与农信联社，虽名为合作金融机构，实质上则是政策性金融与商业性金融的混合体。只要辖区内有支农需求，那么，即使改组为农村商业银行，也不可能改变上述性质，不可能成为真正意义上的商业银行。不过，要利用改制，促进其运作机制转换，提高市场化程度，提升竞争活力。为实现这样的改制目标，在丽水市农信机构改组为股份制农村商业银行时，应当十分注意战略大股东的选择，要能够确保既坚持“贷农、贷小”的市场定位，又促进运作机制转换。按上述要求，在莲都合行改为农商行时，最理想的战略大股东应当是杭州联合农商行、南浔农商行等。

邮储银行也是农村中的重要金融机构，其活力还不如农信机构；鉴于其体制、“出身”，问题较为复杂，此处就不讨论了。

六、依托“行省共建”平台，探索规范小额贷款公司与准金融机构监管与发展，促进民营金融发展成长

小额贷款公司从事的是金融业务，但由于银监部门仅承认其为金融组织而不是金融机构，因而监管任务只能由金融办牵头、工商管理部门实际负责。在这样的模式下，监管工作是难以到位的，很难防止小贷公司不发生“变相吸存”等违规行为。

准金融机构是指担保公司、典当、投资咨询、理财管理等企业。它们的业务与金融密切相关；并且，由于缺乏有效监管，往往私下违规地从事或变相从事着放贷、吸存等金融业务。

显然，为了造就良好的金融生态环境，十分有必要为小贷公司和准金融机构设置有效监管。在丽水市的金改试点中，应当利用“行省共建”模式的优势做一探索。对此，具体构想要点如下：①在省政府的支持下，在中国人民银行的协助下，设立行政隶属于丽水市政府的专职从事金融监管的丽水市金融监管局，负责监管丽水市辖内的小额贷款公司及一切准金融机构；②中国人民银行要切实协助及参与丽水金融监管局的筹建，从组建方案、规章制度、人员选调、业务培训等多方面给予帮助配合；③为确保丽水金监局的规范运作，中国人民银行有

责任及权限对丽水金监局实行“再监管”：有责任提供业务知识与技术支持，有权定期及不定期地检查监督，有权审定负责人及重要岗位人员的任职资格，等等；④一旦隶属于省政府的浙江省金融监管局成立，丽水市金监局将改制为省局下属的丽水市分局。

在设置有效监管的同时，还应当为民营金融发展打开“正门”。基本原则是：区分两类民间资本，即工商业资本与金融业资本，要支持金融业资本发展做大，并且防止出现“脚踏两条船”（即要警惕与防止工商企业主在掌控工商企业的同时又掌控金融企业）。具体办法要点如下：①重申2008年5月中国银监会与中国人民银行联合颁布的《关于小额贷款公司试点的指导意见》中的“自然人”作为第一位的发起人地位，以及资本金下限；②原则上，今后仅审批由自然人充当主发起人的小贷公司及由以自然人为控股股东的准金融机构改组的小贷公司，尤其要鼓励金融业务骨干“下海”主发起小贷公司；③允许、支持、鼓励小贷公司与银行（尤其是邮储银行）“联姻”，成为依附于银行的金融公司，并提高杠杆率；④在相关政策条件具备时，允许由自然人主发起的、业绩优良的小贷公司改组为村镇银行，但是其产权组织形式不能是有限公司，只能是无限公司或两合公司，董事股东必须承担无限责任。

七、加大对丽水市农金改革试点的领导与支持力度

丽水市的农村金融改革与创新，不但对丽水市的城乡均衡发展有重大意义，而且对全省、全国的经济发展都有重要的意义。因此，中央也对丽水市的试点给予高度的评价与期待。比如去年8月，温家宝总理在浙江考察期间，特别提出“要做好丽水农村金融改革试点工作，努力探索出发展农村金融的新途径和新模式”。这是丽水市的骄傲，也是浙江的骄傲。省委、省政府历来十分关心丽水市的农金改革试点工作，夏宝龙书记等领导同志都对丽水市的农金改革试点工作做过指示与批示。当前，还可以从3个方面加大领导与支持力度。

一是比照温州金改试点，给予一定的专项扶持资金。农村金融改革试点是系统工程，需要投入大量的人力、财力，丽水是欠发达地区，财力较为有限，对改革试点的投入相对不足，这会在一定程度上延缓试点步伐。故建议省政府，比照温州金改试点，给予安排一定的专项扶持资金。

二是协调省级金融机构加大对丽水市的支持。丽水市的农金改革试点工作不可缺少浙江银监局、浙江保监局、浙江证监局的支持，不可缺少省农信联社的支持，这都需要省政府帮助协调。还有，在引入股份制银行、城商行、信托、融资租赁等金融机构来丽水设立分支机构中，也需要省政府关心、帮助。

三是支持与帮助争取升格为国家级试点。升格是深入推进农村金融改革试点

的需要。随着试点工作的深入，“行省共建”模式的弱点也逐渐显露。目前“一行三会”各自为政，“行省共建”模式无法涵盖、协调；进而使得丽水金改试点在政策上、法律上都缺乏强有力的支持。为使试点顺利推进，早日实现前述中央领导人的期许，应当努力争取成为国家级的以农村金融改革为中心的金融综合改革示范试验区。同时，丽水具备了一定的相应条件。一则，全国十分需要有农村金融改革的先行示范区，新一届政府领导上任后，更需要这样的“先行示范区”，而丽水恰恰处于“领先”地位，又已经是部省共建的试点区。二则，实践表明，丽水市的领导及有关部门有一股精神，能吃苦、敢创新、干实事，能够保证“先行示范区”任务良好完成。因而，只要浙江省为之积极争取，成功是有可能的。

2014年

建立银行“市场退出”制度时需要注意的问题[①]

根据十八大三中全会通过的《决定》，存款利率市场化改革已经势在必行。随着存款利率市场化改革的推进，银行的存贷款利差将大大缩小，政府对银行的最大“父爱”行将消失；进而，银行的“好日子”也就到头了，“银行躺着也赚钱”“任何人当行长也赚钱”的状况便将成为历史、成为“童话”。届时，银行不但将面临更为激烈的市场竞争，而且也会与工商企业一样，有经营失败、破产倒闭的现实危险。为确保银行体系的稳健运行，有关方面“未雨绸缪、法规先行”，正在着手制定银行的“市场退出”法规。这是十分必要的、正确的。制定一个成功的法规，需要注意的问题甚多，下述几个问题具有“中国特色”，应当特别加以注意并且妥善处理。

1. 切实划清政策性银行与商业性银行的界限，确保商业银行真正做到自担风险，成为真正的商业银行。

政策性银行由于要执行政府赋予的政策性金融任务，因而其经营风险完全由政府承担；经营严重亏损后是否需要“退出”，也完全由政府根据政策性功能的需要来决定。商业性银行则应当按市场规律行事，自主经营、自负盈亏、自担风险、自求发展；如果经营不善、严重亏损并达到一定程度，就必须“退出”，或者重组，或者清盘。目前正在研究制定中的银行“市场退出”法规的适用对象应当是商业性银行，而不包括政策性银行。

1993 年冬天开始的金融改革，专门组建了 3 家政策性银行，将“四大银行”的政策性金融任务剥离了出去。此后，便逐步形成了目前的包括“四大银行”、股份制商业银行、城市商业银行、村镇银行等在内的庞大的商业银行体系。但是，由于历史原因，现有的这些商业银行，除了极个别外，基本上都是“不同形式”地由政府控股、掌控的银行（“不同形式”有中央政府控股、掌控，省、市政府控股、掌控，县政府掌控的银行控股、掌控）。因此，它们虽然名曰“商业银行”；但是实际上并未真正做到“四自”，尤其是没有做到自担风险。不但通

---

① 刊于《改革内参》2014 年第 2 期。

过中央银行的利率管制获得大量“父爱”（2003—2012 年这 10 年中，有 8 年 1 年期存款利率为负值）；而且大量的历年经营亏损也是由国家财政资金给予弥补的。至于在为数不多的小机构清盘案例中，如海南发展银行、若干信托公司及城市信用社，也都在不同程度上注入了财政资金。总之，实际上，它们的预算约束还是“软”的，它们还不是真正意义上的商业银行。

鉴于此，在这一轮改革中，制定的商业银行“市场退出”法规，应当有足够的约束力与可操作性，能够实现“根本性”转变，使得我国商业银行的预算约束“硬”起来，真正做到“四自”，尤其是自担风险，进而成为真正意义上的商业银行。也只有做到这一点，法规才能算是成功的，改革才能算是成功的。

2. 在商业性银行中，不同档次银行的“退出”门槛及操作方式应当有所差别。

商业银行的经营亏损与风险，累积到一定程度就要“退出”，不能等到资不抵债、资本充足率为负值时才“退出”；否则，存款保险公司就会赔得“底朝天”，其结果仍然不能摆脱财政“兜底”的格局。同时，大银行与小银行的“退出门槛”应当有适当的差别。这是因为，一则，大银行的财务状况相对较为稳定，起伏较小，而小银行则相对较不稳定；二则，大银行往往有发达的机构网络系统，其商业价值巨大，并且尚未反映在资产负债表上，而小银行则缺乏这种资产。

“退出”门槛是强制性的，一旦达标，便要强制“退出”。在指标设置上，根据我国商业银行的实际情况，大体上可以分为 3 个档次：① 县域及以下银行；② 市域银行与省域银行；③ 全国性银行及其他上市银行。具体指标大致可以如下：县域及以下的商业银行，资本充足率不足监管标准（10%）的一半（5%）时，必须强制“退出”；省域银行与市域银行允许降低 1 个百分点；全国性银行及其他上市银行则允许再降低 1 个百分点。

由于商业银行的“社会性”很强，其“退出”不免会带来一定的社会震动，规模愈大，震动也愈激烈。因此，“退出”的操作方式也应当随着商业银行规模档次的差异而有适当差别。县域及以下银行，可以清盘，也可以重组；其中由民间资本掌控的银行，其产权组织形式应当是无限公司或两合公司，董事长及股东董事应当对未能清偿债务承担无限责任。省域银行与市域银行，应当较多地选择重组。全国性银行及其他上市银行，由于已经是“大而不能倒”了，因而在必须“退出”时，原则上均应选择重组；并且，必要时，还应当给予临时性的财政注资支持以保障其稳定运作，如同 2008 年金融危机发生时，美国政府对花旗银行、美国银行等所做过的那样。

3. 要妥善处理农村合作金融机构的“退出”问题。

农村合作金融机构是指来源于农村信用社的金融机构。2003 年以来，经过不断的改革，目前包括 3 个子类：农村商业银行、农村合作银行、农村信用社。这 3 个子类机构均是在省农信联社领导与“行业管理”下的下级法人机构。

农村信用社名为“合作金融”，实际上没有半点合作性，实为政策性金融与商业性金融的混合体。农村信用社的政策性主要表现在下述 3 个方面。① 农户小额信用贷款的定价。本来，农户小额信用贷款既是小额，又是信用，利率应当是相当高的；然而，农信社发放的农户小额信用贷款执行的却是优惠利率，是农信社各档次贷款利率中最低的。这里实行的显然不是商业性原则，而是政策性原则。② 贷款投向。农信机构的资金通常优先用于发放农户小额信用贷款。之所以如此，在于其主要推动力来自上级的行政指令。省农信联社每年对下级农信机构下达任务指标，并且严格考核，与下级农信机构高管的薪酬挂钩。③ 机构设置。国发〔2003〕15 号文件《深化农村信用社改革试点方案》中明确规定：只要辖区内存在支农需求，农信社机构即使严重亏损、资不抵债，也不能撤销，只能降格或合并。显然，这里通行的不是商业性原则，而是政策性原则。

综上，很明显，只要农村合作金融机构的辖区内存在着支农需求，那么，其政策性金融性质还是相当强的。因此，只有那些位于城区的或者城乡一体化程度相当高的地区的农村商业银行，由于辖区内已经没有了支农辖区，才有可能消除政策性金融性质，进而有条件成为真正的商业银行。基于此，应当把现有的农村商业银行中符合条件（即辖区内已经没有支农需求）的那部分机构划出来，列入商业银行“市场退出”法规的适用对象之中；而不符合条件的农村商业银行及全部农村合作银行、农村信用社，则不适用于该法规，暂时不搞“市场化退出”。

4. 商业性银行的信息披露要有“大众版”，以落实公众的知情权。

目前，公众银行存款的安全是由国家提供的隐性存款保险来保障的。今后，在建立了商业银行“市场化退出”制度后，公众银行存款的安全保障应当有两个方面的来源：一是存款保险制度；二是公众对银行经营稳健性的知情权。后一方面相当重要。银行是社会性很强的机构，在台湾地区被称为“公器”，从而即使不是上市公司也要向社会披露经营信息。老百姓在了解银行的经营稳健情况后，便可以做出选择，把钱存到稳健性较好的银行中去，以求安全。

然而，目前银行的信息披露存在很大的缺陷。一是不及时，1 年披露一次，而且要等到下 1 年的四五月份。二是太“专业”，完全是给专业人士看的，普通老百姓很难明白。三是太“偏僻”，仅仅刊登在某些专业报刊上，普通老百姓不容易看到。

为此，银行的信息披露需要有“大众版”。一则，每个月披露一次。二则，刊登在每个城市的日报与晚报上，涵盖在该城市营业的所有银行。三则，披露的内容简洁、明了，主要是一些有关“稳健性”的重要监管指标，如资本充足率、不良贷款率、拨备覆盖率、流动比率、存贷款增长等；并且附上有关指标的解释。

实行这样的信息披露，可能会给银行与监管部门带来一些压力。但是，这种压力是好事，能够迫使银行及有关部门改进工作，进而提升整个银行体系的竞争活力。

利率市场化：当务之急是提高存款利率上限[①]

利率市场化是当前金融改革的重点之一，其目的在于让市场在资金配置中发挥基础性作用，进而促进资源优化配置、经济转型。为促进此项改革健康推进，当务之急是提高存款利率上限。

1.2012年和2013年的利率市场化措施，很难算“真改革”。

实现经济转型，简要地说，就是要实现3个方面的转变：①经济增长的动力由以投资为主转变为以技术进步为主，即主要依靠全要素生产率的提高来推动；②经济增长与生态环境的关系由“负相关”转变为“正相关”；③使得经济增长不再带来社会贫富差距扩大，并使贫富差距逐步缩小，回归到“合理范围”。经济转型是现阶段我国经济工作的核心任务，大力推进改革的目的也就在于促进经济转型。凡是能够促进经济转型的改革措施，便属于“真改革”；那些不能促进，甚至会促退的措施，则是“虚改革”，甚至“伪改革”。按照这一标准，2012年和2013年的利率市场化措施很难算得上“真改革”。

当前我国利率体制的症结在于通过行政管制，人为压低了存款利率。在2003—2012年的10年中，1年期存款的实际利率，除了2009年和2012年外，其余8年均为负值；1年期贷款的基准利率，其实际利率也有5年为负值，即2004年、2007年、2008年、2010年和2011年（“软着陆”后的1996—2002年，1年期存款的实际利率与1年期贷款基准利率的实际利率均为正值）。这种利率格局的后果是，一方面，社会财富大量向银行“集中”，普通老百姓尤其中低收入者则“被剥夺”（俗话说，“存款的是穷人，贷款的是富人”）；银行的利润奇高，“躺着也能赚钱”“任何人当行长也能赚钱”；银行员工收入也因此大大偏高，远远超过社会平均值。另一方面，社会财富还通过银行的低利率贷款向信贷市场中的强势阶层，如央企、上市公司、地方融资平台等“转移”，而民营中小微企业则受到“挤压”。由于银行的信贷资金是低成本的，因而强势阶层始终能够享受低利率贷款“大餐”，信贷需求势必膨胀。如据全国工商联主席2012年对某省

① 刊于《改革内参》2014年第10期。

的调研，央企的融资成本为5.3%，民营大企业为10%，小额贷款为20%。显然，对于强势阶层来说，货币政策始终是宽松的。正因为强势阶层占有了大量银行贷款，因而民营中小微企业的份额偏少，多方面的调研都显示，只有10%左右的中小微企业可以获得银行贷款。当通胀抬头、货币政策从紧时，由于存款准备金率上调、信贷规模受到控制，更是有大量民营中小微企业被挤出银行，被迫转向民间借贷市场。总之，存款低利率是当前推动社会贫富差距扩大的因素之一，是抑制民营中小微企业融资的重要因素之一，亟待早日纠正。

2012年和2013年的利率市场化改革措施，不仅没有使上述“症结”有所弱化，反而使得现行利率格局的弊端有所扩大。2012年6月，货币主管部门在宣布允许存款利率上浮10%的同时，于6月、7月两次下调存款利率，共计下调1年期存款利率0.5个点、活期存款利率0.15个点，下调幅度分别为14.3%和30%。也就是说，经过这次改革后，存款利率即使上浮到顶，也比原来更低了。2013年7月，公众热切期待提高存款利率上限，然而货币主管部门仅仅宣布全部放开贷款利率。由于贷款利率上限原来已经放开，因此这次主要是放开0.7倍基准利率的下限。试问，什么人能够获得利率低于基准利率0.7倍的贷款呢？只能是强势阶层，而且是其中的强者。总之，很明显，这2年改革措施的得益者是强势阶层，而不是普通老百姓和中小微企业，并不有助于经济转型的任何一个方面。因此，很难算得上“真改革”。

2. 存款利率上升的预期是可以乐观的。

按目前通胀与资金供求状况，存款利率上限放开后，笔者粗略估计1年期存款利率将在5%左右，即可能上升2个百分点，比人总行调统司的数值略高。

如果1年期存款利率上升两个点达到5%，其他各档次存款利率也相应调整，银行机构能否承受？目前，银行的信贷资金成本即各项存款的加权平均利率，在1%+活期存款利率上下，即1.35%上下；活期存款占比高的银行低一点，活期存款占比低的银行略高一点。当1年期存款利率上升到5%左右后，各项存款的加权平均利率在1.6%+活期存款利率上下；考虑到活期存款利率将会有较大幅度上升，故且假设为提高2倍，达到1.05%，那么，各项存款的加权平均利率在2.65%上下，即要比目前翻一番。信贷资金成本的上升，会迫使银行提高贷款利率，假设贷款利率平均提高1个百分点，以存贷比70%计，则可以抵消0.7个点的成本上升。还有0.6个点需要冲减利润。如果资产总额中各项存款的占比以80%计，则会引致资产利润率下降0.5个点左右。大银行等贷款利率上升空间较大的银行机构，资产利润率下降的幅度会小一些；贷款利率上升空间小的银行机构，资产利润率下降的幅度会大一些，可能达到0.6个点甚至更多一些。按上述粗略估计，对照我国目前银行机构的利润率状况，除了极个别银行外，一般都是能够承受的，只是日子会过得紧一点，可能很难再“躺着赚钱”。

银行存款利率大幅度提高，对于普通老百姓显然是福音，尤其是缺乏投资渠道的中低收入者，能够增加他们的资产收入，进而促进社会消费。这些都是对经济转型有促进作用的。银行存款利率大幅度提高，肯定会有助于缓解小微企业融资难。因为，这会迫使银行提高对强势阶层的贷款利率，致使强势阶层的信贷需求受到一定遏制，贷款数量有所减少；进而，小微企业贷款份额便会有所增加，再进而，民间借贷市场利率也会相应有所回落。当然，由于小微企业贷款难是由多种因素造成的，不可能由此而完全缓解，期望值不能太高。

3. 根据国情，现阶段以保留存款利率上限和贷款利率下限较妥。

我国经济以公有制为主体，存在大量的央企，以及包括地方融资平台在内的多种地方政府控股企业；它们占了银行贷款的“大头”。在银行业中，“公有制”就更为“发达”。在全国3000余家银行机构中，除了在小型城市商业银行中有屈指可数的几家民营银行外，其余银行都是“公有制”的，都是由中央政府或者相关地方政府掌控的。这些由政府掌控的企业与银行，其自我约束是难以完备的，不可能成为真正“四自”的市场主体。由于信贷市场上的市场主体欠完备，因而不但软约束竞争难以消除，而且很容易发生“寻租”。比如，强势阶层往往会凭借权力、影响力享受贷款的超低利率与存款的超高利率，甚至违规获得贷款。

从上述实际国情出发，现阶段为遏制“寻租”与过度竞争，恐怕以保留存款利率上限和贷款利率下限较为妥当。这里，只要上限与下限设置得当，保留是利大于弊的，不会影响利率市场化的效果。所谓“设置得当”，就是没有大量发生顶住“天花板”的情况。比如，假设1年期存款利率的市场均衡点为5%左右，那么，可以将“上限”设在7%—7.5%。这样，一般而言是不会大量发生顶住“天花板”的情况的；同时，也能够保证利率市场化的应有效果。当然，在实际操作中需要测算，并需要通过实践检验加以修正，以最终求得最佳“上限”。

4. 简要结论。

① 今年应当较大幅度地提高存款利率上限。我国的利率市场化不可能在一2年内全部完成，今年应当把改革重点放在存款利率上限上。可以在不调整基准利率的前提下，允许上浮60%—70%。这样，1年期存款利率的上限便可以达到5%左右。然后，观察各类银行机构的浮动情况，有多少顶住了“天花板”；进而，再考虑研究下一步的措施。

② 今年可以宣布，放开存款利率下限。虽然，这在当前只有象征性意义，但是，在未来肯定是会有实际作用的。

③ 同时还应当宣布，恢复0.7倍的贷款利率下限，并且加强对利率下浮贷款的监管，及时查处违规、“寻租”行为。

办好村镇银行的基本经验："一一五"[①]

本文中的村镇银行仅仅指以现有法人银行为主发起人的村镇银行。

银监会于2006年终时开放了村镇银行市场准入，并鼓励现有的法人银行去主发起村镇银行。到2013年末止，全国已经开业的村镇银行有987家，还有87家在筹建。7年来，村镇银行的发展情况总体健康良好，贷款余额已达3645亿元，其中农户贷款与小企业贷款合计占90%左右；有75%的机构实现了盈利，个别机构在开业当年就有了利润。毫无疑问，应当努力把村镇银行办得更多、更好。所谓"好"，主要是指做到了下列几点：市场定位合理，能够坚持"贷农、贷小"；竞争活力较强，业务规模发展较快，能够在农村金融市场上产生"鲶鱼效应"；资产质量良好，风险得到有效控制；经济效益良好，有相当的利润；等等。在现有的近千家村镇银行中，有相当部分机构办得很不错，个别机构还十分优秀，活力很强，甚至超越母银行。但是，也有一些机构活力平平，业务发展缓慢，难以发挥出"鲶鱼效应"。

怎样才能将村镇银行办成优秀机构？根据笔者的调研考察，基本经验可以归纳为"一一五"。也就是一个好的主发起银行，一个好的高管班子；努力做好"五个化"，即市场定位小微化、机构人员本土化、经营机制市场化、操作手段先进化、有良好的企业文化。

1. 一个好的主发起银行。由于村镇银行是主发起银行的子公司，因而其经营业绩的好坏，首先取决于主发起银行的资质、理念与行为。银监会规定，只有达到监管二类行的银行，才有资格主发起村镇银行。因此，就自身资质而言，主发起银行都是好的和比较好的。但是，要成为"一个好的主发起银行"，仅仅自身资质良好是不够的，至少还需要具备下列3条。① 对于主发起村镇银行的态度主动、积极，视为自身发展的重要增长点，是"我要干"的，不是"要我干"的。② 有正确的管理村镇银行的方针。股权结构设置合理，能够确保主发起银行的主导权。能够既尊重子公司银行的独立法人地位，注意发挥其积极性，又

---

① 刊于《中国经济时报》2014年3月28日。

能够有效掌控，不"越轨"。能够遵循村镇银行基本特点——主要为"三农"、小微企业服务的县域小型商业银行的要求，来配备高管班子、制定规章制度等等。③ 能够给予子公司银行多方面的大力支持，如管理技术、人员培训、资金调剂、结算服务、操作系统维护，等等。在现实中，发生的缺陷主要出在第① 条和第② 条。在那些不温不火、业绩平平的村镇银行中，有相当部分就是由于主发起银行缺乏积极性，本来并不想干，只是迫于有关部门的"压力"，才不得不去干，进而只求"过得去"，不要出大事就行了。还有一部分是管理村镇银行的方针有失偏颇。比如，管得太死，像管支行那样，以致难以发挥村镇银行的独立法人作用，难以因地制宜地开展经营。又如，高管班子配备欠当，不符合村镇银行的基本特点，不能满足做好"五个化"的要求，等等。某大银行，虽然实力很强，兴办村镇银行的积极性甚高；但是由于管理方针存在明显缺陷，因而由其主发起的村镇银行，大多数表现一般，优秀者寥寥。

2. 一个好的高管班子。村镇银行高管班子，必须能够满足做好"五个化"的要求。为此，除了要符合高管任职资格外，还应当具备下列条件：① 有事业心、有激情，勇于面对竞争、勇于攀登高峰；② 熟悉市场化经营管理；③ 其中有人熟悉、擅长小额贷款尤其个人经营贷款；④ 其中有人十分熟悉当地情况；⑤ 能够团结协作。

3. 努力做好"五个化"。① 市场定位小微化。要坚定不移地把"三农"与小微企业作为主要服务对象，"贷农、贷小"。这不仅是出台村镇银行的初衷，更是村镇银行自身实现健康发展的需要。因为，村镇银行是县域小型商业银行，必须与大银行"错位"经营；如果去与大银行争夺客户，那只有死路一条。② 机构人员本土化。村镇银行的主要服务对象如"三农"、小微企业等，都具有强烈的本土印记；这一点，与大中企业客户有很大区别。因此，村镇银行必须认识本土、适应本土、融入本土。唯有如此，才能取得良好业绩。融入本土的最终目标是被当地老百姓认同为"自己的银行"。村镇银行的总部在当地，营业范围限于当地，纳税在当地，有资格成为当地老百姓"自己的银行"；但是要被"认同"，则还需要付出艰辛的努力。③ 经营机制市场化。市场化是机构活力的主要源泉，它包含两个主要方面。一是用工薪酬市场化。要做到"干部能上能下、员工能进能出""岗位靠竞争、薪酬按贡献"，并且不断加以完善。二是营销市场化。由于主要面向广大小客户，因此信贷运作是劳动密集型的，需要造就一支数量多、质量高、能吃苦的强大的客户经理队伍。实行主动出击营销、团队营销、"社区化"营销；并且深入到社区住户与乡村农户中去。而且，还要能够按照客户的需要，及时地不断创新金融产品。④ 操作手段先进化。要充分运用现有的金融技术手段，努力争取在"同档次"金融服务中技术领先，更便捷、高效。比如，在零售业务领域（这涵盖了村镇银行的绝大部分业务），应当充分运用银行卡、网银等工具，银行卡不仅应当尽量“多功能”，而且应当“让利”，如零费用、活期功能定期收益等；应当大力发展网银，并且免费教会客户使用。在有条件、有需要时，还应当向客户提供POS机服务。⑤建设良好的企业文化。企业文化是企业的灵魂，不仅能够使员工产生强大的凝聚力和工作动力，而且是遏制道德风险的有效手段。对于村镇银行这样的小机构，建设良好的企业文化相当重要。因为村镇银行面对着大量小客户，经营过程中出现的“制度空隙”相当频繁，很难及时用制度去一一“规范”。这里，主要得依靠员工的诚信与认真负责的精神。当然，建设良好的企业文化是一个长期的战略性任务，需要时间并付出艰辛的努力。但是，为了造就优秀的村镇银行，必须朝此方向前进。

深耕小微谋百年[①]

7月25日，银监会主席尚福林披露，近日已经正式批准3家民营银行的筹建申请。浙江省由正泰、华峰为主发起人的温州民商银行也名列其中。对此，谨向温州民商银行、正泰与华峰、温州市，致以最热烈的祝贺！

温州民商银行的注册资本金为20亿元，定位于主要向小微企业、个体工商户、小区居民和县域“三农”提供普惠金融服务。其筹建申请的正式获批，对浙江省，尤其温州，是重大利好。一则，这是温州金融改革的突破性成果。正式宣告阻碍民间资本办银行的“玻璃门”已经打开了。二则，有助于温州金融走出低迷。目前，温州金融正处于艰难时期，由于2011年“温州民间借贷危机”的后续效应，以及国民经济处于下行期，因而温州市的银行业很不景气。不良贷款率持续上攀，高居全省榜首；存贷款增长速度则不到全省的一半，名列末尾。小微企业，尤其是其中缺乏有效抵押物者，贷款十分困难。值此时刻，温州民商银行的获批，显然有助于恢复信心、提升人气，有助于缓解小微企业贷款难，有助于促进温州银行业的复苏。

浙江省不但是民营经济大省，而且民营银行的发展也走在国内前列。1996年初，全省有城市信用社159家，其中戴“红帽子”的民营机构有近40家。此后，虽几经变迁，仍有5家作为个案，保留了民营性质并且“升格”为城市商业银行。现在均经营业绩良好，其中还涌现出全国最优秀的小微企业信贷银行——台州银行和泰隆银行。在此，殷切地期待未来的温州民商银行也成为优秀的小微企业信贷银行，成为温州市人民所信赖、热爱的“温州人民自己的银行”。可以相信，这也是广大公众尤其温州人的心愿。

温州民商银行的主要优势在于：① 由于是民营的，产权清晰；由于是小型机构，决策链短，因此，经营可以相当灵活；② 主发起人及其他股东都是土生土长的当地人，十分了解本地情况，很适合“贷小”；③ 华峰集团有一定的小额贷款经验，它主办的“华峰小贷”，开业已经5年半，并且相当优秀，其规模

① 刊于《浙江日报》2014年7月29日。

（除“网络金融”阿里小贷公司外）名列全国第一。以上优势，应当充分利用。

温州民商银行也有“软肋”，主要是：① 由于主发起人是工商企业主，长期从事工商企业经营，因而在经营理念上，往往会与银行经营所要求的严格的“稳健”“合规”有点距离；同时，也比较容易发生关联交易与大股东争斗。② 大额贷款诱惑。由于资本金有 20 亿元，单笔贷款最多可放 3 亿元。因此，能否顶住诱惑，坚持“贷小”，是个考验。这些“软肋”，应当切实警惕。

主发起人是银行的掌控者，他们的思维与行为，是决定银行办得如何的关键。为了促进温州民商银行成为优秀的银行，首先建议主发起人注意摆正位置，自我约束。创建温州民商银行的机会来之不易，社会公众与政府都在盯着看，必须十分珍惜。尤其应当看到，主发起人的根本利益与银行法人的利益是一致的，只有把银行办得兴旺发达，主发起人才能赢得更多的商业利益和社会声望。因此，当主发起人的眼前利益与银行法人利益有矛盾时，前者应当服从后者。主发起人应当以身作则，模范地遵守关于关联交易的有关规定，为其他股东做出榜样。主发起人要同心同德，互谅互让，始终以大局为重，避免争斗。其次，建议做好几件事。① 建立完善的公司治理结构。董事会要有朝气，独立董事要能够发挥作用；高管中要有较多的熟悉小额信贷的人。② 从理念、机制、技术等 3 方面落实市场定位。要有坚定的“贷小、贷农”理念，要建立良好的小贷机制，要尽量采用先进的小贷技术。③ 努力学习国内外的小额信贷先进经验，尤其是同为民营银行的、市场定位也相同的台州银行、泰隆银行的经验。④ 努力建设良好的企业文化。从现在起，就应当重视这项工作，以便使银行有良好的团队凝聚力、员工认同度、制度执行力、创新开拓力，等等。

互联网金融发展亟须解决四大问题[①]

近几年来，我国的互联网金融有了长足的发展；尤其去年，发展之快更似“井喷”。总体来看，这是大好事。因为，互联网金融更多的仍是对传统金融的发展、补充，而非“颠覆”。从而，十分有助于金融创新、有助于完善金融服务、有助于促进金融体制改革。另一方面，互联网金融的迅猛发展，也带来了一些亟待解决好的问题。对于如何促进互联网金融的健康发展，笔者见解主要如下：

一、P2P 网络平台要大力“规范”

当前我国的 P2P 网络平台，主要有 3 大特点：发展快、倒闭多、规范难。

发展快。据《中国人民银行年报 2013》显示，“2013 年末，全国范围内活跃的 P2P 借贷平台已超过 350 家，累计交易额超过 600 亿元”。刘建和等在一份国家社科项目的阶段性成果中称，2013 年我国的“网贷平台已经达到 800 余家（浙江省有 86 家），成交金额 1058 亿元”（见浙江经济信息中心《预测与分析》1260 期）。另据祝素月称，2013 年浙江省通过网络借贷平台撮合的资金达 300 多亿元（见浙江经济信息中心《预测与分析》1276 期）。

倒闭多。据刘建和等的同一报告，2013 年全国共有 74 家网贷平台倒闭，倒闭率高达 9.3%；其中浙江省倒闭 15 家，倒闭率高达 17.4%。据坚果互联网金融报道，去年全国倒闭 76 家，今年到 6 月上旬止，全国又倒闭了 46 家，其中浙江省倒闭了 7 家。倒闭率高意味着风险甚大，必须切实关注。

规范难。风险大的根源在于不规范。迄今为止，P2P 还属于“三无”行业——无门槛、无行业标准、无监管部门，基本处于无章可循的状况，切需从速规范。规范的最大难点是，能否真正做到坚持信息中介的性质与功能。P2P 原产于欧美发达国家，那里早已经进入了“信用经济”，人们不敢拿自己的信用“开玩笑”。因此借款人不敢隐瞒自己的真实信息，更不敢轻易违约，贷款人也充分相信借款人提供的信息；进而，P2P 网络借贷平台便成了纯粹的信息中介。但

① 刊于《上海金融报》2014 年 8 月 5 日。

P2P在进入我国后便严重变味了。由于我国远未进入“信息经济”，虚假信息比比皆是，也不易受到有力的惩罚。因此P2P平台要完全成为信息中介是相当困难的。通常地，为维持有效运作，平台不得不增加担保、代偿功能，结果是，使得P2P平台成为信贷中介，实际上成为做存贷款业务的小银行。这就既带来了严重的风险，也扰乱了金融秩序。此外，更有甚者，利用P2P平台进行非法集资以及搞钱炒钱，这就蕴含了更大的风险。

显然，为使P2P平台在我国真正健康地发展起来，必须大力规范。一要确定监管部门。据媒体报道，目前已经基本明确银监会为P2P的监管者，这是十分正确的。二要坚持P2P网贷平台仅仅是借贷双方的信息中介，绝对不能有借贷中介的功能，从事抵押、担保及各种形式的代偿。贷款人的资金也必须由第三方托管，不能进入平台的账户。这是规范中最关键的措施。如果做不到，规范便成空话。三要考虑到前文所述的实际国情，允许并鼓励与P2P网贷平台无关联系的担保机构介入，承担抵押、担保及其他代偿功能。与此同时，P2P平台的资本金门槛则不宜过高。四要严格坚持金融服务实体经济的要求，借款人必须是资金投入实体经济的当事人，不得借创新之名搞虚拟交易，不得搞钱炒钱，更不能搞非法集资，等等。

二、对余额宝应当因势利导，发挥其积极作用

余额宝“冲击”——存款搬家。自从去年6月余额宝问世后，公众的余钱便有了进入银行的新渠道，即支付宝——余额宝——天弘增利宝——银行协议存款。由于银行协议存款的收益率主要参考按市场供求自由浮动的上海银行间同业拆借利率（Shibor）。而在目前，Shibor又往往比较高，如去年，年化利率曾一度突破7%，致使余额宝的年化收益率达到6%以上。由于收益率大大超过了一般存款利率，因此促使银行存款搬家。一方面，余额宝急剧扩张，今年一季度末达到5413亿元；同时还有众多类似的“宝宝”问世。另一方面，造成银行存款尤其是活期存款搬家，增长缓慢甚至是停滞，各大中型银行备感压力。目前Shibor虽然已经下降，余额宝的收益率也因此跌破5%，但仍远高于活期存款利率，因而冲击压力也依然存在。

余额宝“冲击”的根源是体制。首先，存款利率市场化的改革滞后。表面上存款搬家，实际上储户的资金并没有离开银行，只是由低利率的一般存款转为高利率的协议存款，进而拉高了银行的负债成本。为什么一般存款的利率会大大低于协议存款？直接原因便是前者的利率是受管制的，后者的利率是市场化的。余额宝只是在两者之间搭起了“桥”，使得储户的资金也能享受到利率市场化的收益。深层原因是“不对称”的货币政策。目前，银行一般存款的年利率约为1+活

期存款利率上下，即 1.35% 上下；法定存款准备金的利率为 1.62%。但是，Shibor 利率却数倍于一般存款的成本，这又是为什么？这就是因为目前的货币政策是严重“不对称”的。一方面基准利率很低，还不时出现负值，货币政策是松的；这就使得信贷市场上的强者，如央企、政府融资平台、上市公司等大量“吸纳”贷款，造成信贷货币扩张、通胀压力上升。另一方面，为了抑制通胀，又大幅度提高存款准备金率，并且控制信贷规模，抽紧银根。在此格局下，银行营运资金往往偏紧，市场化的 Shibor 利率当然会因为反映银行资金的实际供求而倚高。

对于余额宝，切忌打压，而应当因势利导。因为它的积极作用十分明显。一是有力地促进了存款利率的市场化。不但通过自身及跟进的“宝宝”们的“搭桥”，使公众享受到一部分市场化的利率，而且还推动银行存款利率上浮。现在，不但小银行，而且许多大中型银行的存款利率也“一浮到顶”了，并且已经有相当多的银行开发出既有活期存款功能，又有定期存款收益的金融产品。二是有力地促进了金融创新和金融服务的改善，使得银行业生气勃勃。比如，有不少银行在模仿余额宝的过程中超越余额宝，开发出自己的产品投入竞争，还有的银行践行互联网精神，升级自有业务，等等。因此，在宏观管理上，对余额宝切忌打压。比如，不要“设卡”限制支付宝功能；也不要以“公平”为理由贸然要求由货币基金转化而来银行协议存款缴纳存款准备金，等等。因为，打压的结果必然是损伤金融活力、抑制创新，应当做的是因势利导。一要切实加快存款利率市场化步伐，做到如同央行行长周小川所说的，“在一 2 年内完全放开存款利率”。二要调整“不对称”货币政策，在放开存款利率的同时，较大幅度调降存款准备金；并且在今后，主要运用利率杠杆（而非存款准备金率）来调控货币。做到这两点，Shibor 严重倚高的问题将不复存在，“宝宝”们也就不会对银行存款造成“冲击”了，“公平”问题也就解决了。

三、支持与发展网络银行

网络银行是互联网勃兴后出现的一种利用互联网技术来开展业务的银行形式。它与传统银行相比，最大的区别在于没有实体网点，没有总分支组织机构，并大量使用互联网技术。世界上第一家网络银行是 1995 年开业的美国安全第一网络银行。在我国，“阿里金融”旗下的小贷公司就引入了这种创新模式。

阿里小贷有两家公司，2010 年 6 月 8 日开业的浙江阿里巴巴小额贷款股份有限公司和 2011 年 6 月 22 日开业的重庆阿里巴巴小额贷款股份有限公司。两者的资本金分别为 8 亿元和 16 亿元。它们实际上是一个机构，人员均在杭州，通过互联网面向全国营业，为小微企业及个人发放 100 万元以下的以日计息的小额短期贷款。2013 年 5 月末，员工共有 330 人。阿里小贷的产品主要有四，都是信用贷款无须抵押担保。① 淘宝订单。服务对象是淘宝、天猫、聚划算的卖家，可以以个人或商户的名义，用店铺中处于“卖家已发货、买家未确认收货”状态的订单申请贷款，系统会对这些订单进行评估，在满足条件的订单总金额范围内计算出可申请的最高贷款金额，发放贷款。从申请到放款只需要几十秒钟。该产品的户均贷款为6000多元。② 淘宝信用。服务对象同为淘宝订单。系统在综合评价申请人的资信状况、授信风险和信用需求等因素之后，自动核定授信额度。从申请到放款一般只需要3分钟，户均贷款为4万多元。③ 支付信用。服务对象是支付宝用户（买家），用于“已收到货物并同意付款、但支付宝余额又一时性不足”的情况。由系统自动审核，从申请到发放仅需几分钟。户均贷款在3000元左右。④ 阿里信用。服务对象是阿里巴巴B2B电子商务平台上的诚信通会员或中国供应商会员。户均贷款为20余万元，从申请到放贷平均需要9天。4种产品合计，户均贷款为56000多元。2013年末，贷款余额达到125亿元，员工人均负责贷款超过3500万元。

不难发现，阿里小贷有3大特点。一是高效率。阿里小贷的信贷人员不足80人，按2013年末的贷款余额及户均贷款计算，每个信贷人员需要管理有贷款余额的账户2600多户；产品①②③的处理速度仅以分钟计、秒钟计；等等。如此的高效率都是互联网、大数据、云计算带来的，是传统银行业所无法企及的。二是创新活力强。阿里小贷不仅充分运用了互联网技术，而且还充分运用了现有的金融政策。它仅有24亿元资本金，却做成了125亿元的生意，除了中国银行融入的4亿元资金外，依靠的就是“资产转让”，从东方证券管理有限公司获得了大量资金，并且试水了资产证券化（其实，余额宝就让我们充分领略了阿里金融的创新能力）。三是互补。阿里小贷与传统银行有竞争，但更多、更主要的是互补。在阿里小贷的4大产品中，①②③是传统银行无法做到的（有的银行还不屑做），它们几乎是阿里金融的“专利品”。而产品④，阿里小贷则没有优势，同类客户从申请到放贷，台州银行和泰隆银行都不会超过3天，远远快于阿里小贷。个中原因，主要是产品④的客户并没有大量的经营信息留在网络上，而主要得依靠其自身填报，甚至委托第三方去实地调查。这样，大数据与云计算便失去了发挥威力的必要基础条件。

简要结论是，以电子商务为基础，运用大数据、云计算技术来控制风险的网络银行值得赞赏，应当支持并促进其发展。特别是，电子商务在商业中的占比还将会不断上升，网络银行的驰骋余地将会不断扩大。因此不但应当支持“阿里网络银行”的降生，而且也要期盼未来有更多的银行走网络银行的道路，比如，“腾讯银行”等。

四、“众筹”限于股权融资是正确的选择

“众筹”是一个舶来语，它起源于美国，英文原意是“大众集资”。进入我国后，为避“非法集资”之嫌，翻译为“众筹”。近年来，我国先后出现了一大批众筹网站，它们基于互联网渠道进行着项目集资活动，把分散小额的资金聚集成为一个项目的资金，其中影响较大的有众筹网、点名时间等。据众筹网高管介绍，他们的基本做法是：每个集资项目都有预设的集资目标金额与截止时间，只有在预设时间内筹集到超过目标金额的资金，项目集资才算成功，未达到目标金额的项目，将退回所有支持者的款项。

显然对于我国目前的经济发展而言，“众筹”有良好的积极意义。一则，这相当于开放了股票一级市场，特别是为小微企业开放了“一级市场”。二则，更有积极意义的是，这为“风险投资”的发展，开辟了一条新渠道，十分有助于创业、创新。

目前，众筹与 P2P 相仿，还处于“三无”状态，因而各众筹平台良莠不齐，急需规范。不久前，证监会新闻发言人明确表示，证监会对股权众筹行业进行了深入调研，目前正在抓紧研究制定众筹融资的监管规则；并将适时出台该领域的指导意见。

笔者认为，在制定监管规则时，下列几点必须注意。一是，众筹平台必须严格定位于股权融资。绝对不允许涉及债券融资。二是，众筹平台也只能是信息中介，不能是项目当事人，也不能与项目有直接关联关系。三是，规则与制度的安排，要有助于小微企业股权融资，要有助于风险投资的进入与退出，使之成为风险投资发展的重要渠道。四是，为保投资人的权益，众筹平台应对所发布的项目信息的真实性负责，进而有权对项目进行深入调查，还有责任聘请为投资人提供法律援助的法律顾问。

抓住时机，调整货币政策[①]

目前，多种指标表明，我国经济正在平稳向好；但是，也不时出现一些这样那样的问题。据媒体报道，7月，四大银行的存款又来了一次“过山车”，新增贷款量约为负增长1.5万亿元，新增贷款量约为2100亿元；分别比6月少增加3.7万亿元和900亿元。不仅“条条”如此，“块块”也不例外。比如浙江省，7月份金融机构各项存款下降1800多亿元，其中，居民储蓄存款下降1200多亿元，单位存款下降800多亿元（其他类存款略有增长）；而6月则增长2700多亿元。出现“过山车”的原因是多方面的：6月末冲高的回落，股市上涨后的分流，一些刺激性投资项目是低效益甚至无效益的，等等。显然，“过山车”的出现，意味着三季度（甚至下半年）的资金供给将会趋紧，这是不利于稳增长的。为此，不少人士都认为，应当适度松动货币政策。

现行的货币政策是“不对称”的、反常规的。一方面，把存款准备金率提得很高。直到目前，大型商业银行还高达20%（1994年通胀率达到25%时也只有13.5%）；并且把本来是中长期调控工具的存款准备金率作为短期调控工具来使用，自2003年9月以来，共调整39次，平均每年3次多（1984年至2003年8月，近20年才调整6次，平均3年多一次）。另一方面，又把利率压得很低。2003—2012年这10年中，1年期存款利率有8年为负值，1年期贷款的基准利率也有5年为负值。这种低利率格局，迄今尚未根本改变，比如，目前正是由于存款的基准利率明显低于“市场利率”，因而全国的大中小银行，存款利率基本上都“一浮到顶”，顶住了“天花板”。这种“不对称”货币政策，看存款准备金率是很紧的，看利率又是宽松的。其直接后果便是，资金与社会财富向银行与信贷市场上的强者——央企、上市公司、地方政府平台等倾斜。它乃是促进投资畸形扩张、产业结构失衡、社会贫富差距扩大、小微企业贷款难的重要推手。因此，为了实现经济转型，促进国民经济平稳健康成长，这种不合理的货币政策必须调整、改变。

---

① 刊于《上海金融报》2014年8月12日。

调整、改变“不对称”货币政策也需要把握时机、因势利导；唯此，才能够收到上佳效果。当前正是一个机会“窗口”。目前，社会资金面趋紧，需要适当松动货币政策，正好可以利用这一时机，把过高的存款准备金率降低一些；同时，推进利率市场化，以扩大浮动幅度的形式，使得存款利率趋近市场利率；进而，既可平抑通胀压力，又能促进社会资源的优化配置。具体做法大体上是：通过若干次调整，到年末年初时，使得大型商业银行的存款准备金率降到18%或更低，农信社及小额信贷机构则降到13.5%左右；同时，在不调降基准利率的前提下，放开存款利率下限，将浮动上限扩大到60%—70%，使得1年期存款利率可以上浮到5%左右，使得相当部分银行，尤其是大型商业银行，存款利率基本上不再顶住“天花板”。

当前亟须发展“草根银行”①

——金融支持小微企业发展的重要举措

目前，小微企业从正规金融渠道借贷相当困难，通常，能够获得贷款的不到10%。尤其是规模以下小企业与个体经营户，借贷难度更大，甚至远远超过农户。比如，浙江某“百强县”，2010年初，每100家规模以上企业中，有贷款余额的银行账户有171.24个；而在每100家规模以下小企业中只有7.22个，每100家个体经营户中只有4.34个；每100户农户中则有16.2个。为了让更多的小微企业能够从正规金融渠道获得贷款，一个十分重要的举措便是大力发展“草根银行”——当前最缺少的银行。

完整意义的“草根银行”是指来源于“草根”、服务于“草根”的小型商业银行。也即由民间金融资本掌控的、与小微企业共存共荣的小型商业银行。这样的小银行，不但规模与小微企业匹配，而且其基本优势就在于“贷小”，何况市场竞争也迫使其主要为小微企业服务。目前我国最优秀的小额信贷银行——台州银行、泰隆银行，都是来自“草根银行”。在本文中，“草根银行”更侧重于从功能上定义，泛指所有的主要发放小额贷款、以小微企业为基本服务对象的金融机构。发展“草根银行”，主要有5条“路”。

1. 继续发展与办好现有形式（即由法人银行主发起）的村镇银行。

今年初，全国已经开业村镇银行987家，还有84家在筹建，合计1071家。总体来看，市场定位基本良好，政策扶持力度也不小，涌现出一些优秀的村镇银行与主发起人银行。但是，问题也相当明显。①发展不快。村镇银行“出台”已经7年，然而，县域覆盖率还不到50%。②一些主发起人银行呈现“疲态”。目前，有相当部分主发起银行不再积极、认真管理村镇银行，以致技术手段落后（开业数年还没有银行卡和网银）、存款增长缓慢、竞争力不强。③少数村镇银行出现可能被“边缘化”的苗头。比如，某省今年7月末，在54家有可比性的村镇银行中，有17家的各项存款竟比去年同期下降；而该省的82家农信机构中，仅有1家同比下降。

---

① 刊于《上海金融报》2014年8月29日。

下一步，建议如下：① 在推动法人银行主发起村镇银行时，应当更多地强调“自愿”，可以鼓励，不宜硬性或变相硬性要求。② 为鼓励去后进贫困地区设立村镇银行，应当通过扶持政策来引导，要消除“捆绑销售”。③ 目前，应当对财政、信贷等方面的扶持政策加以梳理，使之更加公平、协调。④ 对于因主发起银行“不得力”而活力不佳的村镇银行，可以考虑重组，更换主发起银行。

2. 在社区银行、村镇银行层次开放民营银行准入，发展一批“草根银行”。

改革开放以来，民营银行准入一直未正式开放过；目前城商行中的几家民营银行，都是在特定条件下形成的“个案”。今年以来，开放民营银行准入有了实质性进展。3 月，银监会确定了首批 5 家民营银行试点方案；7 月，批准其中 3 家的筹建申请，即深圳前海微众银行、温州民商银行、天津金城银行。这 3 家银行的前景存在许多不确定因素。首先，在市场定位上，金城银行已经明确做公司业务，不可能大量“贷小”；前海微众和温州民商的资本金分别有 30 亿元和 20 亿元，缺乏“必须贷小”的竞争压力，它们能否有良好的“贷小”理念、机制、技术，能否顶住“大额贷款诱惑”，都需要考验。其次，它们都是由工商企业主掌控的银行，存在“脚踏两条船”的情况，关联交易、内斗的风险不容忽视。

当前应当发展的民营银行，主要是规模相当于社区银行、村镇银行的县域小型商业银行，以造就一批类似于当年的银座城信社、泰隆城信社那样的能与中小企业共存共荣的“草根银行”。具体做法要点如下：① 控制初始规模，初始资本金上限可定为 1 亿元，下限可参照村镇银行规定。② 严格防止“脚踏两条船”，主发起者应当属于民间金融资本，主要是 3 种人：“下海创业”的金融业务骨干；原来从事担保、典当、投资咨询等准金融行业者及民间借贷者；把全部资本从工商企业中转移出来改投金融业的原工商企业主。民营工商企业可以入股，但只能做“财务投资人”，不能做“战略投资人”。③ 无限责任，产权组织形式不能是有限公司，只能是无限公司或两合公司。董事长与股东董事必须对未能清偿债务承担无限责任。④ 设置强制“退出”规定。要严格监管资本充足率，≥ 10% 为合格；< 5% 便要强制清盘，或关闭，或重组、拍卖。这样做，十分有助于我国银行体系的完善、小微企业贷款难的缓解、金融企业家的成长。

3. 让一些优秀的小额贷款公司成为依附于银行的金融公司。

2013 年末，全国有小贷公司 7839 家，贷款余额 8191 亿元，同比增加 1757 家和 2270 亿元。小贷公司今后如何发展？由于它们都是由民营骨干工商企业发起的，如果让其直接改组为村镇银行，势必大量出现“脚踏两条船”的情形，进而带来巨大风险。合理的出路是，让其中的优秀者（定位小微、遵纪守法、风控良好）成为依附于银行的金融公司。具体做法是，找一家主合作银行，签订合作协议，其中规定：小贷公司的资金全部存入主合作银行，出纳均通过主合作银行；业务运作接受主合作银行监督，全部贷款客户均在主合作银行开户；小贷公司享受金融机构待遇，只要资本充足率不低于10%，便可不受限制地融入资金，主合作银行需提供融入资金的1/2以上，并有责任帮助小贷公司融入资金；小贷公司发放的小额贷款，可作为主合作银行的业绩计入考核。应当大力提倡、鼓励银行（尤其邮储银行）与小贷公司“联姻”。当然，今后由自然人主发起的、符合前文中民营银行要求的优秀小贷公司，允许改组为村镇（社区）银行。

4. 大力支持、鼓励以电商为基础的网络银行发展。

网络银行的基本特点是：无实体网点，没有总分支组织机构，通过互联网技术来选择客户与控制风险。阿里小贷公司就具备上述特点。“阿里小贷”只有杭州总部，但它面向全国营业，运用大数据、云计算从淘宝网、天猫网和聚划算上筛选“合格”的商户与买家，为他们发放信用贷款，平均每笔贷款只有5万多元；贷款处理速度奇快，淘宝信用、支付信用只需要几分钟，淘宝支付则以秒计。目前，阿里巴巴正在制订方案，准备在“阿里小贷”的基础上申请筹建网络银行。众所周知，电商的发展空间甚大，进而，网络银行的发展空间也甚大。毫无疑问，应当大力支持与鼓励这种以电商为基础的网络银行，允许其在全国范围开展业务；并且，不仅仅是阿里网络银行，还有今后的其他网络银行。

5. 通过进一步改组，释放邮储银行信贷潜力。

中国邮政储蓄银行是在改革邮政储蓄体制基础上组建的专营小额贷款的全国性中小企业银行，2007年3月挂牌，2012年1月改组为股份有限公司。其营业网点98%在县域及以下，合计超过3.9万个，居全国银行之首。2013年末，存款余额5.2万亿元，列全国银行第五；并且，存款增长势头不错。今年6月末，达到5.6万亿元，半年就增长6.7%。市场定位良好，忠实执行了国家要求。比如，其浙江分行，户均贷款只有25万元，低于全省农信机构平均值、村镇银行平均值。最大的问题是存贷比太低，以至巨额信贷资金“放空”。如2013年末，贷款余额1.17万亿元，存贷比仅22.4%；大约有2.7万亿元“放空”了。原因主要是：① 资本金不足。2013年末，注册资本450亿元，所有者权益1410亿元，难以支撑贷款的快速增长；② 法人治理结构欠完善。系国有独资公司，股东只有中国邮政集团公司一家；③ 管理刻板，审批权限统得过死，县支行只有5万—10万元的审批权。

应当通过进一步改组，使邮储银行的巨大信贷潜力充分释放。最佳途径是：在总行和省分行两级增资扩股，使全行成为两级法人制的中国邮政储蓄银行集团公司。这样做的好处，一是有利于解决资本金不足问题；二是可以大大增加经营的灵活性，更好地适应小额贷款的“本土化”要求。在增资扩股时，也要保障中国邮政集团的总行最大股东地位，总行则是省级行的最大股东。

转型优先，兼顾增长①

——刍议应当调整经济工作方针

转型、改革、增长，是我国现阶段经济工作中的3大主题。转型，就是要实现经济发展方式的根本转变：① 从主要依靠物质要素投入的外延增长转变为主要依靠技术创新与进步的内涵增长；② 缩小已经过大的贫富差距，使之回归到合理范围；③ 造就有效的生态环境维护机制，使得“绿水青山”得以“回归”。“改革”，就是要深化改革，使得现行的半统制半市场经济体制尽快转变为比较完善的社会主义市场经济体制、现代市场经济体制；“改革”的内容繁多，仅中共中央有关决定中列出的就有60个大项300多个小项。“增长”，就是要保持经济较快增长，这对于维护社会稳定、有效推进转型与“改革”，都是十分必要的。

上述3大主题，存在着内在的有机联系。当前的经济增长速度之所以持续下行，不仅是由于世界经济处于调整期、我国经济发展进入了所谓“换档期”，更主要的是由于我国的现行经济发展方式，其所带来的结构失衡、环境污染、贫富差距过大、社会矛盾激化等问题已经相当严重了，这种粗放的经济发展方式已经难以为继了。只有实现经济转型，才能实现国民经济的持续稳定较快增长，并进而实现社会和谐、人民幸福。目前，经济转型之路很艰难。这是因为，现行的粗放经济发展方式是与现行的半统制半市场经济体制相联系的，不深入改革经济体制，就无法实现经济转型。当然，深化改革之路的阻力也非常大，个中原因正如吴敬琏先生所言，主要是：① 意识形态障碍；② 特殊既得利益；③ 旧体制造成的实际困难。

鉴于3大主题存在着有机联系，因此，在制定经济工作基本方针时，不但要涵盖3大主题，而且更要顺应其有机联系，合理确立重心，抓住“牛鼻子”。这里的“重心”是什么？显然是转型，应当通过推进转型来扩大内需，促成健康稳定的增长。同时，也需要通过强力推进转型来带动、倒逼改革。目前，庞大的改革内容都是硬骨头，鲜有“帕累托改进”，因此平推式前进是不可能的，唯有按

---

① 刊于《上海金融报》2014年10月17日，题目原为《当前经济工作应首要突出转型》。

照实现经济转型的要求，来攻坚、倒逼、突破，才会有较好的效果。

近两年来，我国经济工作的基本方针是12个字：稳增长、调结构、促改革、惠民生。此方针虽然涵盖了3大主题（调结构、惠民生都属于转型范畴）。但是，置于首位、处于重心的仍然是“增长”，即GDP增速。这样的安排与3大主题的内在联系不相符合，很欠妥当。正是由于仍然把增长速度放在首位，因此各级政府首先关心的是本地区的GDP增长率，官媒上也不时公布各地区GDP增速的排行榜。为了“稳增长”，用的仍然是老办法——稳投资，即主要依靠增加政府主导的固定资产投资并主要投向基础设施。进而，投资效率越来越低，2012年的投资系数已经达到6.2，而2013年和今年上半年的固定资产投资增长率均大大超过GDP增长率，这意味着投资系数还在继续上攀。转型显然步履维艰，进展缓慢。改革也同样，虽则国家领导一再说，要“强改革”，不要“强刺激”，但是实际上“强改革”没见到，而为了“稳增长”，不时有“微刺激”，累积起来，也就相当于“强刺激”了。因此，不少有识之士担忧“新瓶装旧酒”“穿新鞋走老路”。吴敬琏先生也认为“刺激是弊大于利”。

综上，显然地，应当及时调整现行的经济工作方针，要突出转型，坚决地把转型放在首要位置上。新的方针可以是转型优先、兼顾增长。新方针并不是不要速度，而是要健康、可持续的增长速度，只是，在当前，速度与转型相比，只能屈居第二位。在这个方针中，字面上虽然没有“改革”，但是实际上，改革被放在十分重要的位置、先行的位置。因为，推进转型必须依赖改革，从而“转型优先”便意味着“改革先行”；只是，先改什么，再改什么，要取决于转型进程的需要。

当确立“转型优先、兼顾增长”的方针后，首先应当抓好3件事。

一要立即取消对各级政府政绩的GDP考核。这是一项必须迅即推出的十分重要的改革措施。众所周知，把GDP作为考核地方政府政绩的最重要指标，是与外延扩张为主的速度型增长方式相联系的。在这种政绩考核办法下，环境问题、贫富差距问题等，很容易被忽视。同时，还使得政府往往过分地直接介入市场，难以从“既是裁判员又是运动员”的双重身份中脱身。不仅如此，还会给官员造就更多的贪腐机会。总之，不取消对地方政府的GDP考核，要实现转型是困难的。取消GDP考核，不等于不重视、不考核经济发展指标，而是要改为考核与经济转型要求密切关联的指标。首先是城乡居民可支配收入与社会贫富差距；其次是环境污染情况；再次是法制与市场规则的维护；等等。进而，引导地方财政资金改变投向，将投入重点由基础设施转向促进社会公平正义及生态环境保护；同时，减少地方政府对市场过分干预，更多地致力于维护市场机制有效运行。

二要客观地看待转型过程的GDP增长速度，不宜强求7%—7.5%。“转型优先、兼顾增长”，虽然把GDP增速放在第二位，但绝对不是不要较高的增速，而是要求，不能以牺牲经济的长远健康发展为代价来追求当前的速度，不能以伤害GDP的“有效性”来追求速度（“有效性”是指居民可支配收入占GDP的比重。目前有一些地方，人均GDP很高，但居民可支配收入却并不高，“有效性”并不理想。如2013年，苏州市人均GDP为12.32万元，上海市为9.01万元，苏州是上海的1.37倍；但是苏州市城镇居民人均可支配收入仅为41143元，上海市则为43851元，苏州仅为上海的94%）。实际上，近两年的“稳增长”与以往的“保增长”相比，仅仅是将GDP的调控目标从8%降为7%—7.5%。这个7%—7.5%是不是目前能够稳定达到的速度，是值得研究的。我国目前的人均GDP仅为美国的22%左右，“后发优势”的空间还相当大，如果经济体制与经济结构均良好，没有转型问题，那么7%—7.5%的速度不但应当能够达到，而且还有可能达到8%—9%。但是，由于目前转型压力巨大，情况就不同了。必须看到，我国目前的转型形势比当年的日本、韩国、我国台湾地区严峻得多。当年，它们的社会贫富差距问题、环境问题不是很严重，只有从主要依靠要素投入转变为主要依靠技术创新的问题。而我国目前则要面对贫富差距、环境污染、技术创新不足等3大问题；并且，我国的人口素质、教育水平以及现代市场经济制度建设等，均不如当年的日、韩和我国台湾地区。因此，要在转型过程中稳定地保持7%—7.5%的速度是有困难的。实际正是如此。当前，我国不断出现经济下行态势，为了“稳增长”，需要不时地“刺激”，刺激一下，“稳定”一点，但是不久，便又呈现下行趋势。因此，还是以尊重客观事实为好，不必强求7%—7.5%；否则，会拖累转型，误了大事。当然，也不能允许速度无限制地下滑。那么，可以容忍的速度下限是多少？笔者认为，大体上可以定在5%左右。其主要理由有三。一则，鉴于我国的国民收入分配中，居民所得比例偏低，正需要通过改革逐年提高这一比例。因此，在转型过程中，居民收入增长应当快于GDP增长。如果GDP增长5%，居民收入增长7%，那么，扣除人口增长率0.5%，居民人均收入可以增长6.5%。这样的收入增长率应当能够维护社会稳定。二则，在“金砖国家”中，除中国外，经济增速最高的是印度，目前其GDP增长率也不过5%左右。三则，我国在1981年的经济调整中，速度的计划指标也只是“保四争五”，即确保年增长4%，争取年增长5%。

三要“重振东部”，要求东部沿海地区切实加快步伐，率先转型。目前，我国经济增长最快速的地区早已不是东部沿海地区，而是中西部的一些欠发达地区。比如2013年，GDP增长最快的是贵州，今年上半年则是重庆与贵州，而东部沿海地区，尤其是京、沪、粤、浙等，都落到了后面。但是，这并不意味着重庆与贵州将成为我国经济成长的火车头。因为，它们只不过是复制了当年东部沿海地区的做法，利用当地的廉价劳动力与土地建立工业园区，广泛招商，吸引国内外企业家来当地设厂。东部沿海不但仍然是我国经济最发达的地区，而且也是转型条件最好的地区（一个令人欣慰的信息是，东部沿海地区的经济增长速度已经稳住，没有像山西、黑龙江那样“一泻千里”）。在可预见的未来，中国经济仍然需要东部沿海来引领。如果东部沿海无力引领全国经济发展，那么，我国将会真正迎来可怕的经济停滞。因此，当前我国经济发展中的一个重要课题便是“重振东部”，让东部再次焕发活力。“重振东部”靠什么？必须靠加快转型，靠制度创新。国家应当要求与督促京、津、沪、鲁、苏、浙、闽、粤加快改革，加速转变政府职能，加速完善现代市场经济制度，努力建设信用经济、法制经济、信息经济；进而早日再次焕发活力，带动全国经济的转型与健康成长。

对《存款保险条例（征求意见稿）》的几点建议[①]

不久前，中国人民银行公布了《存款保险条例（征求意见稿）》（以下简称《条例》），人们盼望已久的存款保险制度终于要出台了。《条例》把全额偿付的最高金额定为50万元，笔者赞同并欣赏这一规定。因为，这是符合国情的，它对应着我国99.7%的存款账户和46.08%的存款金额，从而维护了绝大部分存款人，尤其中小存款人的利益。笔者对《条例》的意见建议主要如下。

1. 存款保险机构的性质与形式应当明确为“有监管权的专门司职存款保险的政策性保险公司”。《条例》对存款保险机构的性质与形式未做清晰的说明，只是含糊地称为“存款保险基金管理机构”；并且在第七条最后说，“存款保险基金管理机构由国务院决定”。看来，其性质与形式还没有明确定位。笔者认为，存款保险机构乃是运用市场化手段来防范金融风险的重要机构，其作用、职责重大，远非“保险基金管理机构”所能够涵盖的。因此，应当明确定位为“有监管权的专门司职存款保险的政策性保险公司”。

2. 财政出资，并且“兜底”。是公司，必须有资本金；是政策性公司，财政必然是主要出资人。存款保险公司，可以中央财政为主要出资人，地方财政适当参股；如果可能，也可吸收一些社会资金。这样，在第六条“存款保险基金的来源”中，便要加上两款：“公司的资本金”及“不足部分由中央政府负责弥补”。

3. 应当明确，存款保险是“强制”的，第三条中的“应当”两个字要改成“必须”。根据我国的实际国情，购买存款保险应当是“强制”的，而不是“自愿”选择的。唯有如此，才能有助于公平竞争。应当看到，“四大银行”与某些其他大银行是不愿意购买存款保险的。因为，它们不存在倒闭之忧、不需要存款保险；它们已经“大到不能倒”了，一旦“出事”，政府必然会出手相救。强制这些大银行购买存款保险，实际上相当于向它们征收了一笔“垄断税”。显然，这是很公平合理的。

4. 要设置投保的“底线”，只有资本充足率达标的银行机构才能够投保，当

---

① 刊于《改革内参》2014年第46期。

资本充足率低于某一“阈值”时，就要撤保，即强制清算。必须看到，存款保险不是万能的，它只能用于防范流动性风险，不能用于防范资产风险。如果银行机构都要等到严重亏损、资不抵债才来清算，那么，存款保险公司非赔个底朝天不可，进而甚至可能引发财政危机、通货膨胀，等等。因此，必须规定，只有资本充足率达到监管标准的银行机构才允许投保；投保的银行机构，如果资本充足率低于监管标准，要亮“黄牌”；若再降低，突破某一阈值，就要撤保，并且强制清算，或者重组，或者关闭。

5. 存款保险机构的履职规则应当经上级批准。第七条第一款说，存款保险机构“制定并发布与其履行职责有关的规则”。这恐怕不够妥当。这些规则如果仅仅由存款保险机构自行制定，很容易出现“道德风险”，即偏向于照顾存款保险机构自身的喜好与利益。因此，应当改为“制定与其履行职责有关的规则，经中国人民银行或国务院批准后发布”。

6. 应当有“大众版”的信息披露配套。存款保险制度建立后，老百姓存款就需要选择“好银行”。怎样选择呢？就需要信息披露。现有的银行信息披露是“专业版”的，一则，时效性差，1 年一次，5 月份还在刊登上年的；二则，篇幅太长，少说也有 1 万—2 万字；三则，内容复杂，用词专业，外行人往往不得要领。总之，不适合普通老百姓。为此，应当造就一个“大众版”信息披露。一要时效性好，1 月一次；二要内容简洁，仅仅列出几个主要指标，并配以解释；三要刊登在省、市、县的报刊上，尤其是晚报上；四要由存款保险机构统一收集、发布当地全部银行机构的有关信息（可以注明，信息的真实性由提供信息的银行机构负责）。

2015 年

应当在中西部地区继续发展地市级村镇银行①

组建村镇银行，是促进金融服务“三农”与小微企业的重要举措之一。2007年10月，村镇银行开始在全国范围内试点，迄今已有7年多了。存在的重要问题之一便是发展速度不尽如人意。2014年末，全国共有村镇银行1153家，县域覆盖率仅为43%左右。并且，中西部明显偏慢。东部11省市中，有9个省的县域覆盖率高于50%；中西部20个省、市、区中，只有5个高于50%，却有10个低于40%。

为了加快中西部地区的村镇银行发展，监管部门于2010—2011年，在中西部地区进行了在地级市设立总部、辖内县域设立分支行的“总分行制地市级村镇银行”试点，先后批准组建了11家“总分行制地市级村镇银行”。经历数年实践，虽然绩效参差不齐，但是其中不乏极其优秀者，例如，坐落于江西省赣州市的江西赣州银座村镇银行。

江西赣州银座村镇银行（下文简称赣州银座）由浙江省台州银行主发起，资本金3亿元，2011年3月正式开业。赣州市属于欠发达地区，2013年的人均GDP为19600多元，不到全国平均值（41908元）的1/2和江西省（31771元）的2/3。并且，在江西省的11个地市中也名列末位。江西有国家级贫困县21个，其中赣州就有8个，占全省1/3以上。赣州银座从总部开业到2014年9月末的3年半中，主要业绩如下：

1. 发展速度快。① 支行设得快。从总行开业到18家县域支行设置完毕实现全市县域全覆盖，仅仅用了23个月（见表1）。进而，使得赣州成为江西省第一个（也是唯一的）实现村镇银行全覆盖的地级市。② 业务规模发展快。开业当年（2011年）末，存贷款余额分别达到10.4亿元和5.8亿元；2012年末分别为19.18亿元和18.79亿元，同比分别增长84.4%和224%；2013年末分别达到34.35亿元和32.00亿元，同比分别增长79.1%和70.3%；2014年末分别达到47.50亿元和50.52亿元，同比分别增长38.3%和57.9%。2013年末的资产总额

---

① 刊于《改革内参》2015年第6期。

已跃居全国村镇银行的第 4 位。

表 1 赣州银座村镇银行各支行的开业时间

总行	2011 年 3 月	宁都	2011 年 12 月	寻乌	2012 年 10 月
开发区	2011 年 3 月	安远	2011 年 12 月	定南	2012 年 11 月
瑞金	2011 年 3 月	上犹	2012 年 2 月	南康	2012 年 12 月
龙南	2011 年 6 月	崇义	2012 年 2 月	于都	2012 年 12 月
大余	2011 年 7 月	石城	2012 年 6 月	兴国	2013 年 1 月
会昌	2011 年 9 月	全南	2012 年 9 月	白云 *	2014 年
信丰	2011 年 10 月	赣县	2012 年 9 月	潭东 *	2014 年

注：* 为二级支行
资料来源：江西赣州银座村镇银行

2. 经营绩效好。① 市场定位好。2011 年末、2012 年末、2013 年末和 2014 年 9 月末，户均贷款分别为 41.4 万元、50.1 万元、42.7 万元和 41.1 万元；500 万元以下贷款的占比分别为 98.9%、80.3%、95.4% 和 94.7%；农户贷款占比分别为 40.9%、53.1%、71.6% 和 69.5%（见表 2）。可见，确实是“贷小贷农”，并且，贷农的力度还在加大。② 盈利状况好。开业当年（2011 年）即有盈利，这是难能可贵的，并且随业务的发展，净资产收益率快速上升，2013 年已超过 20%，今年更有望达到 25% 左右。③ 财务管理与成本控制好。由表 3 可知，根据 9 月末数据测算，2014 年赣州银座的净资产收益率约为 24.38%，高于南康赣商村镇银行 4 个百分点，高于赣州市效益最好的农信机构石城农商行 2 个百分点。但是，赣州银座的人均存款只有 624 万元，还不到南康赣商村镇银行与石城农商行的一半。这就表明，赣州银座有着更好的财务管理与成本控制。④ 资产质量好。2014 年 9 月末，不良贷款率仅 0.06%。⑤ 综合素质好。银监部门根据 2013 年实绩评级，赣州银座为 2 级，而南康赣商村镇银行为 3 级，兴国新华村镇银行为 4 级。

表 2 江西赣州银座的经营业绩数据

	2011 年 12 月	2012 年 12 月	2013 年 12 月	2014 年 9 月
资产总额（亿元）	12.30	25.86	41.79	53.64
各项存款（亿元）	10.49	19.18	34.35	39.99
各项贷款（亿元）	5.80	18.79	31.99	44.51

续 表

	2011年12月	2012年12月	2013年12月	2014年9月
户均贷款（万元）	41.4	50.1	42.7	41.1
500万元以下贷款比重（%）	98.9	80.3	95.4	94.7
农户贷款比重（%）	40.9	53.1	71.6	69.5
资本净额（万元）	15132	35951	45794	48261
资本充足率（%）	23.81	17.52	15.96	12.81
不良贷款率（%）	0.00	0.0048	0.04	0.06
利润总额（万元）	328	5151	11596	11768
净利润（万元）	218	3834	8671	8826
净资产收益率（%）	1.44	11.29	20.34	（24.38）*
营业网点数（个）	8	18	19	22
员工人数（人）	316	481	527	641
信贷人员数（人）	93	200	246	274

注：*根据本表数据计算的年化率

资料来源：江西赣州银座村镇银行

表3　赣州市部分法人金融机构2014年净资产收益率（预计）

	赣州银座	南康赣商村行	兴国联社	石城农商行	于都联社	南康联社	兴国新华村行
净资产收益率（%）	24.38	20.67	6.66	22.35	14.07	12.91	5.30
员工人均存款（万元）	624	1316	1389	1465	1609	1389	318

注：“员工人均存款”为9月末数；“净资产收益率”根据9月末数据年化而得

资料来源：由各机构提供原始数据

3. 带来了先进的市场金融理念与技术，有力地推动了当地的金融发展。主要有5项。① 竭诚为小微企业服务，真正地“支农支小”。② 主动出击营销，而非等客户上门。③ 在认真摸清“第一还款来源”的前提下，大量发放非抵押贷款。赣州银座的全部贷款中，有抵押的不到10%，3.5%为信用，其余均为担保。④ 客户经理严格自律，不受礼、不吃请，最多只能享用客户的白开水，从而既减轻了客户负担，又有助于规避道德风险。⑤ 处处为客户着想，尽量提供最优质的服务。贷款讲求简单、方便、快捷，放贷速度同业第一；柜面服务好，客户有被服务、被尊重的感觉，等等。这些理念与做法得到了客户、同业、银监、人行、政府的普遍好评。并且，一些同业机构和有关部门已经在学习、效仿赣州银座的做法。比如，目前赣州市大部分县的农信机构都设立了精品专业支行，抽调精兵强将，专门做城区和城乡接合部的小微企业。已有不少县由财政出资担保，放大 8 倍，设立“小微信贷通”和“财园信贷通”等担保贷款产品。往往是，开始时仅由赣州银座做，后来其他银行也参与了。如石城县，第一期 500 万元的担保基金全由赣州银座石城支行做（可担保 4000 万元），第二期 500 万元才有其他银行参与，等等。

由于上述优良业绩，赣州银座成为赣州市、江西省的小微信贷标杆银行，2013 年荣获全国村镇银行“服务‘三农’与小微企业优秀单位”荣誉称号，荣获江西省银行业金融机构小微企业金融服务工作考核优胜单位，以及赣州市的四项优胜奖励。

赣州银座不但达到了设立村镇银行的预定目标，而且还大大节约了宝贵的社会资源、提高了效率。① 目前银监部门实行“法人监管”，赣州如果不搞地市级村镇银行，那么，就会有 18 家村镇银行法人机构，监管工作量极大。② 对于政府，如果不搞地市级村镇银行，那么，赣州的市、县政府就需要去寻找 10 多家主发起银行，不但工作量大，而且效果也差，实现“全覆盖”更是要推迟许多年。③ 对于台州银行，则大大节约了宝贵的管理人才资源。因为，现在只需要派出一套“高管”班子，如果不是地市级，那就得派出 18 套，困难就要大得多。

综上，显然地，基本结论是：应当在中西部欠发达地区继续发展一批总分行制的地市级村镇银行，但是，必须注意，一定要造就类似于赣州银座那样的市场定位好、活力强的机构。

怎样造就类似于赣州银座那样的机构呢？

赣州银座之所以如此成功，根本原因在于主发起银行。台州银行有坚定的“支农支小”理念、灵活的运作机制、先进的操作技术，以及优秀的企业文化与管理好村镇银行的办法；并且，把主发起村镇银行看作谋求自身发展的重要渠道。当然，也不可缺少政府与监管部门对台州银行的信任与大力支持；此外，赣州市的经济金融环境不错，经济转型压力不大，增速仍为两位数；银行机构的资产质量普遍良好，不良贷款率在 3% 以下；民风淳朴，信用观念较好。

因此，在下一步的发展中，作为关键中的关键，便是严格选择主发起银行。在选择时，应当少看银行的规模大小，多看其主发起村镇银行的实际业绩。除了必须达到监管 2 级外，主要条件是：① 有“支农支小”传统与坚定理念，机制较为灵活、操作技术较为先进，并且实践考验表明，由其主发起的村镇银行的市场定位与绩效均相当优秀；② 系自愿的，而且主发起地市级村镇银行的要求迫切。符合上述条件的，除了台州银行外，还有一批小银行，如泰隆银行、杭州联合银行、鄞州农村合作银行……都很不错。应当批准并鼓励它们去中西部欠发达地区主发起地市级村镇银行。此外，拟设地市级村镇银行的所在地，应当选择当地政府与监管部门有积极性的，经济金融环境基本良好类似于赣州的。当然，“所在地”需要经过主发起银行考察并且认可。

民营银行的“下一步”应当怎么走？[①]

民营银行，是指控制权、人事权完全属于民间资本的银行。2014 年 3 月，银监会批准组建 5 家民营银行：浙江网商、深圳前海微众、天津金城、温州民商、上海华瑞。这是我国金融监管当局第一次正式允许发展民营银行（过去，只是在城市信用社整顿过程中，作为个案，形成了几家民营银行）。目前，上述 5 家银行已经先后开业。银监会还表态，今后，对民营银行不设限额，成熟一家批准一家。加上，存款保险制度也已出台，这就为民营银行的发展造就了相当有利的条件。目前，民间资本创办民营银行的积极性甚高，正在等待审批的已经有上百家。民营银行发展之路下一步应当如何走，值得探讨。

我国为什么要发展民营银行？需要与动力主要来自 3 个方向。一是深化金融改革的需要，商业银行属于竞争性领域，理应有相当多的民营银行，甚至以民营银行为主体。但是，在我国现有的内资商业银行中，除了极个别特例外，都是“国有”与“地方国有”的，也就是均掌控在中央政府或地方政府手中。这样的商业银行结构显然有损于商业银行体系的活力，特别是难以造就真正的金融企业家。因为，企业家只能产生于民营企业中（经济学家张维迎对此做了详细论证）；同理，金融企业家只能产生于民营金融企业中。如果没有大批金融企业家的涌现，那么，我国的金融改革就不可能最终成功。正是从这一客观需要出发，中央有关部门不断放宽民间资本进入金融领域的政策。2010 年 5 月出台的“新 36 条”（国发〔2010〕13 号《国务院关于鼓励和引导民间投资健康发展的若干意见》）中就“允许民间资本兴办金融机构”，“鼓励民间资本发起或参与设立村镇银行”。2013 年，银监会更是允许民间资本创办“有限牌照”的民营银行，2014 年组建的这 5 家民营银行，就是第一单“成果”。

二是调整现有商业银行规模结构的需要。我国目前不缺大中型银行，只缺小银行，尤其是为缓解小微企业融资难，十分需要发展一批“草根银行”，即规模小的、以小微企业为主要服务对象的民营银行。小微企业是指，规模以下小企业

① 刊于《中国经济时报》2015 年 6 月 16 日。

及个体工商户。这是目前从正规金融渠道融资最困难的群体。据笔者在浙江某些县的调查，100家小微企业中，有银行贷款余额的仅4—7家；而在100户农户中，则有16—18户（规模以上企业融资并不困难，据民生银行调查，80%左右能够获得银行贷款）。小微企业贷款之所以困难，主要由于财务制度不健全、又缺乏有效抵押物，因而不适合办理公司贷款，以致大中型银行及一些小银行很难解决其“信息不对称”问题。而“草根银行”则不然，由于“民营+规模小”，因而“接地气、决策快、机制活”，能够较好地解决小微企业的“信息不对称”问题，很适合为小微企业服务。目前我国小微企业信贷做得最好的台州银行、泰隆银行，就是从“草根银行”（银座城信社、泰隆城信社）走过来的。并且，迄今仍坚持“草根”的市场定位，立志成为中国的富国银行。

三是民营工商企业“巨头”们基于方便融资与追求垄断利润，有着强烈的掌控银行的欲望。尤其是2003年以后，国家政策向银行倾斜，一度形成“银行躺着也赚钱”“任何人当行长也赚钱”的局面，更是激发了这些“巨头”们的欲求。同时，鉴于“巨头”们与地方有关部门之间存在密切的利益联系，因而“巨头”们的这种欲求通常都获得地方政府的大力支持。

上述3方面的需要与动力中，前两者都是完全合理的，应当大力支持，并为之创造良好的环境与条件。至于后者，则其中存在较大的风险（在后文中详述），只应当支持其中符合前两者需求，尤其是符合第二方面需求的“巨头”，如阿里巴巴等。

民营银行机构的经营风险状况与“国营银行”有所差别。一方面，鉴于民营银行是“用自己的钱，办自己的事”，因而往往更加关注资产质量与绩效。另一方面，改革开放以来的实践表明，民营银行容易发生3种风险。一是关联交易。当银行受控于工商业主时，若该企业主旗下的工商企业缺乏资金，就有可能将银行变成“提款机”，进而酿成风险。此类案例相当常见，大大小小多次发生。二是内斗。即大股东为争夺银行控制权而发生恶斗。典型的案例如东南沿海某民营城商行，大股东“老二”（系当地的中国优秀的制造业巨头），凭借旗下的工业大企业的实力，向“老大”挑战。由于“内斗”，致使该银行的发展被耽误了四五年。三是挤兑。目前，虽然有了存款保险，但是这仅对单纯由于流动性不足引致的挤兑很有效，而对由于资产风险引致的挤兑则效果有限。鉴于上述风险状况特点，因而民营银行的绩效往往“两极化”。比如，在当年浙江省的城市信用社中（最多时有159家，其中“戴红帽子”的民营机构有近1/4），资产质量最好的是民营的，最烂的5家“老大难”机构中，有2家是民营的。

在第一单民营银行的审定中，银监会不但重视风险控制，而且还注重银行的市场定位向“小微”倾斜，注重新技术的运用。5家中就有2家是由互联网巨头创立的。存在的问题主要有二。

一是多数银行很难做到主要为“小微”服务。一家商业银行的市场定位是其在市场竞争中的理性选择，不可能完全听命于监管当局的行政指令。况且，监管当局对贷款投向的过度干预也是违反《中华人民共和国商业银行法》的。要使商业银行主要为“小微”服务，一要依靠“规模约束”，使得银行囿于资本规模，只能主要服务“小微”；二要依靠良好的为“小微”服务的理念、技术、机制。两条中必须至少具备一条。从规模看，第一单5家银行中资本金最小的也有20亿元，按《中华人民共和国商业银行法》规定，最大单笔贷款可为3亿元，最大10笔之和可为10亿元，“规模约束”不存在。在理念、技术、机制方面，浙江网商是靠得住的；前海微众虽有理念，但技术、机制还有待考验。其余3家就难以乐观了。

二是大量出现“脚踏两条船”，存在后患。“脚踏两条船”是指民营工商企业主同时又掌控银行。这种情况是很容易引发金融风险的。因为，鉴于工商企业主的经营理念、利益，“脚踏两条船”很容易造成大量的关联贷款，进而成为银行的“杀手”。银行是社会性很强的高负债经营企业，在经营上必须强调平稳运作，稳健、合规经营。而工商企业则不然，负债率低，面对的市场波动幅度大。在市场“热”的时候可以“暴利”，并且往往迅速扩张；当市场降温、跌下低谷时，则往往经营惨淡、周转不灵，甚至亏损累累。其合规意识也颇为淡薄，违规违法现象相当常见。存在决定意识，工商企业主在实践中形成经营理念是与银行经营的要求格格不入的，因而当其入主银行后，一旦旗下工商企业需要大量资金，难免不向由自己掌控的银行伸手，进而酿成风险。这种情况，改革开放以来已经大大小小发生过多次。在这第一单5家民营银行的大股东中，除了阿里巴巴有良好的网络小贷经历、腾讯明确地想走阿里之路外，其余的大股东均为民营工商企业“巨头”。这就是说，大量出现了“脚踏两条船”格局。银监会为防止“关联交易”发生，在银行大股东问题上采取了两项措施，即选择资本实力强、主业明确、业绩与信誉良好的民营工商企业“巨头”做大股东；让股权适度分散，最大股东不超过30%，每家银行至少设置两个主要发起人。这两项措施虽然对于抑制关联交易有一定作用，但是，效果是有限的，不可能根本杜绝；而且多个大股东的存在，还会为今后的“内斗”埋下伏笔。还有，在“脚踏两条船”格局下，由于银行控制人的资本的“大头”在工商企业，同时，一直以来都是从事工商企业经营的，因而也不可能造就出金融企业家。

还应当看到一种危险，“第一单”是有示范效应的。如果今后大量获批的民营银行都是难以主要为“小微”服务的，都是“脚踏两条船”的，又都是难以从中涌现金融企业家的，那么，结局就可悲了。

综上，笔者对民营银行下一步发展的建议如下：

1. 把握底线：区分两类民间资本，杜绝“脚踏两条船”。

应当看到，民间资本分为两大类：民间工商业资本，民间金融资本。这两者的理念、利益、行为均有很大的区别。民间工商企业主，可以做银行股东，但是只适合做“财务投资人”，不宜做“战略投资人”，更不宜做“控股大股东”。否则，便容易发生前文中所述的不良后果。

我国改革开放以来的实践还表明，银行机构一旦被工商企业主掌控，即使尚未出现重大金融风险，其管理也是很难到位的。比如，浙江某民营城市信用社，在改革中被北方某民营大公司收购控股，此后，其发展一直不顺利，后来虽然也改制为银行，但是活力、资产质量、业绩一直欠佳，处于同业中的“中下游”甚至“偏下游”，毫无优势可言。而由民间金融资本控制的银行就完全不同了。比如浙江省台州市的3家城商行，其董事长均为最大股东，并且都是干金融出身的。这3家银行迄今仍然保持着当年城信社的“草根银行”本色，主要为“小微”服务，而且活力、业绩出色，资产利润率名列同业上游甚至前茅，充分展示了民营金融的优势。

目前，从国际角度看，产融结合也已经不适应时代要求了。比如，美国的花旗、摩根大通、富国、美国等4家银行的前10大股东，基本是干金融的，并且存在“交叉”，40名股东实际上是18家。

诚然，我国由于长期以来没有正式向民间资本开放过金融领域，因而民间金融资本的总规模较小、单个资本的规模更是偏小。这对当前的民营银行发展是很不利的。但是，正因为如此，开放民营银行的市场准入才显得迫切、重要。应当通过“开放”，促进民间金融资本的成长、促进金融企业家的大量涌现，而不能把机会交给民间工商业资本“巨头”，去搞一些“产融结合”的过时产物。

2. 重点发展“草根银行”，并且要把机会首先给予“贾尼尼”“尤努斯”们。

下一步民营银行的发展，除了应当继续支持“网商银行”发展外，重点应当放在努力造就一批“草根银行”上，希冀由此而涌现出一批类似于当年的银座城信社、泰隆城信社那样的小机构。这样做，一则能够补短，弥补当前银行规模结构中的“短板”，促进对“小微”的金融支持；二则也能够较好地适应当前单个民间金融资本规模较小的现状；三则十分有助于造就一批金融企业家，长远效应甚好。

具体做法主要有四：一是主要在县域小型商业银行（即村镇银行、社区银行等）领域发展民营银行。二是主发起人限于“3种人”：① 下海创业的金融机构业务骨干；② 民间金融及“准金融”行业的从业者，如典当、担保、支付、投资咨询、资产管理、P2P、民间借贷等行业的从业者；③ 将全部资本从工商企业中转移出来改投金融业的原工商企业主。三是由“3种人”主发起的县城小型商业银行的产权组织形式不能为股份有限公司或有限责任公司，只能为无限公司或两合公司，董事长及担任董事的股东必须对未能清偿债务承担无限责任。四是允许这些县域小商业银行通过市场竞争做大、升格，并在做大、升格时改组为股份有限公司或有限责任公司。

特别应当注意，我国目前不仅存在一批长期在民间金融中打拼的人士，而且其中还有着类似于“尤努斯”“阿马迪·贾尼尼”的案例。在发展“草根银行”时，应当把机会首先给予“尤努斯”和“贾尼尼”们。

3. 银监会要切实加强监管小微金融机构的力量，以适应“草根银行”的大量涌现。

毫无疑问，我国目前需要大量发展县域小型商业银行，尤其是“草根银行”。美国人口3亿，有社区银行6000余家，5万人口中有1家。我国20世纪90年代，城市信用社数量最多时有5200家。而目前，与之相接近的机构村镇银行，还不到1200家。然而，按照银监会系统现有的机构、人员配置，是难以招架县域小型商业银行，尤其“草根银行”的大量涌现的。目前银监会在县域中的机构是只有2—4人的“监管办事处”，并且存在相当多的机构空白县。为了适应“草根银行”的大量涌现，银监会必须增设机构、增加人员，切实加强对小微型金融机构的监管力量。

一则，银监会要设立“小微型银行机构监管局”，专门负责对除农信机构外的县域小微型银行机构的监管，其职权与架构大致类似于中国人民银行的外汇管理局。二则，在县域中设置监管支局，监管人员不少于10人。三则，增加人员。目前银监会系统仅23000余人，不及中国人民银行的零头（人行系统有134000余人），应当根据监管的实际需要增加人员，还可以考虑将中国人民银行的县支行划归银监会。四则，银监会在增设机构、人员后，经费来源渠道也应当做相应调整，可以考虑，其支出的经费由中国人民银行一并用“倒扣预算”列支、划拨。

同时，应当确认，对小微金融机构的监管目标，不是“零风险”，而是“收益（指社会经济效益）充分覆盖风险”；在监管责任上，不能要求监管机构对“风险”负责，而应当要求监管机构做到“三个及时”，即及时掌握情况、及时发现问题、及时进行处置。

取消存贷比，走向市场化[①]

6月24日，国务院常务会议通过了《中华人民共和国商业银行法修正案（草案）》。草案借鉴国际经验，删除了商业银行贷款余额与存款余额比例不得超过75%的规定，将存贷比由法定监管指标转为流动性监测指标。这是我国的金融体制在走向“完全的市场化”过程中的又一重要步伐。当年，即1995年5月10日，在人大通过《中华人民共和国商业银行法》时，是基于当时的实际情况：通胀率还相当高；企业贷款需求旺盛，银行与企业的自我约束机制又还很不健全；为了避免在金融体制市场化改革过程中的“震荡”，才设置了存贷比“红线”。目前，取消“红线”正当其时，长期效果和即期效果都是好的。

1. 主要长期效果。一则，能够促进商业银行的运作机制进一步走向“完全市场化”。取消“红线”，会促使银行以更为多元化的方式筹集资金，以提高银行内部的资金效率来增加可贷资金，从而不会再去疯狂扩张网点争取存款。二则，有助于缓解小微企业融资难现象。那些主要以小微企业为主要服务对象的小银行机构，由于品牌弱，对公众存款的吸引力差，小微企业贷款的派生存款又少，以至组织存款相当吃力。取消“红线”后，贷款受制于存款的情况会有所改善，进而，对小微企业的支持力度也会相应加大。三则，能够使存款准备金率对信贷总量的调节更为有效，进而完善宏观调控。容易理解，在有“红线”存在的条件下，当存款准备金率、备付金率、（银行自定的）“二级准备金率”三者之和小于“红线”时，存款准备金率的变动对银行可贷资金的影响是很有限的；而“红线”取消后，影响就直接了。

2. 主要即期效果。一则，取消“红线”相当于一次大幅度的降准。据业内人士估计，目前，总体上，商业银行的存款准备金率、备付金率、“二级准备金率”三者之和大致为80%；因而取消“红线”相当于降准5个百分点。二则，有助于“稳增长”。由于取消“红线”能够增加可贷资金，尤其是增加那些以小微企业为主要服务对象的小银行机构的可贷资金，从而使更多的资金流入实体经济。

---

① 刊于《浙江日报》2015年7月2日。

这对“稳增长”是相当有帮助的。三则，有助于金融创新，尤其是互联网银行的发展。比如，由阿里小贷发展而来的浙江网商银行，没有物理网点，信贷资金来源是多元化的，主要依靠资产转让与资产证券化，很先进，如果“红线”继续存在，则要“合规”就难了。

对于浙江省来说，取消“红线”无疑是重大利好，比全国平均水平更好。主要理由如下：

1. 取消“红线”后，小金融机构受益更多，而浙江省的地方性小金融机构比较发达，市场份额明显较高；因此，我省的受益要大于全国平均值。如2012年末，浙江省“农信机构+城市商业银行+村镇银行”的贷款市场份额为23.3%，而全国平均为19.7%，浙江省是全国的1.18倍；浙江省“农信机构+城市商业银行+村镇银行”的贷款余额占GDP 40.08%，而全国平均只占25.61%，浙江省是全国的1.57倍。

2. 浙江省金融机构的存贷比较高，尤其是一些小法人机构，因而取消“红线”后更有助于增加信贷投放量，好处更大。如今年一季度末，全国商业银行合计的存贷比为65.57%，而浙江省全部商业银行合计为82.28%；其中，浙江省的农信机构为70.31%，城市商业银行为78.89%，村镇银行为116.55%。特别是目前，浙江省金融机构的信贷资金来源趋紧，存款增长速度明显放慢，甚至慢于贷款增长。如今年一季度末，全省金融机构的人民币存贷款余额同比分别增长7.19%和9.31%；其中，农信机构分别增长9.03%和11.19%，村镇银行分别增长19.75%和20.92%，只有城商行情况较好，分别增长17.38%和16.94%，存款增长稍微快于贷款。在这信贷资金日益趋紧的情况下，取消“红线”不啻是一场“及时雨”。

3. 受益特别大的，除了前文已述的浙江网商银行外，还有村镇银行。这两者都是主要发放小额贷款的机构，都是浙江省“贷小、贷农”的生力军，发展前景广阔，作用越来越大；它们受益，也就是浙江经济受益。浙江省的村镇银行发展在全国是领先的，总体看，活力不错，市场定位良好。但是，由于机构小、网点少、“年龄短”、品牌影响力弱，加上发放小额贷款所带来的派生存款少，因而存款组织相当困难，往往需要从主发起银行大量拆入资金。目前，由于存在“红线”，一些“年龄”较长的村镇银行，不得不忙于压贷款。这是有悖于实体经济发展和“稳增长”的，是十分可惜的。取消“红线”后，这个问题便能够获得妥善解决。

发展普惠金融需要监管部门积极有为①

发展普惠金融，就是要让金融市场上的“弱势群体”——小微企业（含个体工商户）、农户和普通居民等，享受到较为平等的良好金融服务。发展普惠金融，是当前我国金融改革中的热点议题之一，从上到下，呼声均很高。我国在发展普惠金融中，一个不容回避的问题便是，银行监管部门要进行“扩军”。

一、发展普惠金融，需要大量发展小微型金融机构

目前，“弱势群体”享受的金融服务不足，着重表现为融资难、融资贵，尤其是融资贵，往往是由于“贵”，因而就显得“难”了。

“弱势群体”之所以融资贵，主要是由于他们不容易从正规银行渠道获得贷款，往往不得不求助于小贷公司、担保公司、P2P、典当、民间借贷等“影子银行”。而这些“影子银行”的融资利率往往高达20%，甚至更多，也就是要高出正规银行1倍以上。

规模以上企业的融资状况其实并不困难。据民生银行调查，80%左右的规模以上企业都能从正规银行获得贷款。最困难的是规模以下小企业及个体工商户，农户则由于有农信机构发放的带有明显政策性的“小额农户信用贷款”，因而要好一些。例如，据长三角某百强县的调查，2009年末，该县每100家规下小企业中，有贷款余额的银行账户仅7.22个，同一数据，个体工商户仅4.34个，农户则有16.2个；规模以上企业为171.24个。

规模以下小企业、个体工商户、农户等弱势群体之所以不容易从正规银行获得贷款，是由于其财务不透明（报表不全、数据不实），又缺乏有效抵押物，因此很难按公司贷款操作；再加上“船小经不起风浪”，安全性也差。如果按照个人经营贷款操作，则需搜集“软信息”、解决“信息不对称”问题，需要投入大量的人力，成本甚高，员工辛苦，效益也差。这是大多数上规模的银行所不愿意干的。

---

① 刊于《改革内参》2015年第34期。

目前，能够将市场主要定位于小微客户的银行机构，主要有两类。一是小微型银行。它们囿于“规模约束”，资金实力弱、单笔贷款上限低、附加服务能力短缺、利率又偏高等，难以觅到优质公司客户，只能面向小微客户。同时，由于规模小、决策快、机制活、接地气，在小微客户市场中具有明显优势。二是拥有包括理念、技术、机制在内的一整套较为成熟的小额信贷模式的银行。它们不论自身规模如何扩大，市场定位始终不变。比如，拥有劳动密集型小额信贷模式的台州银行、泰隆银行等；拥有技术密集型小额信贷模式的浙江网商银行。前一类情况具有“普适性”。只要银行机构规模小，生存压力会迫使其主要为小微企业服务。后一类情况则就困难了。因为要形成一家具有成熟的小额信贷商业模式的银行很不容易，不少小银行往往在规模做大后，市场定位也随之“升格”。

综上，毫无疑问，发展普惠金融需要大量的小微型银行，而我国目前，恰恰是缺少小银行。2014 年末，我国的人口是美国 4 倍半，但是资产规模 500 亿元以下的小银行美国有 6300 家，我国仅有 3669 家，差不多只有美国的一半。2014 年末，我国村镇银行加小贷公司的贷款余额只占全国银行机构贷款余额的 1.76%，还远远不及当年的城市信用社（1994 年末占 3.07%）。而美国（2011 年）社区银行的贷款余额占全美国银行的 11.2%。可见，当前我国为发展普惠金融，势必需要大量发展小微型银行。

二、监管当局似“欠积极”

大量发展小微型银行，需要银行监管部门的积极配合。目前，从下述情况看，银行监管部门对于发展小微金融机构似“欠积极”。

1. 村镇银行发展不快，更没有开放“草根银行”。

村镇银行的性质是县域小型商业银行，大体上相当于国外的“社区银行”及我国早些年存在的城市信用社。21 世纪初，城市信用社被整顿、清理（包括少数升格）完毕后，我国便没有了县域小型商业银行。2006 年 12 月下旬，在建设社会主义新农村的浪潮中，银监会出台了 3 类新型农村金融机构，其中最重要的便是定名为“村镇银行”的县域小型商业银行。

经过 8 年多的发展，2014 年末，全国已经开业 1152 家，贷款余额 4862 亿元，占全国金融机构人民币贷款余额 0.60%，另有 81 家在组建中。这个发展速度是偏慢的。全国县级行政区有 2853 个，2014 年末的覆盖率还不到一半，开业数仅相当于银监会规划中的 2011 年末数（1131 家）。与当年的城信社相比，更是少得多。1994 年末，全国共有城市信用社 5200 家，贷款余额占全国金融机构人民币贷款余额的 3.07%。

之所以发展不快，重要原因之一在于“制度设计”，使得村镇银行的发展路子很窄。银监会规定，村镇银行必须由现有的银行法人主发起，成为其子公司（控股或全资）；并且，主发起银行还需签署多种承诺，实际上为村镇银行的经营风险承担无限责任。这种做法并不陌生，当年的城市信用社就已经有过，部分城市信用社就是由人、工、农、中、建等银行组建的，在清理整顿时，就由组建银行“收回”去自行“了断”。本来，应当在村镇银行领域发展一批由民间金融资本掌控的“草根银行”，但是，一直不肯出台。甚至在“新36条”（即国发〔2010〕13号文件《国务院关于鼓励和引导民间投资健康发展的若干意见》）颁布后，也一直未落实其中的“允许民间资本”发起设立村镇银行的条款。

实际上，银监会出台“村镇银行”是迫于形势及国务院的要求，内心并不愿意。因为，就在出台的1年前，2005年12月下旬，银监会的某副主席就声称，小微企业融资难问题已经找到有效解决办法，这就是要求各商业银行设立中小企业信贷部，专门发放小额贷款，因此已经没有必要发展社区银行了。

2. 农村资金互助社发展甚慢。

农村资金互助社是3类新型农村金融机构之一，其性质是真正的合作金融机构（现有的农信机构均为政策性金融与商业性金融的混合体），在市场经济体制下，发展前景十分广阔。比如，美国合作金融的存款市场份额高达9.47%。我国第一家农村资金互助社是2004年7月组建的吉林省梨树县闫家村互信农村资金互助社。到2014年6月底为止，全国仅开业49家，相当于原规划中的已经要求很低的2011年末数（171家）的29%，发展速度实在太慢。

固然，由于我国农民较为欠缺合作金融理念，因而发展速度不可能快，但是，无论如何也不应当这样慢。一则，2014年6月末，全国纳入农经统计调查的农民专业合作社已有99.3万个，实有成员5606.6万户，如果500户可组建一家农村资金互助社，则最多可组建11万余家；而实际上，8年仅组建50家左右，也就是不到万分之五。二则，如沿海某省，已有农村金融互助组织45家，扶贫基金会727家，“三位一体”合作组织中的农民资金互助会20家；然而，获得银监会批准的农村资金互助社仅有8家。

3. 不承认小贷公司的金融机构身份。

“只贷不存”的小贷公司是2008年5月由银监会与中国人民银行联合发文出台的。由于小贷公司由省级政府负责风险处置及审批监管，因而发展很快。2014年底，全国已开业小贷公司8791家，贷款余额9432亿元，分别为同期村镇银行的7.63倍和1.94倍。目前，小贷公司发展中的最大“瓶颈”是缺乏金融机构身份。没有金融机构身份，不能实行资本充足率管理，只能按银监会规定向银行融入占资本金50%的资金。如此低的杠杆率，造成资金成本很高，贷款利率接近民间借贷，以致客户空间狭窄，贷款风险加大。二是缺乏有效监管。由于不是金融机构，银监部门不承担监管职责，而省政府确定的监管部门则因缺乏相应的知识、技术、经验和专业人才，因而监管难以到位，难以有效遏制违规经营行为。这两个问题的发酵，将最终使得小贷公司“不可持续”。目前，这种趋势已经显现。如沿海某省，小贷公司发展出现拐点，今年5月末，全省小贷公司合计，注册资本金同比下降0.35%，可贷资金同比下降8.82%，贷款余额同比下降0.7%，不良贷款率持续上升，已经超过12%。

小贷公司为何没有金融机构身份？因为银监会只承认小贷公司为金融组织，而不是金融机构。但是，金融组织与金融机构的区别在哪里？为什么由银行组建的贷款公司是金融机构，而由民间资本组建的贷款公司却不是金融机构？

4. 对P2P的监管动作迟缓

近几年来，我国P2P网贷平台发展甚快。今年6月末止，累计成交量已达6835亿元，其中6月成交660亿元，月末余额2087亿元；预计下半年的成交量可超5000亿元，全年可超8000亿元。与此同时，问题也不少。今年上半年出现问题平台419家，是去年同期的7.5倍，因而加强监管甚为迫切。早在去年上半年，有关方面已经确定今后由银监会监管P2P平台，银监会也通过调查确定了基本原则，如功能限于信息中介，不能有资金池，不能给关联方融资，规定单户、单笔的最高金额，等等。但是，迄今为止尚未正式承担起监管职责。

三、“欠积极”的成因

首先，银监会的机构设置与人力配备存在较大“缺口”。银监会是2003年4月28日从中国人民银行分设出去的。当时正值城市信用社和农村基金会清理整顿的结束期，监管对象较为简单，只有政策性银行、国有商业银行、股份制银行、城市商业银行、外资法人金融机构与农信机构。由于实行“法人监管”，因而县域的监管工作量不大，县域中的机构与人员都十分精简。这种机构设置与人员配备架构一直延续至今，无根本变化。比如，2013年末，县域中的监管办事处共有员工3873人，占银监会员工总数的16.22%，平均每个县域仅1.36人。因而，在县域中，有的设置了2—4人的监管办事处，有的干脆没有机构。以这样的机构设置、人员配备去应对县域中新出现的海量小微机构，如村镇银行、小贷公司、农村资金互助社，以及金融控股公司、资产管理公司、担保公司等，显然是力不从心的，从而也就容易理解之所以“欠积极”了。

其次，出于监管部门的“偏好”。银行监管部门历来有一种偏好：希望监管对象的数量少一些、规模大一些。这种偏好，在银监会尚未分设时就有了。在城市信用社的清理整顿中，一些中国人民银行分行长把城市信用社看成是“定时炸弹”，巴不得早日“一刀切”掉。

容易理解，这种“偏好”是基于监管当局自身利益的。法人银行多了，监管工作量就会大增；小法人机构多了，更容易出事，不仅“疲于奔命”，而且会招致上级的批评。若遇金融风险甚至发生挤兑，那可是有关社会稳定的，在“稳定压倒一切”的方针下，监管部门当然要尽量选择“失稳”因素少一点的做法。

上级部门对银行监管的考核要求，则更是助长了这种“偏好”。目前，往往过分地强调监管部门对金融安全的责任。实际上，出现金融风险的原因是多方面的，需要具体分析，监管部门的责任也是需要具体分析的，许多金融风险其实根源于实体经济。

四、消除“欠积极”的对策建议

首先，上级部门要明确银监会对小微金融机构及“影子银行”的监管责任。对于各类小微金融机构与需要监管的“影子银行”机构，由谁来监管？有2种思路，一是由银监会监管；二是由省级政府设立省金融监管局来监管。现在看来，还是应当选择前者，因为后者的缺点更大。一则，由省级政府设立的省金融监管局由于相应的知识、技术、经验、专业人才难以跟上，使得监管难以到位；二则，地方政府的行为偏向于“发展”，即增加资金投入量，与安全、风控的监管要求会发生“摩擦”，尤其是在目前GDP考核尚未取消、GDP主义还存在之时。

其次，银监会按照履行监管责任需要进行“扩军”。银监会要设立小微金融机构监管局，专门负责监管村镇银行、农村资金互助社、小贷公司，及其他需要监管的小微金融机构与“影子银行”机构。小微金融机构监管局的架构可参照央行的外管局模式。银监会各级机构都要适应监管需要相应“扩军”，尤其是要在县域中设立监管支局，其监管人员一般不少于10人。可以考虑，将中国人民银行的县支行划归银监会。还可考虑，在“扩军”后，银监会的经费改为由中国人民银行统一划拨。

再次，明确监管部门的责任主要是做到、做好“三个及时”，即及时掌握监管对象的经营情况，及时发现问题与风险苗头，及时依法严肃处置。无论国务院对银监会，还是银监会对下属机构，都应当主要考核是否做到、做好这“三个及时”。当然，还应当适应经济发展需要，依法积极发展小微金融机构。对于小微金融机构，不能追求“零风险”，而应追求“收益充分覆盖风险”。

其四，银监部门要以大局为重，努力改变那种监管对象“数量越少越好、规模越大越好”的偏好。要看到一种危险，如果这种“偏好”继续存在，那么，自己就有可能成为发展普惠金融的阻力。对此，国务院应当鼓励、帮助纠正这种“偏好”；并且切实做好协调工作，使得银监会在监管实践中能够获得相关部门的必要支持，不至于总是“单打独斗”。

中小民营企业“融资难、融资贵”的成因与对策[①]

实现转型升级，由主要依靠要素投入的粗放型增长转变为主要依靠技术创新的集约型增长，是现阶段我国经济发展中的核心任务。中小民营企业要实现转型升级，需要良好的金融环境。所谓“良好”，并不是要求“优惠”，而是要求“较为公平”，也就是较好地落实“十八大”报告中的“保证各种所有制经济依法平等地使用生产要素”，进而切实缓解融资难、融资贵状况。

一、中小民营企业融资的基本现状：融资难、融资贵

目前，中小民营企业面临的金融环境，与“较为公平”尚有明显差距，与“十八大”报告中的要求相比则差距更大。目前，中小民营企业仍是融资市场中的弱者，基本状况仍然是融资难、融资贵。全国如此，浙江亦是。

1. 融资难。

中小民营企业从正规金融渠道获得的融资量是与其规模不匹配的。如 2013 年 6 月末，浙江省中小民营企业的生产总值占全省的 70% 以上，税收占 60% 以上，新增就业占 90% 以上，但获得的银行贷款仅占 39.37%。

2013 年上半年，中小企业协会会长李子彬带队到 10 余个省市调研后表示：“现在中小企业共有 1400 万家，大概其中有 10% 的中小企业能够从银行等金融机构获得融资，这些获得融资的中小企业已经出现‘融资难、融资贵’，而其余 90% 连银行的大门都进不了，更不用说‘难、贵’的问题。”李子彬会长还于 6 月 17 日写信给马凯副总理，反映的主要问题是“当下中小企业面临的生存困境，尤其是紧绷的资金链让众多中小企业的经营难以为继。在此背景下融资难、融资贵的问题也愈发突出”。[②]

据中国人民银行台州市中心支行撰写的一份研究报告：“中小企业金融市场缺口巨大。以全国中小金融发展先行地区台州为例，截至 2012 年 3 月，台州中小企

---

① 本文的“压缩版”刊于《金融参考》2015 年第 5 期。

② 见 2013 年 7 月 13 日《经济观察报》胡中彬等撰稿的《一封写给副总理的信》。

业（含个人经营性）贷款占全部贷款比例达 46.9%，比全国高约 20 个百分点，但据调查，台州仅有不到 20% 的中小企业获得贷款，全国而言，缺口更大。""中小企业的直接融资渠道更是基本没有，并且这一现状在较长时间内很难改变。"

据浙江省经信委的报告显示，到 2010 年底，浙江省 110 万家法人实体企业中，能在银行贷到款的只有 10 万家左右，90% 以上的企业尤其小企业被挡在银行信贷门槛之外。

据笔者 2010 年在浙江省嘉善县的调查，规模以下企业及个体经营户中的银行信贷空白区最大，远远超过农户。2009 年末，嘉善县每 100 家规模以上企业中，有贷款余额的银行账户为 171.24 个；而在每 100 家规模以下企业中只有 7.22 个，每 100 户个体经营户中只有 4.34 个；每 100 户农户中则有 16.2 个。

2008 年"金融危机"发生后，我国以"4 万亿"为契机，大量资金涌向国企，引发了一波"国进民退"，民营企业的融资难进一步加剧。由表 1，2007 年以前，私营工业企业的资产负债率高于国有及国有控股企业；2008 年开始，私营工业企业的资产负债率低于国有及国有控股企业，并且越来越低，而国有及国有控股企业的资产负债率则明显上升、越来越高，两者差距不断扩大。这就印证了贷款、债券进一步向国企倾斜。

由表 2，可以看出，民营企业"融资难"的程度，是与企业规模成正比的，即企业规模愈小，融资也愈难。

表 1　2002—2011 年我国国企与私企的资产负债率　（%）

	2002	2003	2004	2005	2006	2007	2008	2009	2010	2011
国有及国有控股企业	59.2	59.2	56.6	56.8	55.2	56.6	59.1	60.4	60.5	61.2
私营工业企业			60.5	59.6	59.2	58.5	56.5	55.5	54.9	54.6

资料来源：雷薇《当前我国金融体系系统性风险特征及原因分析》，《中国经济时报》2013 年 8 月 20 日

表 2　商业银行对中小企业贷款的拒绝情况

拒绝情况 / 企业规模（人）	申请数量	申请次数	拒绝数量	拒绝次数	拒绝数量比（%）	拒绝次数比（%）
小于 50	736	1537	478	1213	64.59	78.92
51—100	360	648	203	375	56.39	57.87
101—500	159	507	65	224	40.8	44.18
大于 500	46	152	12	37	26.09	24.34
合计	1301	2844	758	1849	58.26	65.01

资料来源：中国年鉴信息网，《中国金融年鉴 2010》。
（本表转引自王琰琰《我国中小企业融资问题研究——基于银行信贷角度》，2012 年 5 月 23 日山东大学经济学院硕士论文答辩会）

2. 融资贵。

“工商联主席黄孟复2012年对浙江企业融资成本的调研显示，当地小额贷款平均利率是20%，大型民企融资成本在10%以上，而央企的融资成本只有5.3%，比大型民企低了将近一半！”①

调研印证了上述情况。据杭州市浙江红叶园艺集团公司（大中型民企）反映，该公司获得的贷款，名义利率为6.4%，但是要为银行拉存款，补差贴息3%，再加上请客送礼等其他费用，实际融资成本高于10%。据中国中国人民银行湖州市中支的调研报告：“据统计，2013年4月份湖州市银行机构贷款加权平均利率7.41%，虽低于去年同期1.04个百分点，但加上其他成本支出，银行综合借贷成本一般在10%左右。”

这里的贷款“其他成本支出”，有银行内费用和银行外费用。银行内费用主要是拉存款贴息、咨询费、顾问费、管理费及请客送礼等。银行外费用，据中国人民银行长兴县支行调查，主要有担保费2%、抵押土地评估费2‰、抵押房地产评估费2‰、办证费85—550元、审计验资费3‰、公证费2‰、保险费1.5‰等。

对于贷款余额较小的中小民营企业，则还要加上两笔费用。一是利率上浮幅度大。由于贷款金额小，银行贷款的“单位成本”势必要高一些；特别是由于中小民营企业的财务制度不健全，数据不完整、准确度低，因此银行为解决“信息不对称”问题需要耗费大量的人力物力；进而，利率上浮幅度必然较大。据笔者2012年9月在杭州市九堡镇的调查，当地主要发放中小企业贷款的5家银行平均利率分别为7.56%、7.8%、8.2%、10.08%和8.63%，分别上浮26%、30%、37%、68%和44%。二是“资金期限错配”而引致的费用。中国人民银行台州市中支的一份调研报告称：“由于银行对信贷风险把控能力不足、基层行审批权限上收等因素制约，企业贷款期限被人为缩短，一般以1年以下为主，这与企业实际资金需求不匹配。为解决转贷问题，企业不得不主要求助于民间高息‘过桥贷款’，导致‘筹资——退贷——再贷’怪圈出现，大大增加了企业融资成本，并严重影响企业正常经营。”“根据问卷调查，台州金融机构企业流动性资金贷款续贷比例高达83%，其中以贷款期限错配导致的转贷占绝对主体。”业内专业人士估算，“70%需求求助于民间金融机构和民间借贷。根据台州当前情况，民间借贷利率为2‰/天”。另据中国人民银行温州市中支今年二季度对温州企业贷款形势的问卷调查，“资金期限错配”被列为“生产经营面临的主要困难”的第二位。第一位是“产能过剩”，第三位是“融资成本过高”。

① 见《改革内参》2013年第2期第49页。

那些无法从银行获得贷款的中小民营企业，融资成本就更高了。据省金融办，2012 年全省小额贷款公司的平均利率为 19.16%。这还是名义利率，加上其他费用将超过 20%。据中国人民银行杭州中支，2012 年四个季度的民间借贷平均利率分别是 25.62%、24.67%、23.96% 和 24.59%。

3. 企业融资能力的影响维度。

我国目前的融资市场上，各类经济主体的融资能力是与两个维度相关联的。一个维度是所有制状况。经济主体的融资能力与其“公有化程度”呈正相关，“公有化程度”越高，融资能力越强，反之亦然。另一个维度是企业经营规模，经济主体的融资能力与其经营规模呈正相关，经营规模越大，融资能力就越强，反之亦然。在这两个维度中，民营中小企业都处于末端，从而势必成为融资市场上的最弱者，“融资难、融资贵”的重灾区。见图 1。

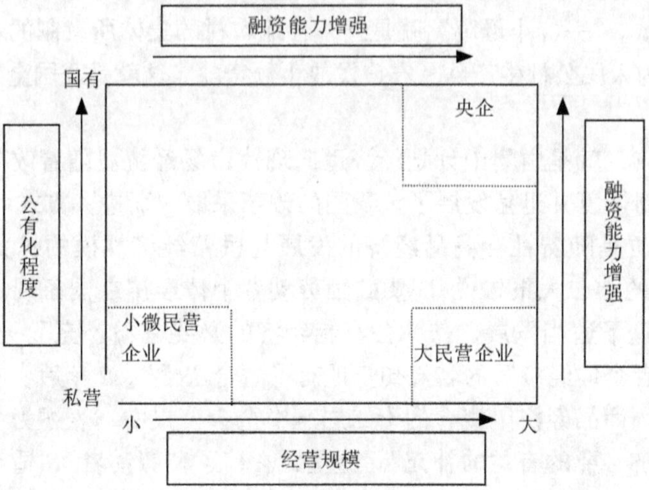

图 1　企业融资能力影响维度图

二、“融资难、融资贵”的主要成因

中小民营企业“融资难、融资贵”问题是全国性的，从而其主要成因也必然是全局性的，需从全局角度来分析。

1. 经济体制改革滞后于市场发展。

我国目前存在的中小民营企业“融资难、融资贵”问题有着明显的“中国特色”，也就是，其中包含着深刻的经济体制根源。一些人士说，中小企业融资难是一个世界性的课题。这话不错，但是必须看到，在大多数国家，决定企业融资难的只有或基本只有一个维度：企业经营规模。也就是，仅仅存在由于中小企业的财务制度欠健全、“信息不对称”、又缺乏有效抵押物而造成的“融资难”。基本上不存在由于所有制状况而造成的“融资难”。

改革开放前，我国的经济体制是集中的计划经济，仅存在2种公有制。一是采取国家所有制形式的全民所有制；二是包括了农村人民公社与城镇“大集体”企业的集体所有制。私人商品生产是不允许的。农户家中的极少量自留地产品主要是供自己消费，连每个农户允许养几只鸡都有规定，超过了，就要割资本主义尾巴。长途贩运则作为犯投机倒把罪，要坐牢。与此相对应，在金融方面，没有证券市场，也没有真正意义上的金融宏观调控与金融监管，银行也只有“一头大象”与“一群小母鸡”。“一头大象”是无所不包的中国人民银行，它按照计划性、偿还性、物资保证性原则主要对国有企业与城镇大集体企业发放“非定额流动资金”贷款。“一群小母鸡”就是遍布各地农村的集体所有制的农村信用合作社，它主要为人民公社生产队及农户发放小额贷款。这就是我国金融体制改革的“起点”。

改革开放，就是由集中计划经济迈向现代市场经济。随着改革的推进、民营经济也重新恢复并迅猛发展了。我国的改革采取“渐进”方式。35年来，民营经济的地位是随着社会商品经济的发展与民营经济规模的扩大而逐步提升的。1982年的十二大报告说，“要鼓励劳动者个体经济在国家规定的范围内和工商行政管理下适当发展，作为公有制经济的必要有益补充”。这里，民营经济以“劳动者个体经济”的名义初步地有了“合法性”。2年后，在提出赫赫有名的“有计划商品经济”概念的十二届三中全会公报中，表述为“个体经济是社会主义经济必要的有益的补充”。这里，去掉了“劳动者”“适当发展”等限制词，意味着允许民营经济扩大生产规模、雇用较多的工人。1992年，在提出“社会主义市场经济”的十四大报告中说，“以公有制包括全民所有制和集体所有制经济为主体，个体经济、私营经济、外资经济为补充，多种经济成分长期共同发展”。这是首次使用了“私营经济”一词，而不仅仅只是“个体经济”，这是一个重大发展。正是在这样的准则下，进行了国有企业的“抓大放小”与乡镇企业的改制，促使民营经济快速发展。其后，在2002年的十六大报告中，提出了两个“毫不动摇”，并且，民营经济不再是“补充”，而是“重要组成部分”：第一，必须毫不动摇地巩固和发展公有制经济；第二，必须毫不动摇地鼓励、支持、引导非公有制经济发展，个体、私营等各种形式的非公有制经济是社会主义市场经济的重要组成部分。显然，前进了一大步。但是，民营经济的地位毕竟还是不能与公有制经济等同的，因为毕竟还存在一个大前提——第三，坚持公有制为主体。2012年，在经历了一轮“国进民退”后的十八大报告中，基本上是复述了十六大报告：“要毫不动摇巩固和发展公有制经济……不断增强国有经济活力、控制力、影响力。毫不动摇鼓励、支持、引导非公有制经济发展，保证各种所有制经济依法平等地使用生产要素、公平地参与市场竞争、同等受到法律保护”。当然，也有“积极”的地方，首次提出了要“保证各种所有制经济依法平等地使用生产要素、公平地参与市场经济、同等受到法律保护”。

回顾改革历程，民营经济的地位有了巨大的、质的飞跃，早已不可同日而语了。在融资方面，“直接的所有制歧视”，如因“非公”而遭拒贷，基本不再存在，至少也是极为少见了。但是，鉴于“以公有制为主体”这个政策大前提，民营经济不得不“矮”了国有经济一头，“平等地使用生产要素、公平参与市场竞争、同等受到法律保护”，在实践中很难完全做到。目前，“间接的所有制歧视”依然大量存在，不少政策措施与制度安排，本身就是向国有经济倾斜的（从“以公有制为主体”角度看，这也是合理的、必然的）。甚至某些由国务院制定的促进民营经济发展的文件，在贯彻中也往往大打折扣。比如“新36条”（即国发〔2010〕13号文件《国务院关于鼓励和引导民间投资健康发展的若干意见》），也因遭遇“玻璃门”“弹簧门”而难以完全落实。

GDP主义是当前经济体制中的又一个问题。各地政府为追求GDP政绩，势必更多地向大企业倾斜，以及通过扩大地方政府融资平台而加大基础设施及其他固定资产投资力度。这也在一定程度上抑制了中小企业的银行信贷份额，助长了中小企业“融资难”。

2. 货币政策与金融体系有待完善。

改革开放35年多，我国的金融体制已经发生重大飞跃，不但有了庞大且初步完备的银行体系，而且也有了规模相当大的证券市场，有了初步完善的金融监管与金融宏观调控。当然，从“现代市场经济”角度来考察，需要纠正、改进之处还很多，其中包括一些明显不利于中小企业“融资难”缓解的因素；并且，这些因素往往都是与前述经济体制大背景有一定关联的，主要如下。

一是“不对称”货币政策加剧了中小企业“融资难”。

货币政策是总量政策，基本作用是稳定通货，进而促进经济平稳健康发展。货币政策的内容主要包括判定货币形势及选择调控手段。货币政策像“绳子”，对于平抑通胀、“拉住”经济过热相当有效，而对于推动经济增长加速则效果不显，尤其是从长期看，没有作用。货币政策是宏观政策，应当为各类经济主体造就较为公平的环境。改革开放以来，我国在货币政策运用上有过极为成功的案例，这就是对1993年高通胀的治理。当时，通过适当的货币政策并配以其他必要措施，用了3年时间，使得25%的高通胀“软着陆”，并且使得其后的6—7年内货币保持稳定。近10年来，则实行了“不对称”货币政策，其政策效应明显有利于央企、银行、地方政府融资平台、大企业等融资市场上的强势群体，不利于中小民营企业及普通百姓。

“不对称”货币政策的基本特点就是维持很低的实际利率。实际利率＝名义利率－通胀率（GDP平减指数）。由表3可知，在2003—2012年10年中，1年期存款实际利率为负值的有8年，仅有2009年和2012年为正值；1年期贷款基准实际利率为负值的也有5年，即2004年、2007年、2008年、2010年和2011年（在1996—2002年这7年中，1年期存、贷款的实际利率均为正值）。这种“不对称”货币政策实为剥夺普通百姓及中小民营企业的政策、“劫贫济富”的货币政策。普通老百姓的余钱，通过储蓄，大量变成银行的利润。如2011年，银行从储蓄存款负利率中就获取了1.5万亿元左右的收益；也因此，这一年虽则工商企业效益大幅度下降，但是银行效益却普遍飙升。同时，银行通过贷款低利率（乃至负利率）向强势群体转移收益。在这种格局下，强势群体肯定会超量向银行借贷，进而不但资金宽裕，而且还可以转手放贷。例如，《改革内参》2013年第2期第49页写道：“低廉的融资成本还将为央企创造‘放贷赚钱’的机会。据《经济日报》报道，在市场资金紧缺的2011年，至少有64家上市非金融企业放过贷款，其中90%以上是国企。”而中小民营企业等弱势群体则肯定会受到挤压、“边缘化”。在“不对称”货币政策下，当通胀抬头、货币紧缩时，民营中小企业更是遭难，实际上成为通胀成本的承担者。因为，在这种货币政策下，紧缩的手段是调高存款准备金率与控制信贷增量，而低利率格局则不但未变，而且往往是负利率进一步扩大。

因而，紧缩对强势群体几乎没有影响，对它们来说，货币政策仍然是宽松的。对于中小民营企业则就完全不同了，它们是压缩信贷的首选对象，每次紧缩都有大量中小企业被收贷，货币政策是非常“紧”的。它们因此被迫转向民间借贷，进而造成民间借贷市场需求激增、利率冲高，日子十分难过。比如，2011年上半年，在信贷紧缩的大背景下，“四大银行”的地方政府融资平台贷款余额新增6170亿元，比年初增长了31.7%。而在另一端，据温州市金融办对350家企业的抽样调查，2011年一季度末，企业的营运资金中，银行贷款份额下降4个百分点，民间借贷份额上升4个百分点。总之，实际上，“不对称”货币政策正是促成2011年“温州民间借贷危机”的最主要原因。

表 3 金融机构人民币存贷款基准利率及通胀率 （%）

调整时间	活期存款	一年期存款	一年期贷款	年份	通胀率	CPI
1990 年 4 月 15 日	2.88	10.08		1990 年	6.3	3.1
1990 年 8 月 21 日	2.16	8.64	9.36	1991 年	5.7	3.4
1991 年 4 月 21 日	1.8	7.56	8.64	1992 年	6.2	6.4
1993 年 5 月 15 日	2.16	9.18	9.36	1993 年	13.6	14.7
1993 年 7 月 11 日	3.15	10.98	10.98	1994 年	25.0	24.1
1996 年 5 月 1 日	2.97	9.18	10.98*	1995 年	13.7	17.1
1996 年 8 月 23 日	1.98	7.47	10.08	1995 年	6.4	8.3
1997 年 10 月 23 日	1.71	5.67	8.64	1996 年	1.5	2.8
1998 年 3 月 25 日	1.71	5.22	7.92	1997 年	–1.0	–0.6
1998 年 7 月 1 日	1.44	4.77	6.93	1998 年	–1.3	–1.3
1998 年 12 月 7 日	1.44	3.78	6.39	1999 年	2.1	0.4
1999 年 6 月 10 日	0.99	2.25	5.85	2000 年	2.1	0.8
2002 年 2 月 21 日	0.72	1.98	5.31	2001 年	0.6	–0.8
2004 年 10 月 29 日	0.72	2.25	5.58	2002 年	2.6	1.6
2006 年 8 月 19 日	0.72	2.52	6.12*	2003 年	6.9	3.9
2007 年 3 月 18 日	0.72	2.79	6.39	2004 年	3.9	1.8
2007 年 5 月 19 日	0.72	3.06	6.57	2005 年	3.8	1.5
2007 年 7 月 21 日	0.81	3.33	6.84	2006 年	7.6	4.8
2007 年 8 月 22 日	0.81	3.60	7.02	2007 年	7.8	5.9
2007 年 9 月 15 日	0.81	3.87	7.29	2008 年	–0.6	–0.7
2007 年 12 月 21 日	0.72	4.14	7.47	2009 年	6.7	3.3
2008 年 10 月 9 日	0.72	3.87	6.93*	2010 年	7.8	5.4
2008 年 10 月 30 日	0.72	3.60	6.66	2011 年	1.9	2.6
2008 年 11 月 27 日	0.36	2.52	5.58			
2008 年 12 月 23 日	0.36	2.25	5.31			
2010 年 10 月 20 日	0.36	2.50	5.56			
2010 年 12 月 26 日	0.36	2.75	5.81			
2011 年 2 月 9 日	0.4	3.00	6.06			
2011 年 4 月 6 日	0.5	3.25	6.31			
2010 年 12 月 26 日	0.5	3.50	6.56			
2011 年 2 月 9 日	0.4	3.25	6.31			
2011 年 4 月 6 日	0.35	3.00	6.00			

注：*1995 年 7 月 1 日一年期贷款利率调整为 12.06%；2006 年 4 月 28 日调整为 5.85%；2008 年 9 月 16 日调整为 7.2%

资料来源：人行货币政策司、《中国金融年鉴》、《中国统计年鉴》

二是证券市场不完善，间接地影响了中小民营企业融资环境。

1990 年 12 月 16 日，上海证券交易所开业，这意味着我国的证券市场正式起航。20 多年来，我国的证券市场取得了长足的发展，目前已经有沪、深两个主板市场及深圳创业板市场。但是，总体来看，目前我国的证券市场还是不完善的，还不是一个符合现代市场经济要求的真正市场化的市场。一则，20 世纪 90 年代，提出了证券市场要“为国有企业改革与发展服务”的管理方针，迄今尚未完全脱离这一“框架”。二则，股票市场仅有顶端的主板、二板市场，缺乏广大的基础性市场，而且，上市公司的股票中，尚有相当数量是不能流通的（2012 年末为 22.2%）。三则，一级市场是封闭的，只有经证监会批准上市后才能向社会发行。四则，债券市场主要为国债及特大型央企服务，一般大中型企业都很难问津，中小企业就更为困难。也因此，证券市场的规模仍然明显偏小。如 2011 年末，我国企业股票和债券余额，占社会融资存量的 26%，而同期，美国占 73%，英国占 62%。

虽然，在任何情况下，中小民营企业都不可能大量地直接从证券市场融资，既不可能大批上市，也不可能大量发债。但是，证券市场不完善会间接地给中小民营企业融资带来巨大的负面影响。一则，由于证券市场相对“封闭”，直接融资规模偏小，因而，本来应当主要依靠直接融资的大中型企业也主要依靠银行贷款，信贷资金势必主要流向大中型企业，民营中小企业势必不受银行重视，融资相当困难。二则，由于证券市场相对“封闭”，不向社会开放，因而中小民营企业难以向社会直接融资，在完全市场经济国家中的一些通常做法都成为违法犯罪，“孙大午”事件就是其中的典型案例。三则，最要命的是，由于股票一级市场是“封闭”的，又缺乏主板市场以下的各种基础性交易市场，因而，风险投资缺乏顺畅的退出渠道，难以充分发展。这就使得民营中小企业的技术创新与转型升级受到极大的抑制。

三是银行体系中，小银行的“份额”严重偏少，活力也有待增强。

银行贷款仍是我国的融资主渠道。据《中国统计年鉴》，2011 年，社会融资规模中，各项贷款占 82.4%。可见，当前我国的银行体制是十分强大的。

有的人士在论及中小企业贷款难时，往往强调中小企业自身存在的“硬伤”，即财务制度不健全、财务信息不透明、缺乏有效抵押物，等等。其实，这是在用大公司贷款的标准要求中小企业。这种要求是不合理的。银行经营的利润来自企业经营利润，银行必须适应企业客户的需要设计金融产品。只要中小企业的资金运用有良好的利润，那么，信贷资金的介入就是安全的、有利可图的。至于“信息不对称”问题，则主要是银行应当设法找到破解办法、设计出有针对性的产品。

表 4　存款准备金率历次调整一览表

次数	时间	调整后	次数	时间	调整后
45	2012 年 5 月 8 日	20.00%（大型）	28	2008 年 10 月 15 日	17.00%（大型）
		16.50%（中小）			16.00%（中小）
44	2012 年 2 月 24 日	20.50%（大型）	27	2008 年 9 月 25 日	17.50%（大型）
		17.00%（中小）			16.50%（中小）
43	2011 年 12 月 5 日	21.00%（大型）	26	2008 年 6 月 7 日	17.50%
		17.50%（中小）	25	2008 年 5 月 20 日	16.50%
42	2011 年 6 月 20 日	21.50%（大型）	24	2008 年 4 月 25 日	16.00%
		18.00%（中小）	23	2008 年 3 月 18 日	15.50%
41	2011 年 5 月 18 日	21.00%（大型）	22	2008 年 1 月 25 日	15.00%
		17.50%（中小）	21	2007 年 12 月 25 日	14.50%
40	2011 年 4 月 21 日	20.50%（大型）	20	2007 年 11 月 26 日	13.50%
		17.00%（中小）	19	2007 年 10 月 25 日	13.00%
39	2011 年 3 月 25 日	20.00%（大型）	18	2007 年 9 月 25 日	12.50%
		16.50%（中小）	17	2007 年 8 月 15 日	12.00%
38	2011 年 2 月 24 日	19.50%（大型）	16	2007 年 6 月 5 日	11.50%
		16.00%（中小）	15	2007 年 5 月 15 日	11.00%
37	2011 年 1 月 20 日	19.00%（大型）	14	2007 年 4 月 16 日	10.50%
		15.50%（中小）	13	2007 年 2 月 25 日	10.00%
36	2010 年 12 月 20 日	18.50%（大型）	12	2007 年 1 月 15 日	9.50%
		15.00%（中小）	11	2006 年 11 月 15 日	9.00%
35	2010 年 11 月 29 日	18.00%（大型）	10	2006 年 8 月 15 日	8.50%
		14.50%（中小）	9	2006 年 7 月 5 日	8.00%
34	2010 年 11 月 16 日	17.50%（大型）	8	2004 年 4 月 25 日	7.50%
		14.00%（中小）	7	2003 年 9 月 21 日	7.00%
33	2010 年 5 月 10 日	17.00%（大型）	6	1999 年 11 月 21 日	6.00%
		13.50%（中小）	5	1998 年 3 月 21 日	8.00%
32	2010 年 2 月 25 日	16.50%（大型）	4	1988 年 9 月	13.00%
		13.50%（中小）	3	1987 年	12.00%
31	2010 年 1 月 28 日	16.00%（大型）	2	1985 年	统一为 10.00%
		13.50%（中小）	1	1984 年	企业存款 20%，
30	2008 年 12 月 25 日	15.50%（大型）			农村存款 25%，
		13.50%（中小）			储蓄存款 40%
29	2008 年 12 月 5 日	16.00%（大型）			
		14.00%（中小）			

注："大型"指"大型金融机构"，"中小"指"中小金融机构"

向中小企业提供信贷服务，主要得依靠小银行。因为，小银行资金实力弱，无力与大银行竞争大客户，只能与大银行"错位"，主要去为当地的小客户服务。另一方面，小银行大都是当地的法人银行，在当地有较为深厚的人脉关系，在破解中小企业的"信息不对称"方面具有较强的优势，也就是适合为当地小客户服务。众所周知，在我国目前的银行体系中，不缺少大银行，只缺少小银行。正因为如此，国家的金融决策部门才出台村镇银行、小额贷款公司等。但是，小银行的发展步伐不快，2013 年末，全国才开业村镇银行 987 家，只有县级行政区数量（2853 个）的三分之一，而在 20 世纪 90 年代，同类的小机构（城市信用社）数量最多时曾达到 5200 家（1994 年）。2013 年末，村镇银行的贷款余额仅 3645

亿元，市场份额只有 0.51%，即使加上小额贷款公司（7839 家）的 8191 亿元，才占全国金融机构人民币贷款余额的 1.65%；而 1994 年，城市信用社的贷款余额占当年全国金融机构人民币贷款余额的 3.07%。在经济比我国发达得多的美国，同类小银行机构（社区银行）有 6000 家左右，市场份额要比我国大得多。美国 2002 年，社区银行的存款市场份额达到 18.79%。可见，目前我国小银行的数量尤其“份额”，确实是严重不足的。

另一方面，小银行机构的活力也参差不齐，尚欠理想。不少农信机构的经营机制尚未市场化，活力不足；村镇银行中也有一些机构活力甚差，难以有“鲶鱼效应”；更有一些城市商业银行在规模做大后，市场定位发生“变味”，脱离了小客户。

此外，鉴于现有的银行大都是公有的，或者是国有控股，或者是地方国有控股，或者实际上由政府掌控，因而存在某种“偏好”，这对于中小民营企业的融资也是很不利的。

四是中国邮政储蓄银行“体制”不到位，巨额信贷资金“放空”。

中国邮政储蓄银行是在改革邮政储蓄体制基础上组建的商业银行，2007 年 3 月正式挂牌。国家对邮储银行的定位是：专营小额贷款的全国性中小企业银行。邮储银行的营业网点遍布城乡，98% 在县域及以下，合计超过了 3.9 万个，居全国银行之首。存款余额仅次于“四大银行”，列全国银行第五。并且，存款增长势头一直不错。如 2013 年 6 月末，其浙江分行的存款余额同比增长 12.36%，高于全省银行机构平均值（11.05%），更高于省内“四大银行”（5.02%）。市场定位良好，忠实地执行了国家的要求。比如，其浙江分行，到 2012 年 6 月末止，累计为 56 万客户提供了 1400 亿元贷款，户均 25 万元，低于省内农信机构平均值，也低于省内村镇银行平均值，并且，70% 的贷款小于 50 万元。

邮储银行最大的问题是存贷比太低，以至巨额信贷资金“放空”，不能用于中小企业贷款，如 2013 年 8 月末，存款余额为 50892 亿元，而贷款余额仅 9336 亿元，存贷比仅 18.32%。按《中华人民共和国商业银行法》规定，存款 75% 可以用于放贷，也就是最多可放贷 3.82 万亿元左右，大致上有 2.88 万亿元“放空”了。这个“放空”数量，超过同期全国中小民营企业贷款余额的 1/6，是浙江省全部中小企业贷款的 1.2 倍。这是相当可惜的！究其原因，主要就是体制不到位。① 资本金不足。2012 年 1 月，邮储银行改组为股份有限公司，注册资本 450 亿元，资本净额 1071 亿元，相对于其总资产显然严重不足，不可能支撑贷款的快速增长。② 法人治理结构欠完善。虽然改组为股份有限公司，但系国有独资公司，股东只有中国邮政集团公司一家。③ 管理刻板，很欠灵活。不但贷款的流程及管理办法均由总行统一规定，而且审批权限也统得过死，县支行只有 5 万—

10万元小额贷款审批权，金额再大一点便要上报市分行、省分行，公司类贷款则一律要报北京总行审批。④人力资源管理距离市场化较远。员工的竞争上岗、薪酬激励均不完善，薪酬水平又比同业低得多，以至优秀人才难以引入，员工素质也提升缓慢。

三、应当采取的“全局性”对策措施

由于主要成因是“全局性”的，因此主要对策措施也应当是“全局性”的。应当说，中央对中小企业融资难问题是重视的。2013年8月8日国务院办公厅还专门发文（国办发〔2013〕87号《国务院办公厅关于金融支持小微企业发展的实施意见》）提出8条意见：确保实现小微企业贷款增速和增量“两个不低于”的目标；加快丰富和创新小微企业金融服务方式；着力强化对小微企业的征信服务和信息服务；积极发展小型金融机构；大力拓展小微企业直接融资渠道；切实降低小微企业融资成本；加大对小微企业金融服务的政策支持力度；全面营造良好的小微金融发展环境。2014年全国“两会”《政府工作报告》也提出了要深化金融体制改革，实施政策性金融机构改革。稳步推进由民间资本发起设立中小型银行等金融机构，引导民间资本参股、投资金融机构及融资中介服务机构。也正由于中央的重视，因此，中小企业贷款增长加快。银监会主席尚福林说，2013年5月末，全国的中小企业贷款达到16万亿元左右，比年初增加1.1万亿元，市场份额达到22.22%，比年初增加0.27个百分点。为加速缓解中小企业融资难状况，课题组建议，除了要切实贯彻国办发〔2013〕87号文件外，还应当遵循十八大报告中“各种所有制经济依法平等使用生产要素、公平参与市场竞争、同等受到法律保护”的精神与要求，进一步采取下列措施。

1. 取消地方政府政绩考核中的GDP指标，代之以城乡居民人均收入及贫富差距（如居民人均收入中位数、基尼系数等）。

这样做，有助于抑制、弱化GDP主义，有助于减少经济增长数据中的“水分”，并使政绩考核更贴近民生。这不但是当前经济体制改革的迫切需要，而且，可以从两个侧面促进中小企业融资难问题的缓解。一则，有助于促使地方政府弱化向大企业倾斜的行为，这就有助于改善中小企业的“资源分配”处境。二则，由于中小企业的发展与民生的关联度很大，因而，当突出民生指标后，地方政府也会更多地关心中小民营企业的发展。并且由于GDP中的“水分”将受到压缩，会腾出部分资金，这样也将在一定程度上缓解中小民营企业的融资难问题。

2. 调整货币政策。

首先，要调整利率政策。通过加快存款利率市场化步伐，切实消除存款低利率、负利率。现行的利率政策乃是造成中小企业融资难、融资贵的重要原因之一，尤其是造成“央企——大企业——中小企业”融资成本差距严重偏大的主要成因。调整的基本方向与途径是适当提高存款基准利率、大幅度提高浮动上限，并且最终取消浮动上限。这2年来，货币主管部门的利率市场化口号喊得甚响，但在行动上却竭力回避“存款利率严重偏低”这一要害问题，继续让利益的天平向央企等强势利益集团倾斜。如2012年6月，在允许存款利率上浮10%的同时，于6月8日、7月5日连续两次下调存款利率，合计下调16.7%，使得上浮10%化为乌有。2013年7月，宣布根据“先贷款、后存款”原则，放开全部贷款利率。由于贷款利率浮动上限早已放开，“全部放开”主要就是放开0.7倍的浮动下限。不难看出，“全部放开”的受益者主要就是利率“议价能力”极强的央企及有权有势的官宦。欲使中小企业及普通百姓真正受益，就应当切实提高存款基准利率、放开存款利率浮动上限，以消除存款低利率、负利率，进而迫使银行提高大额贷款利率，收到遏制央企、上市公司等强势群体的“贷款饥渴症”的效果，从而为中小民营企业腾出较大的贷款额度空间，促成民间借贷市场需求下降，民间借贷利率与正规金融市场利率的差距缩小。为此建议，在确保1年期存款基准利率不低于通胀率及CPI的前提下，尽快扩大利率上浮幅度，2013年内应至少达到30%，2014年则不低于60%，2015年实现完全放开（在2014年“两会”期间，中国人民银行行长周小川也说，要在1到2年内放开存款利率上限）。

其次，信贷规模控制应加大“差别化”管理。目前，商业银行的信贷规模还是受控的，并不能按《商业银行法》中75%的规定执行。在货币政策从紧时，暂时采取这种做法是可以理解的，但是，应当加大“差别化”程度。比如户均贷款在100万元以下的小银行机构，只要存贷比不超过75%，就不应当控制信贷规模；其他银行机构的100万元以下贷款，也应当不计入信贷规模。

3. 调整证券市场管理方针，使之成为真正的、多层次的“金字塔”式市场。

要彻底摒弃证券市场为国有企业改革与发展服务的管理方针，并且主要应采取下列措施。

一是扩大企业债券发行。凡是中型以上企业，不论行业与所有制性质，只要具备下列条件均可发行债券。①有正当用途；②有良好的偿债能力，并且发行债券后，资产负债率小于70%；③财务制度完善报表真实；④3年内无不良信用记录；⑤有金融机构代理发行并且承诺，债券到期偿付有困难时，将提供“垫支”。

二是放开股票一级市场，实行注册制。任何企业法人及自然人，都可以依法组建股份有限公司并向社会募股；由代理发行的证券公司代为向证监部门注册，证监部门仅审核其资料的完备性与合规情况，完备、合规者便允许注册。募股发行由证券公司代理，若在规定期限内“冻结”资金不足募股金额，即为发行失败，“冻结”的资金全部退还，经济损失全部由发起公司的当事人承担。

三是设置“基础性”市场，通过市场选择“上市”。股份有限公司发行成功后，股票便可在代理发行的证券公司挂牌交易，这是场外交易市场。交易届满一个完整的企业财会年度后，如果业绩优良，可以由证券公司推荐去当地的柜台交易市场交易。柜台交易市场按中心城市组织，实行会员制，会员为中心城市中的券商。在柜台交易市场中交易届满1年以上，并且业绩优良达到沪深证交所的上市公司标准者，由柜台交易市场向沪深证交所推荐，经沪深证交所审查后择优“录取”进入主板、二板市场。这一程序必须严格遵守，任何公司均不得违反。同样，在主板、二板市场交易的上市公司，若业绩欠佳，便要逐级下退，直到退至相应的场外交易市场为止。

四是证监会要集中精力于监管上。实行上述调整后，证监会不再从事公司上市、发行等的审批事宜，而是专注于监管。要依法对公司的设立、发行、上市、交易的全过程进行严格监管，并依法严惩各种违法、违规行为。

4. 通过进一步改组，释放邮储银行信贷潜力。

应当通过进一步改组，使邮储银行的巨大信贷潜力充分释放出来，真正成为我国中小企业信贷中的“航空母舰”。基本途径是再次增资扩股、进一步完善治理结构。这有两种做法可供选择。①仅仅在总行一级增资扩股，将国有独资公司改组为“社会化”的股份有限公司。这种方法主要只能解决“资本金不足”问题。②不仅在总行一级增资扩股，而且各省分行也通过增资扩股，改造为股份制的独立法人，进而使得全行变成两级法人制的中国邮政储蓄银行集团公司。实行两级法人制的好处，一是可以在两级增资扩股，更有利于解决资本金不足问题；二是可以大大增加经营的灵活性，更好地适应本土化要求。显然，后一种做法比第一种做法更佳。在增资扩股中，新股东中应当有银行机构（甚至是主要投资者），尤其是小额信贷做得好的银行机构。同时，也要保障“创始人”权益，让中国邮政集团继续成为总行的最大股东，总行则是省级行的最大股东。

此外，为释放邮政储蓄银行的信贷潜力，还可以鼓励其与小额贷款公司“联姻”，成为小额贷款公司的资金供应人和监督人。具体做法在后文中详述。

5. 大力发展、办好“草根银行”。

完整意义的“草根银行”应当是，来源于“草根”、服务于“草根”的小型商业银行，也即由民间资本经营的、与中小企业共存共荣的小型商业银行。在本节中，更侧重于从功能上定义“草根银行”，泛指所有的以中小企业为基本服务对象、与中小企业共存共荣的小型金融机构。“草根银行”正是我国目前所缺少的，必须大力发展。

一要继续大力发展现有形式（即由法人银行主发起）的村镇银行。

目前，村镇银行的发展进度虽然欠快，远未达到原来的构想（2009 年曾做 3 年规划，2011 年末全国要开业 1131 家，但到 2013 年末才开业 987 家，筹建 84 家，合计 1071 家）；但是，就开业后的经营状况看，总体上还是良好的，有关方面的“扶持”力度也不小，并且还涌现出一些优秀的村镇银行与主发起人银行。根据迄今为止的实践，办好一家村镇银行的基本经验，可以归纳为“一一五”，即一个好的主发起人银行，资质良好，有创办村镇银行的积极性与正确的方针，能够尊重村镇银行的独立法人地位，能够给予必要支持。一个好的领导班子，有正确的经营理念、有激情、有事业责任感，团结协作，能够领导银行实现“五个化”，即在经营中做到市场定位小微化、人员机构本土化、运作机制市场化、操作手段先进化、良好的企业文化。对于下一步，建议主要有 4 条：① 关于推动资质符合条件的法人银行主发起村镇银行时，应当更多地强调“自愿”，可以“鼓励”，不宜做硬性或变相硬性要求。② 为鼓励去后进贫困地区设立村镇银行，应当强化扶持政策引导，弱化“捆绑销售”。③ 目前，应当对财政、货币信贷等方面的扶持政策加以梳理，使之更加公平、协调。④ 对于因主发起银行“不得力”而活力不佳的村镇银行，可以考虑重组，更换主发起银行。

二要加快民营银行开放步伐，发展一批“草根银行”。

改革开放以来，我国尚未正式向内资开放过民营银行市场准入。目前城商行中的几家民营银行都是“个案”，都是在特定条件下形成的。“新 36 条”中说，“鼓励民间资本发起或参与设立村镇银行”。十八大报告中说，“加快发展民营金融机构。”这就从高层政策上为民营银行打开了准入之门。2013 年 7 月 1 日颁发的国办发〔2013〕67 号文件《国务院办公厅关于金融支持经济结构调整和转型升级的指导意见》中说，“尝试由民间资本发起设立自担风险的民营银行”。这就将开放民营银行市场准入摆上了议事日程。目前，监管部门已经表态，许多省（市、区）都在积极行动、上报方案。不过，民营银行市场准入难的局面现在开始被打破。2014 年两会期间，业内期待已久的民营银行试点方案终于破茧而出。根据银监会网站 3 月 11 日公告，已在各地转报推荐的试点方案中确定了首批 5 家民营银行试点方案，具体参与者为阿里巴巴、万向、腾讯、百业源、均瑶、复星、商汇、华北、正泰、华峰等民营资本（除腾讯、百业源、商汇、华北外，均为浙商企业）。此次试点将遵循共同发起人原则，按每家试点银行不少于 2 个发起人的要求，开展相关筹备工作，试点银行将选址在浙江、天津、上海、广东等地区。根据当前经济发展的实际需要并结合改革以来的经验教训，在开放民营银行市场准入时，应当注意下述几点。① 要充分认识发展民营银行的必要性与重要性，进而采取积极的态度。首先应当让中国的“尤努斯”“阿马迪·贾尼尼”[①]们有驰骋舞台。② 当前应当发展的民营银行主要是规模相当于社区银行、村镇银行的县域小型商业银行，目标是造就一批类似于当年浙江省台州市的银座城信社、泰隆城信社那样的能与中小企业共存共荣的“草根银行”。这既是现实经济发展的需要，也是与民间金融资本现状相适应的合理做法。③ 对于可能出现的风险（主要有关联交易、大股东内斗、挤兑等），虽要事前积极防范，但也不能追求“零风险”，而应当追求“收益充分覆盖风险”；并且，着重于建设较为完善的“自担风险”的机制。

这种“自担风险”机制有 3 个要点。① 区分两类（理念、行为上存在明显差异的）民间资本，严格防止“脚踏两条船”。两类民间资本是指民间工商业资本与民间金融资本。“脚踏两条船”是指，民营工商企业主在掌控工商企业的同时又掌控银行。银行经营严格要求稳健、合规。工商企业经营则大相径庭，因而，工商企业主是难以具有适应银行要求的经营理念的。一旦工商企业主掌控了银行，当他旗下的工商企业缺乏资金时，必然会向由自己掌控的银行“伸手”，发生大量关联交易，进而酿成巨大金融风险。改革开放以来，此种事例曾多次发生，教训十分深刻。从防止“脚踏两条船”出发，主发起者应当属于民间金融资本，主要是 3 种人：“下海创业”的金融业务骨干；原来从事担保、典当、投资咨询等准金融行业者及民间借贷者；把全部资本从工商企业中转移出来改投金融业的原工商企业主。民营工商企业可以入股民营银行，但是原则上只能做“财务投资人”，而不能做“战略投资人”。② 无限责任。目前设立的民营小银行，产权组织形式不能是有限公司，只能是无限公司或两合公司。董事长与股东董事必须对未能清偿债务承担无限责任。这在操作上有 2 种解决方案，一是套用《中华人民共和国合伙企业法》中的“有限合伙企业”条款；二是制定“暂行规定”。③ 设置强制“退出”规定。要严格监管民营小银行的资本充足率，≥ 10% 为合格；< 5% 便要强制清盘，或关闭，或重组、拍卖。

此外，作为重要配套措施，应当早日出台存款保险制度。

三要促进小额贷款公司健康发展，基本目标是：依附于银行的金融公司。小贷公司由各省（市、区）政府审批，因而发展很快。2013 年末，全国已有 7839

① 尤努斯，孟加拉国格兰珉银行创始人，他因以小额贷款帮助穷人脱贫而获得 2006 年诺贝尔和平奖。阿马迪·贾尼尼，美洲银行创始人，1904 年由果蔬批发商转型银行业，以 15 万美元（相当于 2004 年 300 万美元或 2400 万元人民币）资本金设立意大利银行（美洲银行的前身）；他坚持“大众银行”理念，服务于当时被其他银行忽视的小微企业及中下层百姓；40 年后，发展成为美国数一数二的大银行，但是其市场定位未变，总收入的 54% 和利润的 46% 均来自客户业务。

家，贷款余额8191亿元，比年初又增加1757家和2270亿元。小贷公司发展中存在的主要问题有二：① 背离初衷。推出小贷公司的本意是促进民间借贷“阳光化”，并进而让其中的优秀者发展成为小银行，以造就一批“草根银行”；同时，也为民营银行的市场准入打开“正门”。因此，在银监会与中国人民银行于2008年5月联合颁布的文件中提出，小贷公司可由“自然人、企业法人和其他社会组织”投资设立。而各省区在贯彻执行中做了重大变更，“自然人”不见了，只允许由骨干企业充当主发起人，同时还大幅度提高资本金下限。这种由民营骨干企业主发起的小贷公司如果直接改组为村镇银行，势必形成“脚踏两条船”。因而，银监会在2009年6月发文重申，村镇银行的主发起人、最大股东必须是符合条件的银行机构法人。总之，走到这一步，借助小贷公司推进民间借贷“阳光化”的路不通了，造就一批“草根银行”的目标也无法实现了。② 不可持续。一则，由于“杠杆率”极低，只允许向银行融入资本金50%的资金，因而资金成本甚高，贷款利率很高，通常在2分上下，甚至更高。这样的利率水平超过了多数中小企业的资金利润率，以致客户空间狭窄，贷款风险加大。二则，银监会仅承认小贷公司为金融组织，而不是金融机构，因而不承担监管责任。目前，对小贷公司的监管，虽然比初始时有了重大改进，日常监管不再由工商管理局负责，改由省、市、县三级金融办负责，设立了专门的监管员，并且正在让小贷公司采用统一的计算机系统。但是，各省区的“工作进程”参差不齐，并且存在机构不健全、专业经验不足等诸多问题；因而，监管仍然不够成熟、完善、有效，尚难以有效遏制违规经营。总之，为促进小贷公司健康发展，相关政策应做调整：① “回归”初衷。要让小贷公司回归民间借贷“阳光化”、进而造就一批“草根银行”。可以由中国银监会与中国人民银行联合采取行动，整顿各省区小贷公司管理规定。重申2008年5月文件中“自然人”作为第一位投资人的地位，并且原则上停止审批由工商企业法人做主发起人的小贷公司，同时允许担保公司、典当、投资咨询公司等改组为小贷公司。② 承认小贷公司为金融机构。这就能够为设置有效监管及提高杠杆率扫清道路。③ 主要出路——依附于银行的金融公司。小贷公司获得金融机构的身份后，主要出路是成为依附于银行的金融公司。具体做法是，找一家主合作银行，签订合作协议，其中规定，小贷公司的资金全部存入主合作银行，出纳均通过主合作银行，业务运作接受主合作银行监督，全部贷款客户均在主合作银行开户；小贷公司只要确保资本充足率不低于10%，便可不受限制地融入资金，主合作银行需提供融入资金的1/2以上，并有责任帮助小贷公司融入资金，小贷公司发放的小额贷款，可作为主合作银行的业绩计入考核。应当大力提倡、鼓励银行与小贷公司合作“联姻”，尤其是邮储银行。当然，今后由自然人主发起的、符合前文中民营银行要求的优秀小贷公司，允许改组为村镇（社区）银行。

6. 促进互联网金融健康发展。

互联网金融是传统金融行业与互联网精神结合的新兴领域，问世时间不长，但发展极为迅猛，显示出强大的生命力。当前国内的互联网金融主要有3种模式：① P2P模式（含P2B、P2C等）；② 阿里金融及类似模式，如京东等；③ 众筹。为促进其健康发展，当前主要应当做好下列工作：

一要大力“规范”P2P网贷平台。

第一家P2P公司Zopa于2005年在英国上线，很快就风靡了西方国家；2007年引入我国。2013年我国的“网贷平台已经达到800余家，成交金额1058亿元”[①]。其中名气较大的有上海拍拍贷（我国最早成立），北京人人贷，广州圈圈贷（资本金10100万元，全国最大），上海你我贷，温州温州贷，等等。但是，与此同时倒闭的也多、风险也大。据坚果互联网金融报道，去年全国倒闭76家，今年到6月上旬止，全国又倒闭了46家。个中原因主要是，迄今为止，P2P还是无门槛、无行业标准、无监管部门的“三无”行业，处于无章可循的状况；多数P2P平台不仅仅是“信息中介”，而且具有“代偿”功能，也即在“变相办银行”，更有的在进行非法集资以及炒钱。目前，已明确银监会为P2P的监管者，这是十分正确与必要的。接着，一定要坚持P2P网贷平台仅仅是借贷双方的信息中介，绝对不允许有借贷中介的功能；当然更不允许进行集资与炒钱等活动；同时，资金必须交第三方托管，不允许有“资金池”；考虑到实际国情，允许并鼓励专业担保机构与P2P平台合作，承担抵押、担保及其他代偿功能。

二要支持发展网络银行。

与传统银行相比较，网络银行的基本特点是：无实体网点，运用大数据、云计算技术来选择客户与控制风险。目前，阿里金融最有条件成为网络银行。阿里金融基础实、起点高、目标大，迄今已跨出3步：第一步，在成功设立淘宝、天猫、聚划算等电商平台的基础上进军支付结算，推出支付宝。第二步，在获得大量电商信息的基础上进军小额信贷，于2010年和2011年先后成立浙江和重庆两家小贷公司（没有实体网点，均在杭州运作），并用大数据、云计算技术来选择客户与控制风险。阿里小贷的资本金有24亿元，面向全国营业；2013年末，贷款金额已达125亿元，户均约为5万—6万元，贷款对象都是阿里电商平台上交易“累积量”大、信用记录良好的客户；其资金来源除资本金及从中国银行融入4亿元以外，其余均依靠“资产转让”取得。第三步，2013年6月中旬，推出了实际上具有“吸存”功能的余额宝，其运作“路线”为：支付宝——余额宝——

① 见浙江经济信息中心《预测与分析》第1260期。

天弘基金增利宝——银行协议存款。由于银行协议存款的收益率主要参考按市场供求自由浮动的上海银行间同业拆借利率（Shibor）。而在目前，Shibor又往往偏高，如去年，年化利率曾一度突破7%，致使余额宝的年化收益率达到6%以上。由于收益大大超过银行一般存款利率，因而，余额宝急剧扩张，今年一季度末达到5413亿元。2014年2月底，余额宝的投资者人数已突破8100万（同期全国股市的活跃交易账户只有约7700万户）。因此，由余额宝投资的天弘基金，也一跃成为全球第四大货币基金。今年二季度以来，随着Shibor的回落，余额宝的收益率跌破5%，其增速有所放慢，6月末，为5742亿元。目前正在跨第四步，即组建网络银行。

三要"众筹"要限于股权融资。

"众筹"是舶来语，起源于美国，英文原意是"大众集资"。进入我国后，为避"非法集资"之嫌，翻译为"众筹"。近年来，我国先后出现了一大批众筹网站，它们基于互联网渠道进行着项目集资活动，把分散小额的资金聚集成为一个项目的资金，其中影响较大的有"众筹网""点名时间"等。据众筹网高管介绍，其基本做法是：每个集资项目都有预设的集资目标金额与截止时间，只有在预设时间内筹集到超过目标金额的资金，项目集资才算成功，未达到目标金额的项目，将退回所有支持者的款项。显然，"众筹"相当于开放了股票一级市场，特别是为小微企业开放了"一级市场"。同时，更为"风险投资"的发展开辟了新渠道，从而十分有助于创业、创新。

目前，众筹与P2P相仿，还处于"三无"状态，因而良莠不齐，切需"规范"。不久前，证监会新闻发言人明确表示，证监会对股权众筹行业进行了深入调研，目前正在抓紧研究制定众筹融资的监管规则；并将适时出台该领域的指导意见。

在制定监管规则时，应当注意：① 众筹平台必须严格定位于股权融资。绝对不允许涉及债券融资；② 众筹平台也只能是信息中介，不能是项目当事人，也不能与项目有直接关联关系；③ 规则与制度的安排，要有助于小微企业股权融资，有助于风险投资的进入与退出，使之成为风险投资发展的重要渠道；④ 为保投资人的权益，众筹平台应对所发布的项目信息的真实性负责，同时有权对项目进行深入调查。

7. 鼓励大中型银行发展小额贷款。

大约2005年以来，银监会就要求大中型银行设置中小企业信贷部，专门发放小企业贷款（指500万元以下的贷款）。总体上看，效果不显著。但是，也有一些大中型银行看到了小额贷款领域中的巨大商机："空白区"大，利率上浮空间大，资本回报率高等，进而大力进军小额贷款领域。其中做得较出色的是民生银行。2009年初推出"商贷通"，2010年8月，商贷通余额突破1000亿元，户均不到100万元。到2013年6月末，民生银行的中小企业贷款余额已达3860亿元，占全行贷款余额26%，已成为该行零售业务中的绝对主力（占70.77%）。民生银行还计划，2015年末，中小企业贷款余额达到6000亿元，户均贷款在70万元左右。另外，从相关数据看，招商银行等大中型银行也干得不错（见表5）。中国银行也推出了"通宝"系列小企业贷款。金融监管当局及有关部门，应当用政策进一步鼓励大中型银行发展中小企业贷款，并设置专营分支机构。

表5　部分大中型银行的中小企业贷款情况

银行	中小企业贷款余额	比年初增长	占零售业务比例	占比变化	不良率
民生银行	3860亿元	22%	70.77%	升2.5百分点	0.47%
招商银行	2551亿元	44%	34.58%	升8.22百分点	0.6%
平安银行	732亿元	31%	25.5%	升1.0百分点	0.87%
光大银行	1333亿元				
中信银行	2509亿元	17.9%			1.73%
北京银行	1489亿元				
建设银行	7503亿元				

注：各行数据口径可能存在差异，例如光大、中信不仅仅包括零售条线的业务

资料来源：《21世纪经济报道》2013年9月2日第32版

但是，一些大中型银行的中小企业贷款中"水分"明显。比如，北京银行、中信银行、建设银行，中小企业贷款余额分别为1489亿元、2501亿元、7503亿元，但是其贷款户数则分别仅有7670户、12414户、77074户，户均贷款分别高达1941万元、2147万元、973万元。显然，这恐怕很难说是中小企业贷款了。还有个别银行的中小企业贷款名单上，竟然出现"土地储备中心""集团公司总部""公路局"等户名。因此，监管部门还应当采取切实措施挤出大中型银行中小企业贷款中的"水分"。

四、省内可以采取的对策措施——以浙江省为例

虽然，融资难、融资贵的主要成因是"全局性"的，主要对策措施须由国家层面作出；但是，省域中仍有相当大的对策措施空间，应当有效地加以利用。

浙江省存在着不少有利于中小企业融资的积极因素，主要如下。

1. 地方性小金融机构的市场份额较高。2012年末，浙江省农信、城商行、村镇银行的贷款市场份额为23.3%，而全国仅19.7%；并且浙江省金融机构各项贷款占GDP的比重较高，2012年为172%，而全国仅130%；进而，浙江省地方性小金融机构贷款余额占GDP的40.08%，而全国只占25.61%。

2. 浙江省的法人金融机构的市场定位与活力均相对较好。如农信机构，2011

年的户均贷款为43万元，不良贷款率为1.27%，资产利润率达1.70%，指标值相当出色。城商行中，更有国内小额信贷业务最为优秀的台州银行和泰隆银行，民泰银行和稠州银行也干得不错。杭州银行及股份制商业银行浙商银行的规模虽然较大，但通过设置专营支行，小额贷款也放得很红火，很有竞争力。村镇银行、小贷公司也发展得较好。2013年末，全省有村镇银行61家，约占全国的1/16，贷款余额有440亿元，约占全国的1/8，家均贷款余额约为全国的2倍，并且涌现出一些优秀的“品牌”，如联合村镇银行、银座村镇银行、国民村镇银行等。2013年末，全省有小贷公司314家，是全国的4%，但是贷款余额为900亿元，是全国的11%。

3. 浙江省邮储银行的经营业绩较好，存贷比远高于全国。2013年8月末，邮储银行浙江省分行的存款余额为2062亿元，贷款余额为889亿元，存贷比达到43.11%，超过全国（18.32%）1倍以上。

4. 互联网金融也发展得很不错。“阿里金融”的总部就在浙江，阿里巴巴小贷公司利用电商数据和网络平台发放4类小额信用贷款，淘宝信用、淘宝订单、支付信用和阿里信用。其中，淘宝订单平均每笔只有6000多元，从申请到放贷款，处理时间以秒计算；淘宝信用（笔均4万多元）和支付信用（笔均3000元左右）的处理时间也只要几分钟。2013年末，贷款余额已达125亿元。虽然它是面向全国客户营业的，但是浙江客户毕竟最多。

5. 银行信贷中的“所有制歧视”较轻。浙江省由于是民营经济大省，并且是“以民营经济为主体”的经济大省，银行机构长期以来都主要与民营企业打交道，进而金融服务方面的“所有制歧视”要明显轻于其他省区。

此外，省内各市的政府都对中小民营企业“融资难、融资贵”采取了多种积极措施。

面对中小民营企业融资难、融资贵的现状，省内的基本思路应当是：立足现实，努力发扬自身优势，努力用足用好政策，积极鼓励金融创新。具体说，主要如下：

1. 努力促进浙江省银行体系更好地服务中小民营企业。

一是促进农信机构进一步提升活力。

浙江省农信机构的总体情况不错。基本经验有二：① 有优秀的“一把手”“好班子”；② 在实现经营机制的市场化上下功夫。目前，这两条经验仍具有很大的现实意义。因为，一则，真正算得上优秀的“一把手”毕竟还不是多数。二则，还有相当数量的机构尚未完全实现经营机制转换，尚未做到“干部能上能下、员工能进能出；岗位靠竞争、薪酬按贡献”；尚未做到“主动出击营销，客户至上，不断按客户需求创新产品”；活力进一步提升的“空间”还很大。为此，应当要求省联社在继续努力抓好“人头”的同时，切实推动、督促基层农信机构努力实现经营机制的市场化。

当前，还应当要求省联社进一步把工作重点转移到做好服务、促进下级机构发展上来；尤其应当切实支持、帮助规模较大的优秀机构加速发展。

在农信机构改制为股份制农村商业银行时，可以考虑由省内的优秀农商行去充当战略大股东。这将十分有助于新组建的农商行坚持良好的市场定位及稳定运作。

二是加速发展村镇银行。

村镇银行的作用不仅是金融服务“三农”与中小企业，而且还要发挥“鲶鱼效应”，推动、促进农信机构转换经营机制。因此，既要数量，更要质量。浙江省首先要尽快实现县域的“全覆盖”；个别地方的村镇银行活力甚差，则应当考虑增设1家（省内已有先例，慈溪、宁海各有2家）。

三是大力鼓励大中型银行设立中小企业贷款专营支行及经营专利抵押贷款的科技专营支行。它们可以同等地享受省内制定的中小企业贷款优惠扶持政策。

四是积极支持城商行，尤其优秀城商行发展。

比如，台州银行、泰隆银行。它们是全国小微企业信贷的标杆银行，始终与小微企业共存共荣，一直来竭诚为小微企业服务；创造出一套以“三品三表”为主要内容的“本土化”小微企业贷款办法；并且，将从欧洲复兴银行引入的微贷技术与“本土”经验有效结合起来。对于这样的优秀机构，能否加大支持力度，让它们成为某些城商行、农商行的战略大股东，并且再进一步成为能够“说了算”的控股大股东，使小微企业信贷的银座模式、泰隆模式迅速在更广阔的地域“开花”。

五是进一步促进小额贷款公司健康发展。

当前主要有以下几点：① 多方面努力减轻税负。② 继续努力完善监管。③ 发展“资产转让”，以解决杠杆率问题。④ “回归”2008年5月银监会与中国人民银行联合出台的《关于小额贷款公司试点的指导意见》，允许自然人充当主发起人，并降低资本金门槛；允许担保公司、典当、投资咨询公司等准金融机构改组为小贷公司，以便让真正的民间金融资本成长发育。⑤ 试点通过与银行合作，让小贷公司成为“依附”于银行的金融公司。

六是抓住机遇，大力发展“草根银行”。

要抓住当前的尝试由民间资本发展设立自担风险的民营银行的机遇。在浙江省发展一批与中小企业共存共荣的“草根银行”。在发展中，要注意区分两类不同性质的民间资本，并且以民间金融资本为主发起人，严格防止“脚踏两条船”，以让民间金融资本茁壮成长，让浙江的“尤努斯”“贾尼尼”们能够茁壮成长。

需要指出，浙江省是民营经济大省，又是民营金融的传统发源地、集中地，有条件也应当抓住大好机会，造就“草根银行”的再次繁荣。

七是多渠道解决资金“期限错配”问题。

① 贷款银行方面要着力。一则，要尽可能满足客户的实际需要，使得贷款期限与企业生产周期相匹配，以减轻错配问题。但是，必须看到，这只能解决少部分问题。因为，中小企业的稳定性差，生命周期短，易于倒闭，从而银行为控制风险，很难大量向它们发放中长期贷款。二则，银行要讲信用、说真话。这一点非常关键。银行不能为了自身的风险控制，而在贷款即将到期时告诉企业能够续贷，而在收回贷款后又不肯续贷。如果银行讲信用、说真话，在企业贷款快到期时明确告诉企业能否续贷并一诺千金，事情就好办了。可以银行间挂钩，互为对方的符合继续贷款条件的客户提供临时性转贷信用贷款。银行应当认识到，“银行讲信用”，这对自身利益以及社会信用环境的塑造都有重大作用。银行是依靠信用生存与发展的企业，要求企业对银行讲信用，首先银行自己要对企业讲信用、对社会讲信用。而一旦社会信用环境改善了，最大的受益者还是银行。

② 政府及其他方面也要努力，政企合作，或者政银企合作。比如，2013 年 5 月 20 日，遂昌县企业家协会组织会员企业采用互助合作形式，牵头 46 家企业参与出资 3000 万元，政府专项扶持配套资金 3000 万元，设立“遂昌县企业家协会应急转贷周转金”，由协会主导，市场化运作。又如“杭州模式”，杭州市设立“中小企业转贷引导基金”，政府出资与民间资金比例为 1∶3，由市经信委与财政局共同管理。今年首期安排 2000 万元， 引入社会资金 6000 万元，2013 年 5 月中旬正式运行。100 天来已经为 46 家企业完成 3.25 亿元的转贷业务。

2. 从实际需要出发，发展多样化担保公司。

目标是，让那些“第一还款来源”良好但缺乏抵押物的中小企业能够获得贷款。为此，要因地制宜地发展担保公司。

浙江省各地创造了一些颇有特色的担保公司。比如，萧山区共有 43 家融资担保公司，其中大部分属于“会员制、封闭性、社区化、小额度、非盈利”的互助式运行模式。总体来看，运行得还是相当成功的。温州目前就很需要借鉴上述“萧山模式”，发展一批会员制的，由银行、财政、会员企业共建的担保公司。又如在丽水农村发展“农村担保体系”时，就应当从当地实际出发设定担保公司规模，不宜死扣 5000 万元资本金下限。

此外，还可以发展再担保公司以分散风险，如绍兴、嘉兴均由市政府出资 2 亿元成立市级中小企业再担保公司。

3. 大力支持、鼓励金融创新。

浙江省的金融创新活跃。比如，阿里网络金融，德清的 P2C，台州市农村自发的合作金融组织，一些地方的中小企业转贷基金，等等，这些都应当得到支持、鼓励。

要支持、鼓励金融机构发展新产品，不仅是对法人金融机构，而且对全国性大中型银行在浙机构也如此。

要关注、研究互联网金融，并促进其健康发展。首先是“阿里金融”，要支持其发展、创新，并给予必要的帮助。其次，要关注、研究、支持P2P等网络信贷平台的健康发展。目前浙江省已经有了“微贷网”“温州贷”等一大批P2P公司，要抓住当前机遇，培育一批有影响力的“规范的”网贷企业；放开金融信息服务行业的注册登记，搭建网贷服务平台，助推民间金融阳光化（这可学习上海，“拍拍贷”在上海工商局的支持下，特批更名为“上海拍拍贷金融信息服务公司”）。再者，要支持与鼓励“股权众筹”的健康发展，使之中小微企业的创业、创新、转型升级发挥积极作用。第四，要关注、研究德清的P2C。P2C借贷模式是指以政府财政资金担保形式搭建网贷平台，服务个人与企业，实现直接对接。它是民间借贷“阳光化“的良好形式，其最大特点是借贷“直观、直接、直达”。“直观”，即借贷双方融资信息公开透明；“直接”，即借贷双方在服务中心直接撮合；“直达”，即借贷资金经中心登记备案后直接从借方账户划到贷方。德清县P2C于2013年3月18日开张营业，到5月6日，已经累计实现交易1.7亿多元，贷款平均利率为11%—13%，其中含3%的担保费，投资人的无风险收益为7.2%。

此外，随着网络融资新模式的开启，需要进一步完善网络融资的各项工作：第一，整合全省金融资源，完善服务功能，开放资源体系；第二，制订相关的扶持政策；第三，制订为中小民营企业服务平台的规划。由于网络融资尚属新兴融资模式，正处于起步和探索阶段，各方面亟待完善和提高。因此，需结合全省中小民营企业服务体系建设，对其进一步加强管理、扶持、服务和引导。

4. 充分利用温州、丽水等两个金融试验区。

温州的金融改革首先要支持、促进民间金融资本发展、壮大，突破“玻璃门”。民间借贷“阳光化”不能停留在“登记中心”上，而是应当让它们先组建“小贷公司”，然后走向村镇银行、社区银行。

其次，根据温州发展的实际需要，将市区的瓯海、鹿城、龙湾等3家农信机构合并组建“温州发展银行”，进而为促进温州全市的经济发展做贡献。这样的改组，国内已有先例，苏州银行就是由吴江农商行改组的。

再次，要建设好地方金融监管局，对小贷公司及各类准金融机构进行规范、有效的监管。

丽水，除了要完善林权抵押贷款、农村信用体系建设、银行卡助农取款工程等三大亮点，并且发展“保险服务社会民生”和农村担保体系外，也应当探索对小贷公司及其他准金融机构设立有效监管的问题；并且，争取“升格”为国家级试验区。丽水市需要打造一家具有“丽水农村发展银行”功能的银行。具体做法可以是，将青田、云和的农信联社纳入莲都农村商业银行，联合组建“丽水市农村商业银行”，它可以在全市范围内设立分支机构。

应当切实注重丽水、温州两个金融试验区的成果与经验在全省的推广、借鉴。

5. 注意维护良好的金融生态。

金融生态良好，就会形成“良性循环”：金融生态好→银行增加贷款→企业发展加快→金融生态更好。反过来，也会出现“恶性循环”。

浙江省的金融生态原来名列国内前茅，但近两年来明显“劣化”，不良贷款率上升；也因此，我省金融的“洼地效应”不再，2013 年人民币存款仅增长 10.94%，低于全国平均值 13.79%。尤其温州，不良贷款率由全国最低上升为较高，2013 年 3 月末为 4.01%，6 月末为 3.68%，12 月末为 4.41%；以至 2013 年，新增贷款仅 216 亿元，只有上年的 1/3，全年本外币存款仅增长 4.53%，不到全省平均值（10.58%）的一半。

为了及时化解不良贷款，重要对策之一是，可以由财政、银行共同努力，争取允许用税前利润冲销小额贷款中的“损失”类贷款。

有关政府部门应当与中国人民银行积极合作，不断完善中小企业征信数据库，并且争取成为全国各省（市、区）中最完善的数据库。

此外，还需要注意加强对公务员队伍的教育与管理。不能再像 2011 年的温州那样，金融投机风潮出现时，公务员们不仅没有成为“中流砥柱”，反而“推波助澜”。

台州银行“银座信贷模式”移植的赣州实践[①]

内容提要 “银座信贷模式”就是台州银行信贷模式，它以小微企业、个体工商户、农户为主要服务对象，并且理念坚定、机制灵活、技术先进，是我国最佳的小额信贷模式之一。2011年初，由台州银行主发起的实行总分行制的地市级村镇银行江西赣州银座开业，银座信贷模式由此进入赣州。在3年半实践中，银座信贷模式展示了强大的生命力、适应力，自身效益与社会效益均佳，还推动了当地银行业的变革。这表明，一则，地市级村镇银行还是应当发展的，但必须选择合适的优秀主发起银行；二则，要促进赣州银座村行持续快速发展，更要促进银座信贷模式运作空间的拓展。

关键词 银座信贷模式 赣州 实践

一、银座信贷模式进入赣州

“银座信贷模式”就是浙江省台州市台州银行的信贷模式。这种信贷模式颇具特色，是国内银行最优秀的信贷模式之一，尤其是最优秀的小额信贷模式之一。台州银行发端于1988年6月开业的银座金融服务社，“银座”是台州银行的“根”，由该行主发起的村镇银行都以“银座”命名。所以，笔者将该行的信贷模式称为“银座信贷模式”。初步归纳，银座信贷模式有5个特点。

1. 市场定位于主要为小微企业（包括各类个体经营户，下同）服务，而且十分坚定。该行自发端起，一直与小微企业共存共荣，既了解小微企业及小额信贷市场的广阔前景；更了解自己作为小银行，最大的优势就在于为小客户服务。因此，一直与大银行错位竞争，不论自身规模如何发展都不改初衷。

2. 运作机制灵活，市场化程度极高。一是十分注重信贷资产的安全性、流动性、效益性。该行视资产质量为生命，放贷时，千方百计摸清“第一还款来源”；贷款到期时，千方百计按期收回。贷款“小额、短期、分散”，既保安全，更保

① 刊于《浙江金融职业学院学报》2015年第1期。合作者：胡志鸿。

流动性。财务管理极为严格，费用开支尽量节约，进而利润率相当高。二是营销市场化。客户经理占比高，接近员工总数一半；主动出击，团队营销，网格化、社区化营销；努力适应客户的需要，设计相应的金融产品；贷款手续简便，办理快速。三是用工与薪酬激励市场化。招工注重符合实际工作需要的素质，不强调专业与学历。岗位竞争淘汰机制与薪酬激励机制完善，人才易于脱颖而出。

3. 企业文化建设卓有成效。企业精神是“吃苦、求实、创新”，信贷文化是“廉洁、诚实、高效”，企业文化是“积极、主动、合作、快乐”。这些信条是通过长期积累而形成的，深入员工之心。因而，有效地促进了凝聚力，促进了制度执行力，整个银行纪律严明，努力追求卓越，争作标杆。

4. 小微贷款技术精益求精，实现了“传统”与“引进”的结合。该行在破解小微企业“信息不对称”方面，通过长期实践，摸索出一套以“三看三不看”（看原始不看报表，看技能不看抵押，看家庭治理不看公司治理）为中心的办法；同时又引进了欧洲复兴银行的标准化、数据化微贷技术；并且，将两者有机结合，进而形成“十六字诀”——上门调查、眼见为实、自编报表、交叉检验。

5. 设立了设施先进的强大培训中心——银座金融学院，能够快速、批量地培养出合格的柜员与客户经理，从而保证了银行快速发展的需要。新入职员工，无论有无银行工作经历，都需要在此培训 3 个月，接受银座文化熏陶与操作技术训练；合格者，再实习 3 个月；再合格，方有资格正式上岗。这就保证了上岗员工都能按“银座信贷模式“要求工作。

正是由于信贷模式优良，台州银行的绩效傲人，户均贷款为 45 万元左右，资产利润率通常为 2.4% 左右，这两项指标均名列国内银行前茅。台州银行的远期奋斗目标是成为中国的富国银行。

2011 年 3 月，由台州银行主发起的、资本金为 3 亿元的、实行总分行制的地市级村镇银行——江西赣州银座村镇银行正式开业。这是对银座信贷模式的一次考验。因为，小微企业贷款经营会受到当地的经济、文化状况的强烈影响。赣州市是人口净流出的地市，当地民风淳朴，小微企业主基本上为当地人士，信用观念较好，这对小额信贷经营显然是有利的。但是，赣州的经济发展水平与“银座信贷模式”的发源地台州的差距甚为悬殊。台州属于沿海发达地区，2013 年，人均 GDP 为 53222 元，是全国平均值（41908 元）的 127%，其中台州银行总部所在地路桥区更高达 95226 元，是全国平均值的 227%。而赣州，则在属于中西部欠发达地区的江西省也是“欠发达”的，在全省 11 个地市中名列末位。江西省有 21 个贫困县，其中赣州有 8 个，占了 1/3 强。2013 年，赣州市的人均 GDP 仅 19600 多元，不到江西省（31771 元）的 2/3，不到全国的 1/2，只有台州的 1/3 强；辖内 18 个县、市、区中，低于 2 万元的有 11 个，其中最低的石城仅 12450 元。

二、台州银行的主要做法

台州银行对赣州银座村镇银行的管控，着眼于移植、复制银座信贷模式。主要做法如下。

1. 确保绝对的主导权。在赣州银座的股权结构中，台州银行持股 70.1%，在董事会的 5 席中占有 4 席，并由台州银行的一位执行董事担任董事长；每个星期二上午，行长要向董事长汇报工作，进而确保了台州银行对赣州银座的绝对主导。

2. 同等管理。台州银行虽然已经主发起了 7 家村镇银行，但是没有设置专门管理村镇银行的事业部之类的机构。而是在坚持“业务不交叉、人员不兼职、风险不转移”的原则下，对赣州银座实行与其跨区域分行同等的管理。日常的管控职责主要由各条线的管理部门进行。因而，赣州银座的市场定位、操作方式、内部管理制度、风险与业绩考核，等等，均与台州银行的跨区分行无明显差异。这样做的好处，一是管控效率较高，能及时解决问题；二是“移植、复制”不容易走样。

3. 员工队伍“银座化 + 本土化”。工作是靠员工做的，只有“银座化”的员工才能把工作做到“银座标准”；只有同时又是“本土化”的员工，才能使银座信贷模式牢固地扎根赣州。为此，台州银行不但为赣州银座配备了优秀的行长，而且在员工队伍建设上深下功夫。首先，根据机构设置的进度计划，提前招工、培训，确保上岗人员都是经过 6 个月的培训、实习并且合格的人员。其次，从台州银行外派一定数量的员工。赣州银座开业时，共有员工 60—70 人，其中一半是台州银行外派的；当时，外派人员担任了总行与支行的正副行长及大多数中层岗位，以及担任导师等重要岗位。再次是大力促进“本土”骨干成长，替换外派人员。外派人员最多时有 60 多人，目前已减少到 30 余人，仅占员工总数的 1/20。并且，在 4 名正副行长中，已有 2 名副行长是赣州本地人；在 18 个县支行中，由本地骨干担任支行长的已达 11 个支行，外派人员则已经减少到 7 个支行，并且还将继续减少。

4. 台州银行给予多方面的大力支持。比如，信息科技支撑。建立了独立的村镇银行机房，设计了专供村镇银行使用的系列管理软件，其中配置了风险监测与非现场检查系统，系统维护与机房均由台州银行总部托管。又如，协助业务接入。在银行卡业务、中国人民银行综合服务体系接入、网上银行、现代化支付体系接入等方面，台州银行总部统一拟定申报范本、并积极申报与协调有关管理部门，进而使得银座系列村镇银行在银行卡、汇兑、网上银行建设方面处在全国村镇银行前列。再如，产品开发。台州银行系列的产品无偿提供使用；银座系列村镇银行开发的产品也互相交流。还有，流动性保障。台州银行总部将银座系列村镇银行纳入整体统筹和流动性管理，帮助进行流动性管理及培训，出具流动性支持承诺书；无条件给予流动性支持。

5. 风险管控。台州银行总部对赣州银座按照集团子公司方式采取垂直风险管理模式。总部派遣风险官，其人事关系属于赣州银座，绩效考核由台州银行总部风险管理处主管考核。在赣州银座内部设置“三道防线”：一是一线业务部门，对所有经过业务的风险负第一责任；二是风险合规条线，负责各项风险的识别、评估、监测、检查及控制；三是相关内审部门，开展内审工作。

三、“移植”是成功的

从 2011 年 3 月赣州银座正式开业到 2014 年 9 月末的 3 年半实践表明，“银座信贷模式”具有强有力的生命力，已经在赣州站稳了脚跟，“移植”是成功的。

1. 发展速度快。首先是支行设得快。从总行开业到 18 家支行设置完毕实现全市县域全覆盖，仅仅用了 23 个月（见表 1）。速度之快，令人咋舌。虽然，在支行设立过程中，得到了银监、人行、政府的大力支持，纷纷为其开“绿灯”。但是，面对台州银行的办事效率，还是让同业及有关领导部门赞叹不已。其次，业务规模发展快。开业当年（2011 年）末，存贷款余额分别达到 10.4 亿元和 5.8 亿元；2012 年末分别为 19.18 亿元和 18.79 亿元，分别增长 84.4% 和 224%；2013 年末分别达到 34.35 亿元和 32.00 亿元，分别增长 79.1% 和 70.3%；2014 年 9 月末分别达到 40.00 亿元和 44.51 亿元，分别比年初增长 16.4% 和 72.8%。2013 年末的资产总额已经跃居全国村镇银行的第 4 位。与同类机构相比，“发展速度快”就更为明显。比如兴国新华村镇银行，开业于 2011 年 9 月，主发起人马鞍山农商行也是安徽农信系统的标杆银行，也接受过欧洲复兴银行的微贷技术培训，也设有员工培训中心，但是，2014 年 9 月末的存贷款余额分别只有 1.08 亿元和 1.37 亿元。而开业于 2013 年 1 月的赣州银座兴国支行，2014 年 9 月末的存贷款余额已达 1.72 亿元和 2.33 亿元。

表 1　赣州银座村镇银行各支行的开业时间

总行	2011 年 3 月	宁都	2011 年 12 月	寻乌	2012 年 10 月
开发区	2011 年 3 月	安远	2011 年 12 月	定南	2012 年 11 月
瑞金	2011 年 3 月	上犹	2012 年 2 月	南康	2012 年 12 月
龙南	2011 年 6 月	崇义	2012 年 2 月	于都	2012 年 12 月
大余	2011 年 7 月	石城	2012 年 6 月	兴国	2013 年 1 月
会昌	2011 年 9 月	全南	2012 年 9 月	白云 *	2014 年
信丰	2011 年 10 月	赣县	2012 年 9 月	潭东 *	2014 年

注：* 为二级支行

资料来源：江西赣州银座村镇银行

2. 经营绩效好。主要表现在5个方面。一是市场定位好。2011年末、2012年末、2013年末和2014年9月末，户均贷款分别为41.4万元、50.1万元、42.7万元和41.1万元；500万元以下贷款的占比分别为98.9%、80.3%、95.4%和94.7%；农户贷款占比分别为40.9%、53.1%、71.6%和69.5%（见表2）。可见，确实是在“贷小、贷农”，并且，贷农的力度还在明显加大。二是盈利状况好。开业当年（2011年）即有盈利，这是难能可贵的，并且随着业务的发展，净资产收益率快速上升，2013年已超过20%，今年更有望达到25%左右。三是财务管理与成本控制好。由表3可知，根据9月末数据测算，2014年赣州银座的净资产收益率约为24.38%，高于南康赣商村镇银行4个百分点，高于赣州市效益最好的农信机构石城农商行2个百分点。但是，赣州银座的人均存款只有624万元，还不到南康赣商与石城农商的一半。这一事实表明，赣州银座有着更好的财务管理与成本控制。四是资产质量好。2014年9月末，不良贷款率仅0.06%。五是综合素质好。银监部门根据2013年实绩对银行评级，赣州银座被评为2级，而南康赣商为3级，兴国新华为4级。

表2 江西赣州银座经营业绩数据

	2011年12月	2012年12月	2013年12月	2014年9月
资产总额（亿元）	12.30	25.86	41.79	53.64
各项存款（亿元）	10.49	19.18	34.35	39.99
各项贷款（亿元）	5.80	18.79	31.99	44.51
户均贷款（万元）	41.4	50.1	42.7	41.1
500万元以下贷款比重（%）	98.9	80.3	95.4	94.7
农户贷款比重（%）	40.9	53.1	71.6	69.5
资本净额（万元）	15132	35951	45794	48261
资本充足率（%）	23.81	17.52	15.96	12.81
不良贷款率（%）	0.00	0.0048	0.04	0.06
利润总额（万元）	328	5151	11596	11768
净利润（万元）	218	3834	8671	8826
净资产收益率（%）	1.44	11.29	20.34	（24.38）*
营业网点数（个）	8	18	19	22
员工人数（人）	316	481	527	641
信贷人员数（人）	93	200	246	274

注：*根据本表数据计算的年化率

资料来源：江西赣州银座村镇银行

表 3 赣州市部分法人金融机构 2014 年净资产收益率（预计）

	赣州银座	南康赣商村行	兴国联社	石城农商行	于都联社	南康联社	兴国新华村行
净资产收益率（%）	24.38	20.67	6.66	22.35	14.07	12.91	5.30
员工人均存款（万元）	624	1316	1389	1465	1609	1389	318

注："员工人均存款"为 9 月末数；"净资产收益率"根据 9 月末数据年化而得
资料来源：由各机构提供原始数据

3. 带来了先进的市场金融理念与技术，有力地冲击了当地金融机构源自"体制"内的陋习。最重要的有下列几项。一是竭诚地为小微企业服务，真正地"支农支小"。二是主动出击营销，而非等客户上门。三是在认真摸清"第一还款来源"的前提下，大量发放非抵押贷款。赣州银座的全部贷款中，有抵押的不到 10%，3.5% 为信用，其余均为担保。四是客户经理严格自律，不受礼、不吃请，最多只能享用客户的白开水，从而既减轻了客户负担，又有助于规避道德风险。五是处处为客户着想，尽量提供最优质的服务。贷款讲求简单、方便、快捷，放贷速度同业第一；柜面服务好，客户有被服务、被尊重的感觉，等等。这些理念与做法得到了客户、同业、银监、人行、政府的普遍好评。并且，一些同业机构和有关部门已经在学习、效仿赣州银座的做法。比如，目前大部分县的农信机构都设立精品专业支行，抽调精兵强将，专门做城区和城乡接合部的小微企业。已有不少县（市、区）由财政出资担保，放大 8 倍，设立小微信贷通和财园信贷通等担保贷款产品。往往是，开始时，由赣州银座做，后来其他银行也参与。如石城县，第一期 500 万元的担保基金全由银座支行做（可担保 4000 万元），第二期 500 万元才有其他银行参与，等等。因此，理所当然地，赣州银座是赣州市、江西省的小微信贷标杆银行。2013 年荣获全国村镇银行"服务三农与小微企业优秀单位"荣誉称号，荣获江西省银行业金融机构小微企业金融服务工作考核优胜单位，以及赣州市的四项优胜奖励。

但是，目前的"成功"还是"初步"的，还有相当长的路要走。

1. "最终成功"要走完 3 步。第一步，实现分支机构的县域"全覆盖"；第二步，将分支机构延伸到乡镇，使得业务活动范围可以覆盖到广大农村居民；第三步，深入地"进村入户"，与农信机构发生"夺村"的正面竞争，从根本上撼动农信机构在农村金融中的"垄断地位"。目前，仅完成第一步，第二步刚刚开始，因此路还很长。

2. 赣州银座的总部在赣州，税收也在赣州缴纳。因此，有资格称自己为"赣州人民自己的银行"。但是，要使老百姓真正认同是"自己的银行"，很不容易，还有很长的路要走。只有做到使老百姓认同为"自己的银行"，才能算"最终成功"。

3. 人均存款还很低，还不到农信机构的一半；市场份额也低，存款仅为1.42%，贷款仅为2.47%（见表4）。显然，只能说“初步”。

4. 尚未经历过“经济下行”的考验。赣州属于经济欠发达地区，因此要素成本尤其劳动工资较低。目前东部沿海发达地区因要素成本偏高而难以生存的产业（主要劳动密集型产业），在这里仍然可以生存发展。因此，目前经济转型的压力不大，GDP增速基本上还是两位数。进而，不良贷款尚未大量发生，银行的日子好过。但是，随着时间的推移与赣州经济的发展，总有一天经济增速会下滑，不良贷款率会上升，转型的压力会增大，银行的日子会难过。很可能，赣州银座需要经历这样的考验，才会最终成熟起来。

表4　2014年9月末赣州银座的市场份额　（%）

	存款	贷款		存款	贷款
全行	1.42	2.47	崇义	2.18	2.76
市辖区	1.04	1.33	石城	1.99	4.56
瑞金	2.34	5.37	全南	1.07	2.79
龙南	1.76	2.85	赣县	1.16	1.86
会昌	2.47	5.96	寻乌	1.89	2.91
大余	3.27	5.22	定南	1.46	2.09
信丰	0.98	1.63	南康	1.66	3.54
宁都	1.08	1.86	于都	1.10	2.10
安远	1.80	3.56	兴国	1.21	3.22
上犹	1.25	2.83			

资料来源：江西赣州银座村镇银行、中国人民银行赣州市中心支行

四、探讨与建议

从促进信贷资金流向小微与“三农”的目标考察，有3个问题值得探讨。

1. 如何促进赣州银座加速发展。

赣州银座的发展潜力还很大，这不仅由于辖区大（3.94万平方千米）、人口多（户籍人口928万人）、信贷模式先进，而且还由于员工队伍年轻，进步余地相当大。目前，2/3的员工是由应届生入职的，多数人的行龄在3年以下；客户经理队伍也很“年轻”，平均每个客户经理仅承担贷款客户40户左右，远未饱和。

为促进赣州银座持续快速发展，从银行自身看，建议如下：①坚持“支农支小”，一定要走完“三步曲”，让业务深入地“进村入户”，最终形成农信、邮储、村行三足鼎立的竞争局面。这第三步的难度会相当大，需要毅力和心理准

备。② 由于赣州银座地域广、规模大，今后应当在适当的时候建立自己的内部审计体系，不能一直完全依靠主发起行。③ 关注员工薪酬的“性价比”。目前，赣州银座的员工薪酬明显低于股份制银行与农信，据说要低20%—30%，仅与“四大银行”差不多，但是，“四大银行”员工的工作很轻松。目前员工跳槽的已经不少见，应当切实注意，要避免成为“培训学校”。④ 可以考虑让员工持股。小银行让员工持股，既有补充薪酬的作用，更能够增加归属感及减轻道德风险。大体上，可以让行龄3年以上的员工持有股份。⑤ 进一步加大“公关”与“社会责任”力度。应当加大对政府与社会的公关宣传力度。同时，更要从自己是“赣州人民自己的银行”的理念出发，增加“社会责任基金”的提取，进而增加“公益”力度，尤其是应当多做一些“救急”的事，使得赣州老百姓体会到这确实是“自己的银行”。

在外部环境方面，建议如下：① 应当及时取消信贷规模控制，至少是有条件地取消。目前，国家要求贷款更多地投向“三农”与小微企业，而现有的信贷规模控制恰恰是阻碍贷款流向“三农”与小微企业。由于信贷规模受控，地方性小银行每年只能拿到注册资本2倍的信贷规模，这对于发展迅速的赣州银座来说是远远不够的，进而严重削弱了对小微企业与“三农”的支持。苦于信贷规模不足的不仅是赣州银座，而且还有赣州的农信机构。这几年，随着农村经济的发展和农民收入的增加，农信社的存款增长加快，“三农”的贷款需求也很旺盛。但是，苦于信贷规模不够用，以至有资金而无法放贷。目前，我国经济下行，大中企业的贷款需求有所下降，正好可以取消信贷规模控制。至少，为促进贷款流向“三农”与小微企业，可以规定，对于户均贷款小于100万元的、500万元以下贷款占比超过60%的、不良贷款率低于3%的地方性金融机构，仅考核存贷比，取消信贷规模控制。② 应当允许高素质的地方性小银行吸收一些财政存款，“一刀切”地不准许是不合理的。比如，应当允许达到监管2级的小银行，吸收不超过存款余额10%的财政存款，3级行不超过5%，4级行则不允许。③ 为促进村镇银行（以及其他银行机构）深入地“进村入户”，赣州市政府最好能够借鉴浙江省丽水市的做法，即由市政府牵头、中国人民银行协助，对全市的农户进行统一的信用评级。④ 建议赋予赣州银座更广阔的发展空间。银监部门可以考虑承诺，只要赣州银座完成“三步曲”，便允许其跨出赣州，在江西省境内设立分支机构。这样，将能有效地增添其完成“三步曲”的动力与压力，促使其成为更优秀的标杆（现有村镇银行中，能够走完第三步的，基本没有），并为服务“三农”、小微企业做出更大贡献。

2. 是否应当继续发展总分行制的地市级村镇银行。

2010—2011年间，作为探索，试办了一批总分行制的地市级村镇银行，大约一共批出去11家，绩效参差不齐。赣州银座是其中的一个成功范例。达到了预定的政策目标，大大地加速了村镇银行的发展，还大大地节约了“社会成本”。目前，银监会对银行实行“法人监管”，赣州如果不搞地市级村镇银行，那么，就会有18家村镇银行法人机构，监管工作量相差极大。对于赣州市政府来说也一样，如果不搞地市级村镇银行，那么，就可能需要去找10多家主发起银行，不但工作量大，而且效果也差，实现“全覆盖”更是要推迟好几年（目前江西的覆盖率为50%左右，其他10个市地，都未实现“全覆盖”）。对于台州银行来说，则是大大节约了宝贵的管理资源。因为，现在只需要派出一套“高管”班子，如果不是地市级，那就得18套，困难极大。须知，合格的、能够保障银座文化传承的高级管理人才，正是台州银行最稀缺的资源。显然，类似于赣州银座这样的地市级村镇银行肯定是需要发展，且应当发展的。

赣州银座之所以能够成功，除了政府与监管部门的大力支持外，根本原因是主发起银行优秀。台州银行有坚定的“支农支小”理念、灵活的运作机制、先进的操作技术，以及优秀的企业文化。此外，也由于赣州市的经济金融环境良好：转型压力不大，经济增速仍为两位数；银行机构的资产质量普遍良好，不良贷款率在3%以下。

综上，基本结论是：应当继续发展总分行制的地市级村镇银行，但必须是有条件、有选择地发展。

首先，必须严格选择主发起银行。这是关键。应当少看银行规模大小，多看实际素质与业绩。除了必须达到监管2级外，主要条件是：①有“支农支小”传统与坚定理念，并且运作机制灵活、操作技术较为先进；②经过实践考验，由其主发起的村镇银行绩效优良；③系自愿的，而且要求迫切。其次，拟设地市级村镇银行所在地的经济金融环境应当基本良好，类似于赣州。

3. 如何加速拓宽银座信贷模式“作用”空间。

拓宽优秀小额信贷模式的运作空间，是促进贷款更多地流向“三农”与小微企业的重要举措之一。因此，应当努力拓展银座信贷模式的运作空间，基本方式有2种，“碎片”拓展和“整装”拓展。

“碎片”拓展就是，其他银行机构及有关部门通过接触、交流，学习与借鉴“银座”的某些做法，尤其是通过引进“银座”的业务骨干而引进“银座”的做法。近几年，监管部门在不断地宣传、倡导台州银行的一些好做法、好经验。因而，各地已经有不少小银行机构在认真努力地学习、借鉴“银座”的做法。

“整装”拓展就是，台州银行通过跨区域设立分行或者主发起村镇银行，而将银座信贷模式原汁原味地移植复制过去。赣州银座就是如此。

这2种拓展方式都拓宽了银座信贷模式的“作用”空间，使得更多的小客户享受到更好的金融服务，因而都值得提倡。需要指出，其他银行机构是难以“整装”移植复制银座信贷模式的。因为，银座信贷模式是与台州银行的产权制度（真正的民营银行）和长期积淀的企业文化相联系的。

为了加速银座信贷模式的拓展步伐，一方面，要继续大力宣传、倡导“银座”的好经验，鼓励其他银行尤其是小银行学习、借鉴“银座”；同时，也要要求“银座”传经送宝。另一方面，应当给予台州银行更多的发展机会。比如，让其再一次主发起地市级村镇银行，在欠发达地区造就第二家、第三家“赣州银座”。又如，鼓励其更多地跨区域设立分行。再如，给予控股、主导农商行的机会，以及通过地方政府转让股权而控股、主导小型城商行的机会。这样，今后的“整装”拓展就有了3条路，跨区域设立分行，主发起村镇银行，控股、主导农商行和城商行。

从存款增长剖析浙江省的村镇银行[①]

内容提要 3年来浙江省村镇银行存款增长方面存在的主要问题是：1.增长速度明显放慢；2.同比负增长的机构数量快速上升；3.机构的优劣分化明显。

成因剖析：1.由大银行主发起的村镇银行业绩相对较差；2.业绩较优的村镇银行，主发起银行均为“支农、支小”优秀的城商行与农商（合）行；3.由同县域农信机构主发起的村镇银行，业绩很难优良；4.主发起银行懈怠了，就会出现“疲劳症”；5.市场定位偏颇，会导致不良贷款上升，最终存款下滑；6.宁波市村镇银行的业绩不够理想，主要由于主发起银行的构成不合理。

主要建议：1.应当深刻认识，村镇银行是发展普惠金融中不可缺少的重要方面军，进而通过调整、发展，造就大批活力充沛、“支农、支小”坚定的村镇银行；2.“调整”，要运用重组、转让、收购及其他手段，改造缺乏活力、边缘化倾向严重的机构；3.“发展”，继续大力组建新的村镇银行，早日“全覆盖”，并采用一些更为有效的组织形式。

关键词 村镇银行 存款 增长 剖析

存款是银行经营的基础，存款的增长状况（见表1）乃是判断银行竞争活力的一个重要依据，尤其是那样“吸存难”的县域小型商业银行、村镇银行，更是如此。本文拟从这一方面，来考察浙江省村镇银行的活力状况，并提出若干建议。

表1 2012年12月—2015年6月浙江省金融机构、农信机构、村镇银行存款状况 （亿元）

		2012年12月	2013年6月	2013年12月	2014年6月	2014年12月	2015年6月
金融机构人民币存款	余额	64886.28	70728.55	71986.58	77125.82	77145.38	84794.00
	同比%	8.64	11.18	10.94	9.05	7.17	6.98

① 刊于《浙江金融职业学院学报》2015年第3期；压缩稿由浙江大学《公共政策内参》上报，浙江省副省长朱从玖批示：“请银监局、金融办关注、研究。朱从玖9/21”。

续 表

		2012年12月	2013年6月	2013年12月	2014年6月	2014年12月	2015年6月
农信机构存款	余额	10222.68	11392.77	11798.32	12706.59	13103.99	13739.42
	同比%	14.40	15.68	15.41	11.52	11.07	8.01
村镇银行存款	余额	294.72	337.22	417.26	439.64	483.51	482.70
	同比*%	31.88	33.41	28.53	20.02	12.75	7.69

注：*已剔除“机械增长”，为可比数

一、主要问题

1. 最近3年来，浙江省村镇银行的存款增长速度明显放慢。

浙江省首家村镇银行——长兴联合，开业于2008年5月下旬。截至2015年6月末，全省已开业71家，90个县级行政区的覆盖率达到75.6%，名列全国各省（市、区）前列。机构素质也相当不错，在银监会召开的全国村镇银行会议上，经常有浙江省村镇银行或者由浙江省小银行主发起的省外村镇银行做典型发言。

由表1可知，最近3年来，我省村镇银行的存款增长速度明显放慢，2012年和2013年，扣除“机械增长”后的存款增速大体上是全省金融机构的3倍、农信机构的2倍；到了2014年末，约为全省金融机构的1.5倍、略高于农信机构；今年上半年，则已经与全省金融机构、农信机构大致相仿，甚至还略低于农信机构。这意味着，我省村镇银行的总体竞争活力在下降，已经不如早些年那样“生龙活虎”，而变得“平庸”了。

2. 存款负增长的村镇银行数量在快速上升。

由表2和表3可知，近3年来，存款同比为负增长的村镇银行数量在快速上升：2012年末，仅有3家，占开业时间超过1年的村镇银行的7.32%；2013年6月末和年末，均为4家，占比分别为8.70%和8.16%，与2012年末差距不大。2014年6月末升为11家，占比翻番，达到20.75%；2014年末进一步升为18家，占比29.51%；今年6月末更升到20家，占比30.77%。村镇银行规模小，存款的波动性较大，因而有一家村镇银行在某个时点上出现一次“同比负增长”，并不是严重问题，但是，有如此多的机构出现存款负增长，并且，负增长机构的比重不断上升，达到30%左右，这就意味着其中有一些机构在趋向“边缘化”，必须予以重视。还有，开业时间较早的村镇银行，存款负增长的比重更高。2015年6月末，开业时间在1年以上的有65家，其中2011年末前开业的有41家。这41家中，存款同比负增长的有18家，占比达43.9%；而其余24家中，存款同比为负增长的仅有2家，占比为8.3%。从这一现象看，似乎浙江省的部分村镇银行患上了“疲劳症”，随着“年龄”的增长，活力逐步下降。这种趋势值得警惕。

表2 2012年12月—2015年6月浙江省各村镇银行的存款余额及增长率 （亿元）

		2012年12月	2013年6月	2013年12月	2014年6月	2014年12月	2015年6月	评分
建德湖商	存款余额	6.32	7.34	8.54	7.23	7.19	5.81	E
	同比（%）	0.42	30.97	35.01	–1.50	–15.77	–19.57	
象山国民	存款余额	7.00	9.26	11.56	13.28	15.63	14.81	B
	同比（%）	61.93	52.21	65.14	43.41	33.29	11.48	
余姚通济	存款余额	3.51	2.55	2.33	1.84	1.80	1.84	F
	同比（%）	46.36	–0.48	–33.72	–27.90	–22.65	0.05	
奉化罗蒙	存款余额	1.75	1.90	2.15	1.95	1.72	1.75	F
	同比（%）	13.04	18.42	22.50	2.51	–19.88	–10.08	
永嘉恒升	存款余额	6.61	9.61	9.46	7.56	7.22	7.94	E
	同比（%）	–17.17	16.89	43.11	–21.29	–23.68	4.94	
苍南建信	存款余额	9.65	11.10	11.45	11.22	11.84	8.74	D
	同比（%）	33.98	32.07	18.73	1.14	3.40	–22.15	
乐清联合	存款余额	25.17	22.95	27.78	25.59	22.53	22.72	E
	同比（%）	21.49	11.97	10.37	11.51	–18.88	–11.22	
嘉善联合	存款余额	10.97	12.36	14.21	14.26	15.53	12.68	D
	同比（%）	9.39	17.27	29.60	15.33	9.28	–11.08	
平湖工银	存款余额	13.20	12.09	12.61	10.78	11.02	9.34	F
	同比（%）	–5.85	–4.92	–4.51	–10.80	–12.62	–13.37	
长兴联合	存款余额	23.88	27.27	28.66	29.31	29.69	29.57	B
	同比（%）	8.01	41.56	20.04	7.48	3.61	0.87	
安吉交银	存款余额	12.56	13.59	16.08	11.96	12.32	9.13	E
	同比（%）	49.32	18.85	28.04	–11.98	–23.38	–23.64	
嵊州瑞丰	存款余额	10.93	12.91	12.78	14.09	14.61	14.49	C
	同比（%）	26.63	39.65	16.94	9.13	14.33	2.85	
武义建信	存款余额	5.30	6.27	6.94	7.18	7.36	7.80	C
	同比（%）	30.27	61.08	30.93	14.55	6.02	8.61	
龙游义商	存款余额	5.91	5.16	6.67	5.25	6.07	5.79	E
	同比（%）	21.87	–16.72	12.91	1.68	–8.90	10.28	
岱山稠州	存款余额	4.38	4.18	4.25	4.49	4.54	4.68	D
	同比（%）	18.34	4.24	–2.98	7.49	6.67	4.26	
临海湖星	存款余额	6.40	9.11	9.08	8.32	8.30	9.68	D
	同比（%）	9.02	28.06	41.78	–8.60	–8.61	16.33	
玉环永兴	存款余额	6.49	6.07	7.77	7.84	8.00	8.25	C
	同比（%）	–14.64	12.47	19.82	29.06	2.91	5.20	
三门银座	存款余额	9.42	9.82	11.67	11.87	14.21	12.94	A
	同比（%）	54.40	49.32	23.86	20.90	21.76	8.98	

续 表

		2012年12月	2013年6月	2013年12月	2014年6月	2014年12月	2015年6月	评分
青田建信	存款余额	5.06	5.78	5.90	5.82	5.45	5.34	E
	同比（%）	26.15	31.58	16.61	0.75	-7.67	-8.33	
庆元泰隆	存款余额	2.73	3.02	3.83	4.75	3.94	5.30	B
	同比（%）	74.14	54.74	40.10	57.18	3.09	11.59	
新昌浦发	存款余额	9.30	10.95	12.07	13.56	13.27	13.67	C
	同比（%）	51.51	31.23	29.77	23.82	9.88	0.82	
兰溪越商	存款余额	6.60	9.28	10.18	10.70	11.85	11.28	C
	同比（%）	77.03	82.71	54.27	15.34	16.44	5.41	
缙云杭银	存款余额	4.42	4.93	5.38	5.06	4.96	4.01	E
	同比（%）	115.02	53.41	21.59	2.69	-7.77	-20.77	
常山联合	存款余额	3.86	5.08	5.27	6.85	6.71	8.43	B
	同比（%）	51.78	29.42	36.40	35.05	27.23	23.06	
鄞州国民	存款余额	2.05	1.78	4.26	1.75	1.28	1.37	F
	同比（%）	174.36	42.83	108.32	-1.84	-70.03	-21.72	
文成北银	存款余额	2.16	2.92	3.57	4.57	4.48	4.71	C
	同比（%）	153.96	136.62	64.87	56.22	25.38	3.00	
平阳浦发	存款余额	4.20	6.58	6.35	6.88	6.72	5.14	D
	同比（%）	25.32	63.54	51.18	4.60	5.94	-25.29	
浦江嘉银	存款余额	4.45	5.00	5.61	6.31	6.99	4.97	D
	同比（%）	157.47	122.29	26.19	26.10	24.46	-21.27	
泰顺温银	存款余额	2.63	2.69	3.31	2.76	2.88	2.60	E
	同比（%）	206.78	117.75	25.80	2.49	-13.16	-5.65	
衢江上银	存款余额	3.23	4.11	5.28	4.86	5.38	4.98	C
	同比（%）	54.79	42.86	63.62	18.41	1.78	2.42	
江山建信	存款余额	4.45	3.97	5.44	5.64	5.54	6.08	C
	同比（%）	35.18	30.43	22.16	41.97	1.91	7.88	
磐安婺商	存款余额	2.25	2.74	3.12	4.45	4.71	5.70	B
	同比（%）	67.20	42.67	38.89	62.39	50.89	28.06	
桐庐恒丰	存款余额	6.63	6.39	7.21	7.09	7.70	6.07	D
	同比（%）	96.53	25.81	8.79	10.83	6.75	-14.33	
普陀稠州	存款余额	4.95	5.68	6.13	6.09	5.74	5.64	D
	同比（%）	92.09	46.91	23.65	7.32	-6.36	-7.52	
宁波市辖区	存款余额	0.56						
	同比（%）	4804.26						
龙泉民泰	存款余额	3.68	5.52	6.34	6.87	8.16	7.42	B
	同比（%）	75.76	86.50	72.48	24.55	28.73	8.03	

续 表

		2012年12月	2013年6月	2013年12月	2014年6月	2014年12月	2015年6月	评分
北仑国开	存款余额	3.87	6.37	8.84	6.24	12.75	11.39	C
	同比（%）	39.87	157.99	128.61	-2.04	44.21	82.43	
宁海建信	存款余额	1.52	1.51	1.31	1.19	1.36	0.94	F
	同比（%）	264.36	34.80	53.80	-21.19	4.00	-20.86	
温岭联合	存款余额	11.56	15.40	20.51	28.99	33.87	39.57	A
	同比（%）	429.55	110.18	77.43	88.23	65.13	36.56	
慈溪民生	存款余额	14.98	13.70	12.48	11.82	11.29	9.07	E
	同比（%）	1.69	0.78	-16.65	-13.76	-9.57	-23.21	
慈溪建信	存款余额	1.36	1.25	1.76	1.86	1.89	1.51	F
	同比（%）	169.81	32.62	29.17	48.37	7.70	-18.39	
镇海富登	存款余额	0.73	0.79	1.13	0.93	1.11	1.36	F
	同比（%）		213.99	54.43	17.77	-1.58	46.00	
临安中信	存款余额	6.06	4.90	6.43	6.98	7.40	6.78	D
	同比（%）		-7.54	6.10	42.55	15.10	-2.96	
景宁银座	存款余额	2.02	2.61	3.38	3.57	4.01	4.51	B
	同比（%）		96.23	67.73	36.90	18.39	26.11	
宁海富登	存款余额	0.67	0.69	1.14	0.79	1.07	0.93	F
	同比（%）		63.12	70.70	14.92	-6.22	17.50	
莲都建信	存款余额	1.81	1.29	2.64	2.93	3.29	3.21	C
	同比（%）		179.61	46.53	127.64	24.37	9.56	
永康农银	存款余额	0.55	1.69	1.68	2.95	2.72	3.41	C
	同比（%）		741.23	205.88	74.21	62.32	15.48	
桐乡民泰	存款余额	4.62	5.05	7.75	8.19	10.25	9.99	C
	同比（%）			67.90	62.27	32.14	21.92	
天台民生	存款余额	2.84	3.62	4.28	5.47	5.20	5.31	C
	同比（%）			50.44	51.04	21.65	-2.84	
淳安建信	存款余额	0.12	1.78	2.22	2.93	3.16	3.28	C
	同比（%）			1706.40	64.97	42.32	11.83	
江北富民	存款余额		0.10	0.56	0.06	0.09	0.09	G
	同比（%）				-42.56	-83.31	59.24	
海曙浦发	存款余额		2.82	4.71	4.08	5.04	5.24	C
	同比（%）				44.68	7.01	28.40	
德清湖商	存款余额		2.38	5.20	5.43	7.36	6.17	C
	同比（%）				127.95	41.53	13.60	
义乌联合	存款余额		1.99	8.21	12.28	14.22	15.87	B
	同比（%）				517.94	73.24	29.21	

续 表

		2012 年 12 月	2013 年 6 月	2013 年 12 月	2014 年 6 月	2014 年 12 月	2015 年 6 月	评分
余杭德商	存款余额			4.70	8.93	11.70	13.71	B
	同比（%）					149.20	53.57	
象山富登	存款余额			1.31	1.24	1.34	1.37	D
	同比（%）					2.30	10.25	
嘉兴德商	存款余额			1.89	2.53	3.50	6.16	C
	同比（%）					85.31	143.73	
萧山湖商	存款余额			4.63	3.87	6.34	5.61	C
	同比（%）					37.01	44.93	
遂昌富民	存款余额			0.72	1.32	1.52	1.84	C
	同比（%）					110.54	39.08	
松阳恒通	存款余额			0.54	1.15	1.54	1.76	C
	同比（%）					184.97	53.69	
柯桥联合	存款余额			2.47	4.69	5.62	5.47	C
	同比（%）					127.68	16.72	
诸暨联合	存款余额			3.52	5.66	7.48	9.19	C
	同比（%）					112.21	62.40	
洞头富民	存款余额				0.38	0.51	0.93	C
	同比（%）						145.96	
云和联合	存款余额				1.27	1.30	1.88	C
	同比（%）						47.93	
富阳恒通	存款余额				2.09	3.95	3.90	C
	同比（%）						86.76	
东阳富民	存款余额				1.79	1.76	2.37	C
	同比（%）						32.10	
黄岩恒升	存款余额					2.13	2.45	
	同比（%）							
上虞富民	存款余额					2.07	2.01	
	同比（%）							
定海德商	存款余额					0.91	2.25	
	同比（%）							
路桥富民	存款余额					0.42	0.33	
	同比（%）							
瑞安湖商	存款余额						0.45	
	同比（%）							
海宁德商	存款余额						1.74	
	同比（%）							

表 3 浙江省村镇银行中的存款负增长的机构数量与比重

	2012.12	2013.6	2013.12	2014.6	2014.12	2015.6
开业家数	50	53	61	65	69	71
可比家数	41	46	49	53	61	65
负增长家数	3	4	4	11	18	20
负增长机构比重 *（%）	7.32	8.70	8.16	20.75	29.51	30.77

注：* 系：负增长家数 / 可比家数

3. 优劣分化相当明显。

由表 2 可知，浙江省村镇银行的优劣分化相当明显。好的、相当优秀的村镇银行，如三门银座，2010 年 3 月下旬开业，存款一直保持快速增长，2014 年末，市场份额已达 7.37%。又如，温岭联合，2011 年开业，存款一直快速增长，2015 年 6 月末已达 39.57 亿元，名列全省第一。另外，长兴联合、龙泉民泰、景宁银座等，也都相当不错。差的，如江北富民，资本金 1 亿元，2013 年上半年开业，经过 2 年多，到 2015 年 6 月末，存款余额才 900 多万元，令人咋舌！又如由某大银行主发起的村镇银行，2015 年 6 月末，不良贷款率已经突破 20%。

按照存款增长状况，笔者将村镇银行分成 7 档。A. 极优，存款持续快速增长；B. 较优，存款持续较快增长；C. 正常，存款正常增长；D. 勉强正常，存款增长缓慢 . 但是尚能维持一定的市场份额；E. 差，存款增长停滞或有所下降，存在被“边缘化”危险；F. 很差，存款连续负增长或市场份额很低，实际上已经“边缘化”；G. 极差，存款严重萎缩，无以复加。按此 7 档，2015 年 6 月末，开业时间超过 1 年的 65 家村镇银行中：A 类 2 家，占 3.08%；B 类 9 家，占 13.85%；C 类 26 家，占 40%；D 类 10 家，占 15.38%；E 类 9 家，占 13.85%；F 类 8 家，占 12.31%；G 类 1 家，占比 1.54%。“正常”以上的机构共 37 家，占 56.92%；“边缘化”危险明显及已经“边缘化”的“差、很差、极差”机构共计 18 家，占 27.69%。显然，活力不足的机构比重已经相当高，亟须重视。

二、剖析

现有的村镇银行均为主发起银行的子公司，因而，主发起银行的观念、做法在很大程度上决定了村镇银行的经营行为与经营效果。另外，村镇银行高管的能力与理念，也是造成同一主发起银行旗下村镇银行业绩迥异的主要原因。

1. 由大银行主发起的村镇银行，业绩相对欠佳。

浙江省由“四大银行”与国开行主发起的村镇银行共有 13 家。今年 6 月末，存款增长率为负值的有5家，占比38.46%，高出全省年均值近8个百分点。在7档评分中，无一进入“极优”与“较优”，只有5家为“正常”，2家为“勉强正常”，“差”有1家，“很差”有5家，“差”与“很差”合计6家，占比为46.15%，高于平均值18个百分点，是平均值的1.67倍。

由大银行主发起的村镇银行之所以绩效欠佳，首要原因是由于大银行自视过高，不愿放下身段。村镇银行由于其规模小，又处于县域，因而只有切实定位于“支农、支小”才能取得良好业绩。但是，大银行自身的市场定位与“支农、支小”相去甚远，不熟悉“支农、支小”业务，又不愿意虚心向“支农、支小”表现优秀的小银行学习，从小银行那里引进人才。即便很重视“微贷技术”的建行、中行与国开行，也只是与国外银行合作，而不是去与国内优秀小银行合作。从而，不接地气，难以实现有效地“支农、支小”与存款快速增长。如中银富登，在全国已经有54家村镇银行，规模均很小，在我省有3家，分别设在宁海、镇海与象山，今年6月末，规模最大的象山富登才有1.37亿元存款。

2. 实现存款快速增长的村镇银行，其主发起行均为“支农、支小”优秀的城商行与农商（合）行。

评分为A和B的11家村镇银行分别属于7家主发起银行，它们是农商（合）行杭州联合、鄞州和德清，城商行台州、泰隆、民泰和金华。其中，杭州联合、鄞州、台州、泰隆和民泰，都曾经有旗下的村镇银行作为先进典型，在银监会召开的全国村镇银行会议上介绍“支农、支小”与快速发展的经验。台州银行在全国共有7家村镇银行（其中1家为地市级总分行制），家家都是优秀。杭州联合在省内有9家村镇银行，在本文的评分中有4家为A和B。

3. 由同县域农信机构主发起的村镇银行是很难实现存款持续快速增长的。

鄞州国民、余姚通济、奉化罗蒙等3家村镇银行的存款增长状况都“很差”。其根源在于主发起行均为当地同一县域的农信机构，即鄞州农合行、余姚农合行和奉化农商行。并不是这3家农信机构办不好村镇银行，而是由于办在当地。村镇银行的市场定位是与农信机构基本重合的，因而，如果让自己主办的村镇银行快速发展，势必是让子公司来与母公司竞争。这显然是任何主发起人都不愿意的。

4. “疲劳症”的根源在于主发起银行懈怠了。

村镇银行的存款增长状况之所以会出现“疲劳症”，根源在于一部分主发起银行懈怠了，不重视了，不认真去管了。之所以会如此，首先是因为不少银行本来就不想主办村镇银行，只是迫于银监会的压力，不得已才去主办1—2家村镇银行来应付一下。开办之初，不得不认真去管一下，几年过去，基本站稳了，于是便得过且过了，存款增速也就随之下滑了。其次，一些主发起银行高层的思路发生了变化。比如建行，原来建行高层对发展村镇银行十分重视，建立了专门的事业部来管理，准备组建数百家。但是，自从董事长更换后，思路也随之改变，事业部撤了，现有的建信系列村镇银行则准备转让。这样管理力度势必松懈，存款增速势必放慢。

5. 市场定位偏颇，致使不良贷款率上升，最终存款下滑、规模萎缩。

村镇银行最佳、最合理的市场定位是主要面向规模以下企业、个体工商户和农户，发放个人经营贷款。如果主要定位于向规模以上小企业发放公司贷款，那么，由于这类客户的信贷服务饱和度高，村镇银行资金实力弱、附加服务少，在竞争中处于劣势，很难争取到优质客户，从而很容易发生不良贷款。一旦不良贷款大幅度攀升，则最终势必影响业务拓展，导致存款下降。典型案例是平湖工银。该行由工商银行主发起，资本金2亿元，2009年12月开业，主要为中小企业发放“公司贷款”，从业务规模角度说，开始发展时蛮不错的。2011年末，开业才2年，存款余额达到13.98亿元，市场份额为2.44%。但是，由于市场定位不合理，不良贷款大量发生，以致从2012年起，业务规模一路萎缩，存款余额持续负增长，2015年6月末，已降到9.34亿元，市场份额仅1.3%左右，只有高峰时的一半。有类似情况的机构还有好几家。

6. 宁波市的村镇银行发展快、但质量欠理想，症结在于主发起银行的构成。

宁波是计划单列市，设有直属银监会的银监局。宁波市的村镇银行发展很快，目前已经开业13家，2年前就实现了“全覆盖”，其中慈溪、宁海和象山还各有2家，但是机构质量欠理想。13家中可圈可点的只有象山国民，海曙浦发也还算可以，其余均存在明显问题。浙江省存款增长状况最糟糕的村镇银行与不良贷款率最高的村镇银行均在宁波市。按存款增长状况打分，“差”“很差”“极差”的合计为9家，占比高达70%。之所以欠理想，症结在于“主发起银行”的构成。13家村镇银行中，由大银行主发起的有6家，还有3家是同一县域的农信机构，还有1家是由北方某不“认真”办村镇银行的城商行，合计占77%。另外，值得注意的是，宁波市与“浙江省”之间缺乏“交流”。宁波市的鄞州农合行去省外主办了多家村镇银行，其中不乏“标杆行”，但是没有去“浙江省”主办。同样，“浙江省”的优秀地方性银行，也没有一家来宁波主办村镇银行的。

三、主要建议

1. 应当深刻认识，村镇银行是发展普惠金融中不可缺少的重要方面军，要通过“调整、发展”努力造就一大批活力充沛的村镇银行。

大家都知道，为发展普惠金融，需要大量发展小型金融机构。在近几年出现的小型金融机构中，村镇银行是最具效率与发展前景的。农村资金互助社的发展极慢，迄今为止，全国才有50多家，其作用无法与村镇银行相比，在可预见的将来，其发展速度也不可能很快。小贷公司和P2P，虽然发展快速，但是贷款利率大大高于正规银行机构，接近于民间借贷（村镇银行的贷款利率相当于或者略低于农信机构）。这表明，它们是缺乏金融效率的，而且风险相当大。比如我省的小贷公司，今年5月末，不良贷款率平均已达12%。P2P也类似，今年上半年，全国共出现问题平台419家，是去年同期的7.5倍。小贷公司与P2P还存在“硬伤”。小贷公司缺乏金融机构身份，因此杠杆率极低，监管也不到位，发展前景很不明朗。P2P健康发展的必要基础条件是信用经济，而我国目前还远远不是信用经济，从而，现有的P2P平台难以真正成为仅仅是信息中介，而基本上是变相办银行。目前，P2P还处于“无规则、无监管、无约束”状态，业内人士称，实行正规监管后，大多数平台将被淘汰。

村镇（社区）银行与网商银行各有千秋。网商银行的竞争力虽然强，但是优势仅限于线上客户；如果线下客户到线上来贷款，网商银行便无优势可言。虽然，网商银行有广阔的发展前途，但它是不可能完全取代线下银行的，早已进入信用经济的欧美发达国家都是如此（美国尚有7000家左右的社区银行），何况我国呢！

因此，我省应当切实重视村镇银行的发展，充分利用我省的有利条件（尤其是有着一批优秀的主发起银行），努力造就出一大批活力充沛、“支农、支小”坚定的优秀村镇银行。从当前实际出发，应当实行“调整、发展”方针。

2.“调整”。

要运用重组、转让、收购及其他必要措施，改造那些缺乏活力的、边缘化趋向严重的村镇银行，进而提高浙江省村镇银行的总体活力。① 对于业绩很差的村镇银行，要大力督促其主发起银行加强管理，或者重组、转让。② 鄞州国民、余姚通济、奉化罗蒙等3家村镇银行必须处置，可以在这3家农信机构之间转让，也可以由主发起的农信机构收购、兼并。③ 对于“边缘化”趋向严重的村镇银行要鼓励重组、转让，并且鼓励优秀的主发起银行接盘。④ 对于市场定位偏颇的村镇银行要多方督促，帮助改进，地方政府应当动用财政杠杆。

3.“发展”。

① 主办村镇银行要坚持“自愿”原则，在“我要干”的银行中选择优秀者担任主发起银行，尤其是经过实践证明村镇银行办得好的银行。② 在前一条的基础上，继续大力发展村镇银行，不但要早日实现“全覆盖”，而且应当允许一些县（市、区）有2—3家。③ 争取在丽水市、衢州市设立地市级总分行制的村镇银行。这类村镇银行具有组建成本低、管理成本低、监管成本低和服务地域广的优点。况且，丽水市和衢州市均还没有城商行。当然，对于主发起银行的要求

也更高一点。④争取让“尤努斯”和“贾尼尼”们，也就是那些一直在从事金融服务小微企业的人士，有机会主发起民营的村镇银行，进而造就一批像当年银座城信社、泰隆城信社那样的民营村镇银行，其效果肯定比由大中型民营企业去主办好得多。

2016 年

P2P 该由谁监管

不久前，银监会会同工信部、公安部、国家互联网信息办公室等部门，发布了《网络借贷信息中介机构业务活动管理暂行办法（征求意见稿）》。该文件为P2P 设置了“四条红线”：坚持信息中介定位、不设资金池、不提供担保、不进行非法集资；同时规定，定位于小额借贷，不得在线下从事其他金融业务，如发售银行理财、券商资管、基金、保险或信托产品。这些，无疑是十分正确的。但是，笔者认为，该文件中也还存在重大缺陷，甚至“致命”缺陷。下文中，笔者就两个问题提出修改意见。

1.P2P 的主要监管责任，不能推给地方金融监管部门（通常为地方政府金融办），而应当由银监会自己承担。

按照中央有关部门原来的构想，银监会将承担 P2P 的主要监管责任。但是，在该文件中，以 P2P 属于民间借贷，平台是信息中介，不是存款类机构为理由，将主要监管责任推给地方金融监管部门。这是不妥当、不严肃的，后果堪忧。

其实，P2P 与民间借贷差别巨大，两者难以等同。民间借贷中的出借人与借款人是一对一的，在 P2P 中则为多对一；民间借贷通常是熟人之间的借贷，信息基本对称，P2P 则为非熟人之间的借贷，要做到信息对称，需要下一番功夫；民间借贷一般无须中介撮合，P2P 则必须有中介撮合，P2P 平台就是撮合中介；民间借贷通常是私下操作的，难以完全规范，也没必要去完全规范，P2P 则是阳光化的，必须规范的。

有人认为，地方金融监管部门有着监管小贷公司积累起来的经验，从而能够胜任 P2P 的监管。这种看法不够全面。应当看到，P2P 的运作要比小贷公司复杂得多，因而监管上的困难也会更多。小贷公司基本上运用自有资金放贷，因而出现坏账乃至大量坏账仅仅是公司股东的亏损，处置较为简单，最坏后果无非是小贷公司歇业、清盘，不容易引致社会震荡。P2P 则不然，其出借人数量众多，而且大都是普通老百姓，因而一旦发生违约、坏账，处置起来就麻烦得多了。

目前，地方金融监管部门人员的专业素质、监管手段、行为偏好等等，均有所欠缺，难以胜任对 P2P 的监管。一则，P2P 运用互联网操作，营业的地域往往是跨省区的，甚至，目前已经有一些 P2P 平台设置了跨省区的分公司。对于地方金融监管部门，跨省区监管是难以胜任的；某些事务要与中央部委去沟通、协调，也是困难的。二则，目前 GDP 仍然是地方政府政绩考核的重要内容。为了政绩，地方政府在对待金融行业时往往偏好于发展，即增加资金投入，而对于金融监管的第一要旨的风险防范，则相对地忽视。因此，只要上述机制没有改变，把金融机构交给地方政府下属的部门去监管，总是令人难以放心的，曾经就有人将此比喻为“让老鼠管米仓”。三则，实践表明，地方金融监管部门对小贷公司的监管是不尽如人意的。首先是拼命发展，并且向大企业“倾斜”，促成野蛮生长。其次是由于监管粗放，问题多多。诸如，关联贷款、拆分贷款、“垒大户”、“支农、支小”比例不达标、跨区域经营、账外经营、不良贷款处置难，等等。再次是由于不良贷款率上升、高企，导致全行业出现“拐点”，趋向萎缩。一些省区，2015 年上半年就出现“三降”，即注册资本金下降、可贷资金下降、贷款余额下降。全国合计，2015 年下半年出现“三降”。地方金融监管部门监管情况比较简单，小贷公司的业绩尚且如此，那么，监管情况要复杂困难得多的 P2P 平台，结果可想而知了！

2. 为防范 P2P 的金融风险，必须引入第三方担保。鉴于我国目前的实际国情——还远不是信用经济，因而需要规定每笔 P2P 贷款都要有担保，也就是说借款人只有找到合格的担保者后，才可以在 P2P 平台上挂牌招募出借人。借款人若有有效抵押物、质押物，可以用于向担保者提供反担保。

之所以需要做如此规定，是由于我国目前还远远不是信用经济，以至不可能存在（至少是不可能大量存在）如同欧美发达国家中的那种完全“规范”的 P2P。欧美发达国家早就进入了信用经济。在那里，个人的信用乃是得以在社会中正常生活、工作必需的基础资源，借款人提供虚假信息的成本极高、违约的成本极高。正是由于任何人都不敢轻易地拿自己的信用开玩笑，进而才有条件大量发放信用贷款，才有可能孕育出“规范”的 P2P。目前我国则不然，提供虚假信息的成本极低、违约的成本亦极低；因此，大量发放信用贷款是极其危险的，出借人的资金缺乏保障也是行不通的。正因为如此，我国目前存在的 P2P 平台，绝大多数都不仅仅是信息中介，同时还是不同形式的信贷中介；也就是说，其性质实际上是“变相办银行”（还有少数更糟，为自融，也就是“非法集资”）。也正因为如此，我国 P2P 平台中的出问题平台数量甚多，比例高达 30%。所以，从实际国情出发，在坚持 P2P 平台信息中介定位的同时，引入第三方担保，不失为可行的必要措施。